科学发展主题案例
KEXUE FAZHAN ZHUTI ANLI

民生保障与公共服务

全国干部培训教材编审指导委员会组织编写

人民出版社
党建读物出版社

责任编辑：杜念峰
装帧设计：肖　辉
责任校对：钱玲娣

图书在版编目（CIP）数据

民生保障与公共服务 / 全国干部培训教材编审指导委员会组织编写．
　-- 北京：党建读物出版社：人民出版社，2011.7（2011.12 重印）
（科学发展主题案例）
全国干部学习培训教材
ISBN 978－7－5099－0204－2

I. ①民… II. ①全… III. ①社会保障－案例－中国－
　干部教育－教材②社会服务－案例－中国－干部教育－
　教材 IV. ① D632. 1 ② D669.3

中国版本图书馆 CIP 数据核字（2011）第 030530 号

民生保障与公共服务
MINSHENG BAOZHANG YU GONGGONG FUWU

全国干部培训教材编审指导委员会组织编写

主　编：张　平

人民出版社
党建读物出版社 出版发行

北京新华印刷有限公司印刷　新华书店经销

2011 年 7 月第 1 版　2011 年 12 月第 4 次印刷
开本：710 毫米 ×1000 毫米　1/16　印张：17.25
字数：239 千字　印数：400001－450000 册

ISBN 978－7－5099－0204－2　定价：36.00 元

邮购地址 100706　北京朝阳门内大街 166 号
人民东方图书销售中心　电话（010）65250042　65289539

本书如有印装错误，可随时更换　电话：（010）58587660

序 言

以科学发展为主题，是实现经济社会又好又快发展的要求，是时代的要求，关系全面建设小康社会奋斗目标的实现，关系我国改革开放和社会主义现代化建设全局。在当代中国，坚持发展是硬道理的本质要求就是坚持科学发展。这是立足我国仍处于并将长期处于社会主义初级阶段这个最大实际、着眼于解决我国发展中的突出矛盾和问题、顺应各族人民过上更加美好生活新期待作出的科学判断。以加快转变经济发展方式为主线是推动科学发展的必由之路，符合我国基本国情和发展阶段性新特征。必须把加快转变经济发展方式贯穿经济社会发展全过程和各领域，坚持在发展中促转变、在转变中谋发展，提高发展的全面性、协调性、可持续性。

坚持以科学发展为主题，以加快转变经济发展方式为主线，开创科学发展新局面，要求我们必须全面准确领会科学发展观的科学内涵、精神实质、根本要求，不断深化对发展中国特色社会主义的规律性认识，用科学发展的眼光、思路、办法解决前进中的问题；必须更加注重以人为本，坚持从最广大人民根本利益出发谋发展、促发展，着力保障和改善民生，不断满足人民日益增长的物质文化需要，走共同富裕道路，促进人的全面发展，做到发展为了人民、发展依靠人民、发展成果由人民共享；必须更加注重全面协调可持续发展，按照中国特色社会主义事业总体布局，促进现代化建设各个环节、各个方面相协调，促进生产关系与生产力、上层建筑与经济基础相协调，促进经济发展与人口资源环境相协调；必须更加注重统筹兼顾，正确认识和妥善处理中国特色社会主义事业中的重大关系，认真考虑和对待各方面发展需要，正确反映和兼顾各方面利益要求，充分调动全社会的发展积极性，为全面建设小康社会、实现中华民族伟大复兴凝聚强大力量；必须始终保持党同人民群众的血肉联系，切实做好新形势下群众工作，更加注重加强和创新社会管理，正确处理人民内部矛盾，促进社会公平正义，最大限度激发社会创造活力，最大限度增加和谐因素，最大限度减少不和谐因素。

“十二五”时期是全面建设小康社会的关键时期，是深化改革开放、加快转变经济发展方式的攻坚时期。落实好“十二五”时期发展的各项目标任务、推动经济社会发展再上新台阶，必须坚持用邓小平理论、“三个代表”重要思想和科学发展观教育和武装干部，加快建设马克思主义学习型政党，培养造就善于推动科学发展、促进社会和谐的高素质干部队伍。

干部教育培训是建设高素质干部队伍的基础性工作，必须紧扣科学发展这个主题和加快转变经济发展方式这条主线，联系实际创新路，加强培训求实效。全国干部培训教材编审指导委员会组织编写了以科学发展为主题的10本案例教材。这些案例既有成功经验，也有深刻教训，具有较强的实践性、典型性、针对性。各级领导干部要认真学习借鉴，不断加深对推动科学发展重要性和必要性的认识，自觉转变不适应不符合科学发展的思想观念，切实增强把握发展规律、创新发展理念、转变发展方式、破解发展难题、提高发展质量的能力，切实把科学发展观贯彻落实到经济社会发展各个方面，努力实现经济社会又好又快发展，为全面建成小康社会、加快推进社会主义现代化贡献力量。

胡锦涛

2011年6月7日

目 录

CONTENTS

第三章　卫　生

第四章　社会保险

第五章　社会救助

第六章　住房保障

总　论

党的十七大报告提出，要加快推进以改善民生为重点的社会建设，努力使全体人民学有所教、劳有所得、病有所医、老有所养、住有所居，推动建设和谐社会。为此，必须在经济发展的基础上，更加注重社会建设，着力保障和改善民生，推进社会管理体制改革，扩大公共服务，完善社会管理，促进社会公平正义。这是党中央着眼于推动科学发展、促进社会和谐、实现全面建设小康社会奋斗目标作出的重大决策和部署，反映了全体人民的共同愿望。

按照以上“五有”的目标和要求，本书将重点围绕教育、就业和工资、卫生、社会保险、社会救助、住房保障等六大领域进行案例研究。

第一节　基本理论和重要意义

正确理解民生和公共服务的内涵，充分认识加强民生保障与公共服务的重要意义，对实现以改善民生为重点的社会建设目标至关重要。

一、民生与公共服务的概念和内涵

（一）民生

“民生：人民的生计。”[①]《左传·宣公十二年》中早有阐述：“民生在

① 引自：《辞海》，上海辞书出版社 1989 年版，第 4721 页。

勤，勤则不匮。”

中国共产党始终坚持全心全意为人民服务的根本宗旨，并赋予民生新的时代内涵。民生问题的核心是人的全面发展，包括保护人的各种正当权益，尊重人的生命价值、健康价值、尊严等。在不同的经济发展阶段，民生问题有不同的表现形式。温饱阶段，民生主要是生存问题；全面建设小康社会阶段，民生主要是生活质量和发展诉求问题。我国社会由生存型向发展型的转变，要求民生工作既要着眼于保障人民群众当家作主、共享发展成果的权利和合法权益，确保每位社会成员的基本生活和公平发展的机会，又要着眼于满足人民群众不断增长的精神文化需求，提高生活质量。其关键就是要妥善处理好最广大人民群众的根本利益、现阶段群众的现实利益和不同群体的特殊利益的关系。

（二）公共服务

从一般意义上讲，公共服务，就是指筹集和整合社会资源，通过提供实物形态或非实物形态公共品等方式来满足社会公共需要的过程。不论其服务内容和提供方式有何不同，公共服务的基本属性都是公益性的。公共服务这一基本性质决定了政府对公共服务具有义不容辞的责任。从世界各国实践来看，由于各国在历史、发展水平、政府管理方式及市场成熟程度方面不同，公共服务的内容界定和分类都不尽相同，公共服务的具体制度安排（公共服务供给主体、投融资方式及管理体制和运行机制等）也有所差异。

在公共服务中，理论研究与政策实践又进一步细分出了基本公共服务。对于基本公共服务的定义，各方面认识比较一致，就是指建立在一定社会共识基础上，由政府根据经济社会发展阶段和总体水平提供，旨在保障个人生存权和发展权所需的最基本的社会条件的公共服务。其中包含三层含义：第一，基本公共服务是公共服务中最基础、最核心的部分，与群众最关心、最直接、最现实的切身利益密切相关。第二，基本公共服务是政府公共服务职能的“底线”，由政府负最终责任。第三，基本公共服务的范围和标准是动态的，随着经济发展水平和政府保障能力的提高，其范围应逐步扩大，标准应不断调整。

基本公共服务均等化，指的是基本公共服务的价值取向和结果状态，其含义就是全体公民不论其民族、性别、收入及社会地位差异如何，都能公平地获得与经济社会发展水平相适应、结果大致均等的基本公共服务。均等化强调的核心，是机会和效果均等，而不是简单的平均化和无差异化。

从主要市场经济国家的公共服务职能分担模式看，政府主要承担基本的、基础性的、广大城乡居民最关心最迫切需要的公共服务，是建立社会安全网、保障全体社会成员基本生存权和发展权必须提供的公共服务，如义务教育、公共卫生和基本医疗、基本社会保障、公共就业服务、基础设施建设等与民生密切相关的公共服务。因此，公共服务尤其是政府提供的基本公共服务对民生状况有着举足轻重的影响。

（三）民生保障与公共服务的关系

民生保障是公共服务的根本目的和主要内容，公共服务是实现民生保障的重要载体和基本途径，两者都需要政府这一公共服务主体来承担基本的供给责任。民生保障与公共服务的内容和发展水平，因经济发展水平、社会认识等因素的变化而呈现出阶段性特征，总体是愈来愈向着有利于人的全面发展的更多领域扩展和加深，不仅包含物质生活领域，也更多地向精神、文化及政治领域扩展。

我国政府一直注重民生保障和履行公共服务职能，把保障和改善民生作为经济社会发展的出发点和落脚点。在社会主义市场经济条件下，必须不断地改善民生，加快服务型政府建设，促进基本公共服务均等化。党的十七大报告提出的我国现阶段加快推进社会建设的要求和部署，对各级政府保障民生和加强公共服务具有重要的理论意义和现实指导作用。

二、加强民生保障与公共服务的重要意义

（一）加强民生保障与公共服务是坚持党的根本宗旨的必然要求

在中国共产党领导下，全国人民经过60多年的艰苦奋斗，把贫穷落

后的旧中国建设成为了人民生活总体小康的、蓬勃发展的新中国。广大人民是中国特色社会主义事业的主体，人民的积极性、主动性、创造性的充分发挥，是党的事业兴旺发达的根本保证。我们党和政府领导人民发展社会生产力，进行社会主义现代化建设，根本目的是不断满足人民群众日益增长的物质文化需求。党的一切奋斗和工作都是为了造福人民，除了最广大人民的根本利益，没有自己的特殊利益。党和政府的全部任务与责任，归根到底都是为了实现好、维护好、发展好最广大人民的根本利益。这些重要思想是对党的为人民服务根本宗旨的具体阐述，也是新时期党的建设思想的重要组成部分。

要在实际工作中坚持党的根本宗旨，各级领导干部必须树立正确的“权力观”，而是否重民生是检验一名干部“权力观”正确与否的重要尺度之一。必须切实把立党为公、执政为民的要求具体地、深入地落实到党和国家制定的各项方针政策中去，落实到各级领导干部的思想和行动中去，落实到关心群众生产生活的工作中去，要认认真真访民情，诚诚恳恳听民意，实实在在帮民富，兢兢业业保民安。

要在实际工作中坚持党的根本宗旨，还要求各级领导干部树立正确的“政绩观”。为自己升官、留名而急功近利，只唯上不唯下，只唯名不唯实，是与党一贯倡导的勤政为民的精神相违背的。要深怀爱民之心，恪守为民之责，善谋福民之策，把群众呼声作为第一信号，把群众需要作为第一选择，把群众满意作为第一标准，急群众之所急，想群众之所想，办群众之所需，为群众诚心诚意办实事，尽心竭力解难事，坚持不懈做好事。

（二）加强民生保障与公共服务是深入贯彻落实科学发展观的必然要求

科学发展观是中国特色社会主义理论体系的重要组成部分，是我国经济社会发展的重要指导方针。科学发展观，第一要义是发展，核心是以人为本，基本要求是全面协调可持续，根本方法是统筹兼顾。发展是我们党执政兴国的第一要务，只有抓住机遇实现经济社会又好又快发展，才能不断增强综合国力，推动社会全面进步，提高人民生活水平。离开发展，一切无从谈起。而发展必须坚持以人为本，尊重人民主体地位，发挥人民首创精神，做到发展为了人民、发展依靠人民、发展成果由人民共享，改善民生就是坚持以人为本的具体体现。科学发展观要求兼顾和协调好改革发展进程中的各种利益关系，促进现代化建设各个环节、各个方面相协调，其中一个重要方面，就是要在经济发展的基础上，注重保障和改善民生，只有着力保障和改善民生，将其作为经济社会发展工作及转变发展方式的根本出发点和落脚点，发展才有持久的动力，经济和社会才能更加协调地发展。

（三）加强民生保障与公共服务是全面建设小康社会的必然要求

党的十六大作出全面建设小康社会的战略决策，目标是在21世纪头20年，全面建设惠及十几亿人口的更高水平的小康社会，使经济更加发展、民主更加健全、科教更加进步、文化更加繁荣、社会更加和谐、人民生活更加殷实。为此，必须坚持经济建设、政治建设、文化建设、社会建设和生态文明建设协调发展，缺少其中任何一个方面，都不可能实现全面建设小康社会的奋斗目标。改革开放以来，我国社会主义现代化建设已经实现了第一步和第二步战略目标，在经济持续快速发展的基础上，城乡居民收入有了较大幅度增加，家庭财产普遍增多，衣食住行用水平不断提高，绝对贫困现象基本消除，人民生活显著改善，从总体上已达到了小康水平。但现阶段的小康还是较低水平的、不全面的、发展不平衡的。同时，人民群众在新的发展阶段，期望过上更加美好的生活，对教育、卫生、社会保障、住房等公共服务及人的全面发展等方面提出了更高的要求，全社会的物质和精神文化需求快速增长，也更加需要加快改善民生、提高公共服务水平。党关于现代化建设“三步走”的战略部署，每一步都把经济发展的目标同改善人民生活和促进社会进步的目标有机地结合起来，作出统一部署。要实现全面小康，使我国从中低收入国家步入中上收入国家行列，使全国人民过上更加富足而有尊严的生活，就必须切实改变经济发展和社会发展“一条腿长、一条腿短”的突出问题，扎扎实实地推进以改善民生为重点的社会建设。

（四）加强民生保障与公共服务是构建社会主义和谐社会的必然要求

构建社会主义和谐社会，是我们党从中国特色社会主义事业总体布局和全面建设小康社会全局出发提出的重大战略任务。加强改善民生和公共服务，抓住了维护和实现社会公平正义的关键，抓住了解决经济社会发展不平衡和影响社会和谐安定问题的关键。构建社会主义和谐社会是贯穿中国特色社会主义事业全过程的长期历史任务，是在发展的基础上正确处理各种社会矛盾的历史过程和社会结果，同时又是十分重要而紧迫的工作。其基本要求，就是要以解决人民最关心、最直接、最现实的利益问题为重点，着力发展社会事业，促进社会公平正义；扩大公共服务，逐步实现基本公共服务均等化；理顺分配关系，增加城乡居民收入，处理好公平和效率的关系；完善社会管理，增强社会创造活力，维护社会安定团结。这样，才能形成全体人民各尽所能、各得其所而又和谐相处的局面，人们的积极性、主动性、创造性才能充分发挥出来，万众一心地把中国特色社会主义事业推向前进。

第二节　政策实践的主要内容

改革开放以来，特别是科学发展观提出后的几年来，我国在加强民生保障与公共服务方面出台了一系列重大政策措施，加快推进社会公共服务体系建设，各项民生事业发展都取得了历史性的新成就。

一、教育

大力实施科教兴国和人才强国战略，把教育放在优先发展的战略地位，从满足人民群众日益增长的教育需求出发，着力扩大人民群众受教育机会，提高教育质量，促进教育公平。

一是实施素质教育。坚持育人为本，德育为先，加强和改进中小学生思想道德教育和大学生思想政治教育，增强学生的爱国主义情感、创新精神、劳动观念和成为社会主义建设者和接班人的意识。推进基础教育课程改革，改进培养模式和教育方法，倡导启发式教学，切实减轻中小学生过重的课业负担，改革和完善考试评价制度，积极探索综合评价、多样化选拔的招生录取机制，中考招生和高校招生考试制度改革取得进展。坚持健康第一，加强和改进学校体育卫生工作。加强和改进学校美育工作，提高学生审美素质。

二是普及和巩固九年义务教育。强化政府对义务教育的保障责任，建立农村义务教育经费保障新机制，有效提高农村义务教育阶段中小学经费保障水平。全面免除城乡义务教育阶段学杂费，为农村学生和城市家庭经济困难学生提供免费教科书，并为城乡家庭经济困难的寄宿生提供生活补助。全面完成西部“两基”攻坚计划，推进九年义务教育的普及和巩固。加强特殊教育学校建设，保障残疾儿童受教育权利。

三是以中等职业教育为重点大力发展职业教育。加强职业教育基础能力建设，改善县级职教中心和示范性中等职业学校办学条件，加强职业教育实训基地建设，加快建设“双师型”教师队伍，加强示范性高职建设，提升职业院校技能型人才培养能力和水平。推行校企合作、工学结合、半工半读的人才培养模式，积极推动东西部之间、城乡之间职业院校实行联合招生、合作培养。建立中等职业教育国家助学金制度，对家庭经济困难学生和涉农专业学生实行免学费政策。中等职业教育规模的扩大促进了高中阶段教育普及水平的提高。

四是提高高等教育质量。切实把高等教育发展的重点放到提高质量上，实施高等学校本科教学质量与教学改革工程，加大投入力度，改善办学条件。加强高校人才队伍建设，深化教育教学改革，着力培养学生的创新精神和创新思维，增强学生的实践能力、创造能力和就业能力、创业能力，人才培养质量得到提高。实施“985 工程”和“211 工程”，高水平大学和一流学科建设取得进展，高校创新与服务能力明显提升，成为国家知识创新和科技开发的重要基地。实施少数民族高层次骨干人才培养计划，加强少数民族地区人才培养工作。高等教育进入大众化阶段，人民群众接受高等教育的机会进一步增加。着眼于国家经济社会发展需要，积极调整学科布局和专业设置，人才培养结构进一步优化，服务经济社会能力进一步提升。

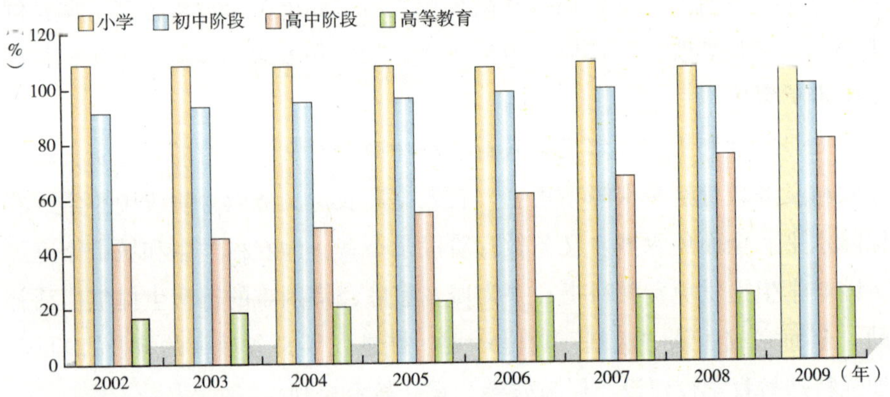

各级教育毛入学率

二、就业和工资

实施积极的就业政策，就业成为国家发展的重要战略。2002年，我国启动第一轮积极的就业政策，中共中央、国务院下发了《关于进一步做好下岗失业人员再就业工作的通知》，确立了我国积极就业政策的基本框架。2005年，国家启动第二轮积极就业政策，国务院下发了《关于进一步加强就业再就业工作的通知》，根据新情况对原有政策作了“延续、扩展、调整、充实”，进一步扩大了扶持范围，增加了就业援助、公益岗位社保补贴、岗位补贴等内容。2007年，以《中华人民共和国就业促进法》颁布为标志，具有中国特色的积极的就业政策和制度体系初步形成。

就业政策的工作重点：一是明确新时期就业方针，确立就业市场化方向；二是实行城乡劳动力市场统筹发展；三是实施公平就业和免费就业服务法规政策；四是扩大技能培训范围，加大技能培训力度，不断提高劳动者素质。近年来，我国就业总量保持了稳步增长，从2003年至2009年，平均年度新增城镇就业人员接近 1000 万人，比 20 世纪 90 年代后期的年均 700 万人多增加近 300 万人。

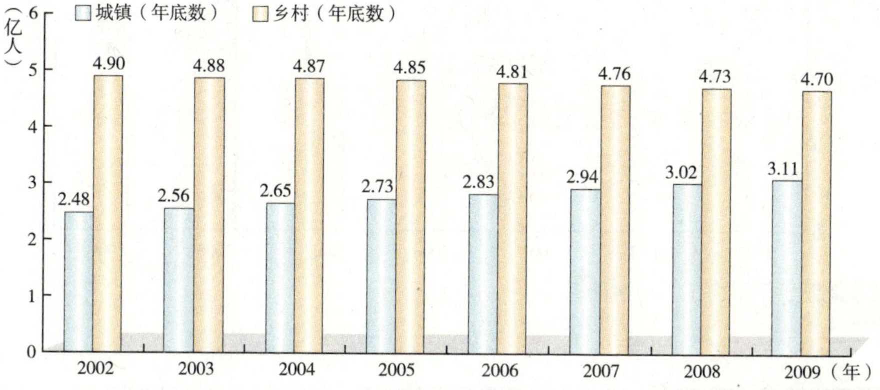

城乡就业人员数

稳步推进收入分配和工资制度改革。从打破两个“大锅饭”、恢复按劳分配原则开始，到确立按劳分配为主体、多种分配方式并存的分配制度。在这一过程中，工资制度和工资形成机制实现了三个重大转变：一是企业内部分配和职工工资水平，由国家统一下达工资总额计划和执行国家规定的工资等级标准，转变为在国家政策指导下由企业自主决定内部分配，职工工资水平主要由企业经济效益和劳动力市场供求形成；二是国家对工资分配的管理方式由单一的行政手段和直接计划管理转变为以法律、经济手段为主，辅之以必要的行政手段的间接宏观管理；三是由机关、事业单位、企业同一化的工资分配制度转变为根据各自特点、建立符合自身要求的不同的工资分配制度。同时，加快企业工资分配立法，相继颁布实施了《中华人民共和国劳动法》、《中华人民共和国劳动合同法》、《最低工资规定》、《集体合同规定》、《工资集体协商试行办法》等一系列法律法规。经过不断改革探索，我国初步形成了按劳分配为主体、多种分配方式并存，劳动、资本、技术、管理等生产要素按贡献参与分配的制度。据统计，2002 年，我国在岗职工平均工资为 12422 元，到 2009 年达到 32736 元，扣除价格上涨因素，年均递增 12.23%。

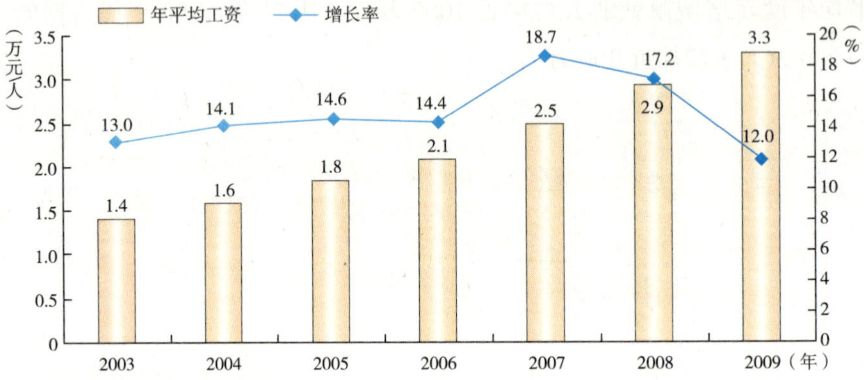

职工年平均工资及增长率

三、卫生

医药卫生事业关系亿万人民的健康和幸福。加强公共医疗卫生，深化医药卫生体制改革，坚持公共医疗卫生的公益性质，把基本医疗卫生制度作为公共产品向全民提供。坚持以农村为重点、预防为主、中西医并重的卫生工作方针，着力建设覆盖城乡居民的基本医疗卫生制度，逐步实现人人享有基本医疗卫生服务，不断提高全民健康水平。

一是加强公共卫生服务。坚持预防为主，不断加强和完善公共卫生服务体系，特别是2003年非典之后，我国进行了新中国成立以来规模最大的公共卫生体系建设，基本建成了覆盖城乡的疾病预防控制等专业公共卫生服务网络，加强了以基层服务网络为基础的医疗服务体系的公共卫生服务功能。建立和完善突发公共卫生事件应急处置机制，加强重大疾病预防控制，对艾滋病、结核病、血吸虫病等重大传染病患者实行免费药物治疗，对儿童普遍实行免疫规划，免费疫苗接种预防的传染病达到15种，做好妇幼保健工作。广泛开展爱国卫生运动和全民健康教育，做好慢性病、职业病防治和精神卫生工作，加强环境与健康研究。

二是不断完善医疗服务体系。以农村和基层为重点加强医疗服务体系建设，进一步健全县、乡、村三级医疗卫生服务体系，大力发展城市社区卫生服务，逐步建立城市与农村、医院与社区卫生服务机构对口支援和分工协作机制。开展以全科医生为重点的基层医疗卫生队伍建设，培养适宜卫生人才为城乡居民提供全方位的健康管理服务。充分发挥中医药特色优势和重要作用。加强医疗机构管理，提高医疗服务质量。1978年到2009年，我国医疗卫生机构总数由17万家增加到28万家，病床床位由204万张增加到442万张，卫生人员由310万人增加到553万人。

三是加快基本医疗保障制度建设。职工医保、城镇居民医保和新农合覆盖超过12亿城乡居民。国有关闭破产企业、困难企业职工和退休人员等重点人群的参保问题得到有效解决。2010年，政府对新农合和城镇居民医保补助标准达到120元，职工医保、城镇居民医保和新农合政策范围内住院费用报销比例分别达到75%、60%和60%，门诊统筹范围不断扩大。完善城乡医疗救助制度，对困难人群参保及其难以负担的医疗费用提供补助。积极发展补充医疗保险和商业医疗保险，满足不同人群的多样化健康需求。

四是大力发展医药产业。药品供应保障体系基本建立，1978年到2009年，医药工业产值年均递增19%，药品品种、数量基本满足国内用药需求。医药批发企业约1.3万家，零售门店36.5万家，构建方便快捷的医药服务体系。药物不良反应监测体系和制度逐步完善，初步建立农村药品监督网和供应网，特别是从2009年开始在基层医疗卫生机构实施基本药物制度，使群众用药更加安全有效、品质良好、价格合理、供应及时。

五是居民健康水平显著提高。随着经济发展、卫生条件改善和健康意识增强，公众健康水平不断提高，主要健康指标持续改善，已处于发展中国家的前列。我国人均期望寿命由1978年的68.2岁提高到目前的73.5岁；孕产妇死亡率由1990年的94.7/10万降低到2009年的31.9/10万，婴儿死亡率由1981年的34.7‰降低到2009年的13.8‰。

四、社会保险

改革开放以来，我国经济社会结构发生巨大变化，党和政府在社会保险体系建设方面进行了大量的实践和探索，保障方式走向社会统筹，资金来源多元化，管理服务社会化，适应社会主义市场经济体制的现代社会保险制度初步形成并不断完善，为改革开放、经济发展和社会稳定创造了有利条件。

一是社会保险制度框架初步形成。建立了涵盖基本养老、基本医疗、失业、工伤、生育保险五大险种的基本社会保险制度。基本养老保险包括企业职工基本养老保险、公务员和事业单位人员退休政策及农村养老保险等，主要保障参保人员退休后的基本生活；基本医疗保险包括城镇职工基本医保、城镇居民基本医保和新型农村合作医疗制度，主要对参保人员就医费用进行补助；失业保险覆盖城镇各类企业以及事业单位，在参保人员失业期间发放失业保险金、医疗补助金；工伤保险和生育保险针对参保人员特定情况提供必要的资金帮助。

二是社会保险覆盖面不断扩大。城镇养老、医疗、失业、工伤、生育等各类社会保险的保障人群不断扩大，从最初政策设计的国有企业职工，逐步扩大到全部城镇单位职工，进而扩大到个体工商户、灵活就业者和合同制的农民工。2009 年国务院发布《关于开展新型农村社会养老保险试点的指导意见》，启动新型农村社会养老保险试点工作。截至 2009 年，超过 76% 的城镇就业人员参加了城镇养老保险，19% 的农村劳动人口参加了农村社会养老保险。

三是政府、社会、单位、个人多渠道的社会保险筹资机制逐步建立。单位和个人共同缴纳社会保险费；在社会保险基金入不敷出时，政府对社会保险基金进行补助；各级财政还对居民参加城镇居民基本医疗保险、新型农村合作医疗和新型农村社会养老保险的城乡居民缴费给予一定的补助；减持国有股收入、彩票公益金收入和中央预算超收收入等形成的全国社会保障基金作为储备基金用于社会保障支出。社会保险基金总收入从 1998 年的 1623 亿元增加到 2009 年的 16115 亿元，增长 8.93 倍。为应对未来我国人口老龄化对社会保障的巨大需求，2009 年末全国社会保障基金积累总额已达 7766 多亿元。

四是社会保险待遇水平不断提高。国家多次调整企业退休人员的基本养老金待遇，使基本养老金水平稳步提高，由 1998 年的月人均 413 元提高到 2009 年的 1350 元。国家还多次提高了失业、工伤保险待遇标准，使广大群众，特别是低收入群众基本生活得到有效保障。

五是社会保险管理服务能力逐步提升。社会保险的管理服务从主要由用人单位承担，转变为由依法设立的各级社会保险经办机构承担。通过社会保险信息化建设、金保工程等，推进社会保险业务处理的信息化，打造和拓展社会保险业务信息化公共服务系统。养老金发放已经于 2001 年基本实现社会化发放。2009 年末，已经有 3879 万企业退休人员纳入社区管理，占企业退休人员总数的 75.2%。

五、社会救助

20 世纪 90 年代中期以来，特别是党的十六大以来，国家建立和完善了 10 多项社会救助制度，覆盖城乡的社会救助体系框架基本形成。这些救助制度主要有：城乡居民最低生活保障、农村五保供养、城乡医疗救助、教育救助、住房救助、法律救助、就业救助、灾民救助、流浪乞讨人员救助、临时救助等。一些地方还实施了生育救助、科技救助、交通救助等制度。各项制度从不同的角度，给予贫困居民以有效的帮助，成为一个有机联系的救助制度体系。

六、住房保障

改革开放以后，我国对计划经济时期福利性实物分配的住房制度逐步进行改革。1994 年《国务院关于深化城镇住房制度改革的决定》首次提出建立以中低收入家庭为对象、具有社会保障性质的经济适用住房体系和以高收入家庭为对象的商品住房供应体系。一些地方通过“国家安居工程”解决城镇中低收入家庭的住房问题，开始形成包含保障性住房在内的城镇住房供应体系。借鉴上海住房公积金试验，在全国推广建立了具有普遍住房保障性质的住房公积金制度。1998 年《国务院关于进一步深化城镇住房制度改革加快住房建设的通知》，决定停止住房实物分配，实行住房分配货币化。同时，为实现住房新旧体制的平稳过渡，提出了以经济适用住房为主体的住房供应体系，“最低收入家庭承租廉租住房，中低收入家庭购买经济适用住房，较高收入家庭购买或租赁商品住房”，初步形成了具有中国特色的住房保障制度基本框架。2007 年《国务院关于解决城市低收入家庭住房困难的若干意见》规定，在“十一五”期末，全国廉租住房制度保障范围，由城市最低收入住房困难家庭扩大到低收入住房困难家庭。对于其他中低等收入者，各地也在探索通过公共租赁住房以及限价房等方式供应住房，包括廉租住房、经济适用住房、公共租赁住房等多层次的住房保障体系正在逐步形成。2007 年以来，中央财政不断加大对保障性安居工程的补助力度，到 2010 年，累计安排用于保障性安居工程补助资金达 1538 亿元。其中，安排廉租住房保障补助资金 971 亿元，公共租赁住房补助资金 30 亿元，各类棚户区改造补助资金 274 亿元，农村危房改造补助资金 117 亿元，游牧民定居工程补助资金 38 亿元，其他补助资金 108 亿元。

第三节　国外相关实践与经验

公共服务是政府的基本职能。虽然由于具体历史条件和国情不同，世界各国提供公共服务的内容和做法有所差异，但许多发达国家在实践中形成了比较完备的公共服务制度和政策体系，值得研究借鉴。其主要特征和经验可概括为以下几方面。

一、合理配置各级政府公共服务事权和财权

在各级政府科学、合理地分配公共服务的事权和财权，是各国政府有效履行公共服务职能的必要前提，是建立规范、明晰的公共服务体制的基础。

（一）根据政府职能和公共产品属性的不同，划分各级政府公共服务的事权

总体来看，无论是联邦制国家还是单一制国家，其中央和地方事权划分均体现出以下特点：一是按受益范围划分事权，如受益范围限于地方的市政建设，由地方政府负责；而受益范围属于全国性的，则由中央政府负责。二是职权下放，即凡是下级政府能做的事，一般都不由上级政府包揽，这样不仅有利于提高效率，也便于民众监督。三是服务效率优先，即从政府提供公共产品的效率角度考虑中央与地方政府事权划分。

（二）实行分级财政，中央财政居于主导地位

不同的财政体制下，各级政府承担公共服务支出的责任不同。就财政的分权程度而言，联邦制国家比单一制国家要大一些，地域辽阔的国家比地域狭小的国家要大一些。绝大多数国家通过实行分级财政，保障各级政府公共服务支出，但一般由中央政府承担最终保障责任。为此，不少国家将相关重大立法权归于中央政府，财政收入的大部分由中央政府支配，体现出中央财政的主导地位，但通过中央财政直接投入和转移支付等方式使大多数公共服务支出实际用于地方。同时，制定实施专门的政策法规扶持落后地区和贫困人群。例如，美国从 20 世纪 30 年代开始就制定了地区再开发人力培训和农村发展等方面的法律法规，并依法成立了地区再开发管理局等组织管理机构，负责促进落后地区发展，包括公共服务的均衡发展。

（三）以转移支付促进公共服务均等化

许多国家通过财政均衡性转移支付的方式，缩小国内地区发展差距，促进基本公共服务均等化。财政均衡性转移支付法制化，是发达国家转移支付制度的共性特征。各级政府的支出责任和财政均衡性转移支付都有明确的法律规定和依据。据此而进行的财政收入和支出范围划分，以及划分标准等，在不少国家也以法律确定下来，使转移支付制度公正和透明。例如，为克服区域财政不平衡，德国的《联邦基本法》对各州之间财政均衡作出了规定，明确联邦政府要采取一定方式在财力不同的州之间进行财政

收入的再分配，以使各州的财政实力相对均等，目的就是要均衡各州提供公共服务的能力。

同时，发达国家普遍建立了相对稳定的均衡性转移支付资金来源和分配机制。为确保转移支付资金来源稳定，固定某种或某几种税收的一定比例进行均衡性分配。采用规范化和公式化的方式进行资金分配，以减少转移支付中的盲目性和随意性，降低人为因素的干扰。

二、民生保障等公共服务在政府支出中占较大比重

就业、社会保障、基本医疗、基础教育等公共服务与人的生存和发展直接相关，是实现公民权利的基本内容，对国家和民族的长远发展起着重要的基础性作用。因此，大多数国家的政府支出主要用于这些公共服务事项。公共投入的水平往往也与国家经济发达程度成正比，成为一国综合实力的重要体现。随着经济发展和社会文明进步，各国政府的公共服务投入水平不断提高。

以教育投入为例，2007 年世界主要国家公共教育投入占 GNP（国民生产总值）的比例平均达到 4.6%，其中发达国家公共教育支出占 GNP 的比例达到 5.0%，发展中国家为 4.5%。2007 年 OECD 国家[①] 公共教育投入占 GDP 的比例达到 5.2%。再以社会性支出为例，发达国家教育卫生和社会福利开支占政府开支的比重平均达到 53%，发展中国家也达到 34%。

三、推行公共服务社会化，提高公共服务效率

20 世纪 60 年代以来，受到社会形势变化、社会公众要求、财政压力增加等多种因素的影响，世界许多国家和地区进行了公共服务改革，引进外部公共服务主体和内部机构改革并重，推行公共服务社会化，促进公共服务提供主体多元化，提高公共服务的质量和效率。

---

① 即经济合作与发展组织，成立于1961年，是由30个市场经济国家组成的政府间国际经济组织，包括了几乎所有发达国家，合计 GDP 总量约占全世界的 2/3。

公共服务社会化，就是根据不同公共服务项目的性质和特点，以社会需求为导向，运用多种方式鼓励各种非营利组织和社会公众参与兴办公益事业和提供社会服务，形成以政府为主导、各种社会主体共同参与的公共服务供给格局。当前世界主要国家的非营利组织在公共服务领域发挥了重要作用。非营利组织等社会力量对社会公益事业的参与，有效弥补了政府作为单一主体提供公共服务的不足。许多国家以法律制度规范、政策和经费支持、政府购买服务和托管经营、建立互惠的合作伙伴关系等形式，给予非营利组织大力扶持，促使公共服务社会化可持续、规范化发展。发达国家普遍认同，对地方政府的充分信任和政府间良好的合作治理关系有助于促成公共服务的合理分配。20 世纪 90 年代以来，发达国家在实施公共服务中大多逐步形成了授权和合作管理的模式。例如，在养老保险方面，丹麦等国委托地方政府代行职能，德国和法国则是委托民间机构代行职能；在社会救济方面，法国设立了“社会均等化的最低补助”，由中央政府设立标准，省级政府负责管理，财源来自于省级政府的一般性税收收入。

为提高公共服务效率和反映公共需求满足水平，很多国家建立了公共服务绩效评估制度，将标准化管理思想和管理技术引入公共服务，实施绩效管理。例如，1993 年至 2000 年，美国克林顿政府推出“国家绩效评估”，改进构成政府主体的 32 个“高影响机构”的绩效，制定了 4000 多项顾客服务标准，包括要求在公共服务中使用“清晰语言”等。

第四节　发展形势和改革方向

当前我国改革发展正处在关键时期，民生工作形势复杂、任务艰巨，既面临着难得的发展机遇，也面临着诸多困难和挑战。我们必须深刻认识新时期加快以改善民生为重点的社会建设的重要意义，增强做好民生工作的紧迫感和责任感，切实将保障和改善民生作为全面贯彻落实科学发展观、构建社会主义和谐社会的核心任务，准确把握民生工作面临的新形势、新任务、新问题，努力实现民富国强的宏伟目标。

一、形势与挑战

（一）当前存在的主要问题

我国仍是一个发展中国家，正处于并将长期处于社会主义初级阶段，不断增长的人民群众物质文化需要同落后的社会生产之间的矛盾这一社会主要矛盾没有改变，这决定了民生事业发展的长期性、艰巨性。总体而言，我国民生发展相对滞后、基本公共服务供给不足、社会事业发展失衡、相关体制机制不完善等矛盾问题仍然十分突出。

从总体情况看，国家尚未明确规范现阶段基本公共服务的范围和标准，民生事业和公益性服务领域投入长期不足，历史欠账较多，不能满足社会需求和群众需要。

从城乡情况看，农村公共服务严重滞后，可及性较差。在义务教育方面，2009 年，城市普通小学和初级中学的生均教育经费分别是农村的 1.2 倍和 1.3 倍，城市初中阶段本科及以上学历教师比例是农村的 1.46 倍，生均仪器设备值是农村的 1.85 倍。在医疗卫生方面，2009 年，城市每千人口病床数是农村的 4.1 倍，每千人口卫生技术人员数是农村的 2.45 倍，而农村地区的婴儿死亡率、5 岁以下儿童死亡率、孕产妇死亡率则分别是城市的 2.74 倍、2.778 倍和 1.28 倍。

从区域情况看，公共服务水平与经济发展水平正相关，但不同地区公共服务差距大于经济发展水平差距。近年来地区间人均 GDP 差距逐步缩小，但公共服务方面的差距仍然很大，如现在小学生均教育经费最高和最低的省份相差近 10 倍，这反映出区域间基本公共服务明显不均等。

受公共服务供给不足和明显不均等的影响，城乡低收入家庭和社会弱势群体享有基本公共服务的权益还不能得到充分保障。

上述问题的根本原因是民生保障和公共服务体制机制不健全不完善，

主要是：公共财政保障机制不健全，公共服务供给制度城乡二元分割，公共服务资源条块分割且布局不合理，基层政府事权财权不匹配，以及缺乏有效的评估监督机制等。

综上说明，改革开放以来，虽然我国民生保障和公共服务工作取得了不少新成就和新进展，但距离真正形成比较完善的体制机制和实现基本公共服务均等化还有很大差距，今后的任务十分艰巨和紧迫，仍需付出极大的努力。

（二）机遇和挑战

当前和今后一个时期，世情、国情继续发生深刻变化，我国经济社会发展呈现新的阶段性特征。综合判断国际国内形势，我国发展仍处于可以大有作为的重要战略机遇期，既面临难得的历史机遇，也面临诸多可以预见和难以预见的风险挑战。民生发展同样如此，我们应当有足够的认识和充分的准备。

这一阶段我国民生发展面临的机遇主要体现在：国际环境总体上仍有利于我国和平发展，国内工业化、信息化、城镇化、市场化、国际化深入发展，我们完全有条件推动经济社会发展和综合国力再上新台阶，从而更有实力和能力来保障和改善民生，更有条件实现各族人民过上更好生活的新期待；“十二五”规划确定以科学发展为主题，以加快转变经济发展方式为主线，强调要更加注重以人为本，更加注重全面协调可持续发展，更加注重保障和改善民生，促进社会公平正义，坚持把保障和改善民生作为加快转变经济发展方式的根本出发点和落脚点，使发展成果惠及全体人民；社会主义市场经济体制不断完善，社会主义民主政治不断发展，政府职能进一步转变，公共财政体制更加健全，文化体制、社会体制改革加快推进，将为保障和改善民生提供更为充分的制度保证。

我国民生发展面对的风险挑战主要是：在国际经济“后危机”时期，我国发展的外部环境更趋复杂，可能影响国内经济和民生发展的不确定性外部风险因素增多；我国发展中不平衡、不协调、不可持续性问题依然突出，经济增长的资源环境约束强化，转变经济发展方式需要攻克诸多深层次的结构性、体制性难题，在经济、社会转型期各种社会矛盾明显增多；我国是世界上最大的发展中国家，人口规模特别巨大，城乡二元结构矛盾突出，区域发展差距很大，现阶段的民生发展既要尽快补还大量的历史欠账，又要切实解决诸多紧迫的现实问题，还要应对“人口红利期”行将结束、老龄化社会提前来临的挑战，保障和改善民生的任务之艰巨、压力之巨大，可以说是迄今世界上任何国家都不能相比的。

二、发展思路

随着科学发展观实践和和谐社会建设不断深入，民生保障与公共服务被提升至越来越突出的战略位置。党的十六届六中全会《决定》将“基本公共服务体系更加完备”列为构建社会主义和谐社会的主要任务之一。十七大报告进一步提出“加快推进以改善民生为重点的社会建设”，“缩小区域发展差距，必须注重实现基本公共服务均等化”，“围绕推进基本公共服务均等化和主体功能区建设，完善公共财政体系”等明确要求。十七届三中全会《决定》将“城乡基本公共服务均等化明显推进”作为2020年农村改革发展基本目标之一。十七届五中全会通过的《中共中央关于制定国民经济和社会发展第十二个五年规划的建议》，将逐步完善符合国情、比较完整、覆盖城乡、可持续的基本公共服务体系，提高政府保障能力，推进基本公共服务均等化作为“十二五”时期加强社会建设的主要任务。这些重要论述为我国民生发展指明了前进方向，确立了战略方针，作出了总体部署。

（一）指导思想

全面贯彻落实科学发展观，坚持把保障和改善民生作为经济社会发展的本质要求和加快转变经济发展方式的根本出发点、落脚点。完善保障和改善民生的制度安排，把促进就业放在经济社会发展的优先位置，加快发展各项社会事业，推进基本公共服务均等化，加大收入分配调节力度，坚定不移走共同富裕道路，使发展成果惠及全体人民。

（二）基本原则

——统筹兼顾，注重公平。要统筹城乡和区域发展，兼顾各类社会群体的利益诉求，正确处理效率和公平的关系，更加注重促进社会公平正义，优先保证“底线公平”和促进机会公平，确保公共资源增量向老少边穷地区以及困难群体重点倾斜，在基本公共服务全社会全覆盖的基础上逐步提高统筹层次和保障水平。在注重公平的同时，承认不同地区间、城乡间、社会群体间存在合理差别。

——政府主导，多方参与。区分“基本”和“非基本”公共服务，要进一步强化政府的公共服务职能和提供基本公共服务的主导地位，落实公共财政的保障责任。在非基本公共服务领域，要充分发挥市场机制的积极作用，鼓励和引导社会力量参与，推动形成多元化的供给格局。

——需求导向，尽力量力。要坚持以人为本，把群众的实际需要作为确定民生保障与基本公共服务的范围、标准和政策的重要依据。需求与可能相结合，尽力而为与量力而行相统一，立足于可持续发展，坚持民生改善程度、公共服务能力与经济社会发展水平相适应。

——突出重点，有序推进。要区分轻重缓急，集中力量实现重点突破，分阶段、分步骤地合理有序推进民生事业建设。优先推进关系人民群众基本生存权、发展权的重点领域基本公共服务均等化，带动提高其他领域；优先实施基本公共服务体系覆盖全民，逐步实现制度的统一；优先实现县域内公共服务的城乡统筹和一体化，逐步推进区域间城乡基本公共服务均等化和提高统筹层次。

（三）战略路径

我国人口众多、发展很不平衡、长期处于社会主义初级阶段的基本国情，决定了加强民生保障与公共服务是一项长期艰巨的任务，不可能一蹴而就，必须按照广覆盖、保基本、多层次、可持续的方针，遵循保基本、强基层、建机制的路径向前推进。

第一，保基本。就是要明确现阶段基本公共服务的标准和范围，做到覆盖全体居民。按照责任与能力对等、需求与可能结合的原则，重点针对群众最为关注的现实利益需要，在公共就业服务、基本社会保障、基本住房保障、义务教育、基本医疗卫生等领域内，首先实现覆盖城乡全体居民，满足基本需求，再随经济社会发展逐步提升统筹层次和保障能力，提高均等化水平。

第二，强基层。就是要着重加强基层公共服务能力建设，在最接近人民群众而又是目前最薄弱的部位尽快形成提供基本公共服务的平台和网络。县、乡、村和社区基层公共服务机构是提供基本公共服务的网底和基础，长期以来由于投入不足，普遍面临设施条件差、人员水平低、服务能力弱等困境，一直是公共服务体系的短板和薄弱环节。强基层，就要把重心下移，把更多的财力、物力投向基层，把更多的人才、技术引向基层，切实增强基层的公共服务能力。

第三，建机制。就是要完善保障和改善民生、推进基本公共服务均等化的制度安排，改革创新相关体制机制，保障基本公共服务体系规范有效运转。必须处理好政府与市场、公平与效率、激励与约束等关系，建立健全有利于保障供给、服务优良、提高效率的长效机制。主要是，要以基本公共服务均等化为目标，形成稳定增长的财政保障机制，激励与约束对称、效率与效益并重的管理运行机制，面向基层、服务基层的专业人才培养和交流机制，政府主导与社会广泛参与相结合、上下联动的分工协作机制，主体多元、竞争有序的服务供给机制。

（四）总体目标

到“十二五”末，要在民生保障和基本公共服务重点领域内，初步建立符合国情、比较完整、覆盖城乡、可持续的基本公共服务体系，初步实现县域内城乡基本公共服务均等化，有条件的地区实现市域内、省域内城乡基本公共服务均等化，区域、人群间的基本公共服务水平差距明显缩小。

三、政策重点

完善公共服务体系，推进基本公共服务均等化，是“十二五”时期保障和改善民生的重要任务。相关政策措施重点要着力于以下五个方面。

（一）建立健全以城乡基层为重点的民生保障与基本公共服务体系

1. 分行业建立国家基本民生保障和服务项目，明确服务内容、供给规模和标准、供给渠道及各级政府的职责划分。据此制定实施国家基本公共服务均等化专项规划。标准应包括设施、设备、人员配备以及日常运行费用等必备的内容，有条件的地方可以在国家标准基础上适当提高水平。

2. 完善现有制度体系，优先实现制度框架对城乡居民的全覆盖，逐步提升统筹层次和保障水平。切实加强地区间、城乡间相关制度间的衔接和转移接续，确保公民享受基本公共服务不受地域、身份限制，在义务教育、公共卫生、城乡居民医疗保障等领域，率先实现城乡制度的对接。

3. 着力加强以县（市）为龙头、以乡镇（街道）为基础的基层民生保障服务网络建设，支持其作为提供基本公共服务的主要载体向村级和社区延伸，逐步实现服务机构规范化、标准化和信息化。

4. 改革基本公共服务资源配置方式，由按行政层次配置转向区域覆盖，制定实施统筹城乡和区域发展、适应城镇化需要的基本公共服务设施布局标准和建设标准。有效整合基层公共服务资源，加强共享共建，重点发展功能完备的综合性服务设施，鼓励功能和覆盖人群相近的服务机构进行合并和资源整合，鼓励服务机构中的优质资源通过跨区连锁运营等方式开展集团化运作，并以多种形式向城乡基层延伸。

（二）建立健全适应基本公共服务均等化要求的财政保障机制

1. 进一步调整和优化公共财政支出结构。逐步提高基本公共服务支出所占比重，建立健全公共服务支出稳定增长的机制。政府用于基本公共服务的预算支出增长幅度要高于经常性财政支出增长幅度。

2. 完善财政转移支付制度。为了增强县以下基层政府基本公共服务保障能力，应在合理划分中央和各级地方财政支出事权的基础上，完善财政转移支付制度，科学选定因素和权数，完善一般性转移支付办法，明显增加中央对省级和省级对县级财政的一般性转移支付规模和比例。严格规范专项转移支付，逐步缩小规模，调整优化结构，进一步加大对革命老区、民族地区、边疆地区、贫困地区的倾斜力度。建立规范化的横向转移支付模式，在以纵向转移支付为主基础上，合理扩大横向转移支付。

3. 加快推进省以下财政管理体制创新，逐步建立县级基本财力保障机制，积极推进乡镇财政管理体制改革试点，着力增强县以下基层政府基本公共服务和民生保障能力。开展中央财政直接负责国家重点贫困地区基本公共服务供给的试点改革。整合优化基层公共服务财政资源，改变各自为政、各行其是、分散投入的状况，形成合力，提高资金使用效益。

4. 按照确定的基本公共服务项目和标准，建立健全基层公共服务机构运行经费保障机制。

（三）推动建立多元化的基本公共服务供给格局

由政府负责基本公共服务不等于要政府大包大揽。为提高公共服务质量和效率，必须加强制度创新，扩大公众参与，最大限度调动社会资源和各方参与的积极性，促进共建共享，注重内涵发展，逐步建立政府主导与社会充分参与相结合、公共财政负责财力保障与公共服务适当环节引入竞争机制相结合的基本公共服务供给机制。

1. 按照政事分开、管办分开的原则，加快推进事业单位管理体制和运行机制改革，探索事业单位所有权与管理权分离的有效形式。加快完善社会保障、国有资产管理、人事管理、收入分配等配套政策，逐步建立新型的事业单位法人治理结构。

2. 创新基本公共服务供给方式，放宽基本公共服务准入限制，扩大提供主体范围，鼓励和引导社会资本和社会力量参与基本公共服务供给，大力发展慈善事业。

3. 改革公共财政投入方式，通过政府购买、管理合同外包、合约出租、特许经营、财政参股等多种形式，建立合理有序的公共服务供给竞争机制。

4. 探索民生保障和基本公共服务供给的社会参与机制，逐步建立和完善政府公共承诺制度、听证制度、信息查询咨询制度，强化社会公众的知情权、参与权和监督权。

（四）加快公共服务体系信息化建设

1. 加快推进基本公共服务信息平台建设，重点建设省部级信息平台，有条件的地区可根据需要和实际能力逐步推进城乡基层的信息平台建设，促进信息整合和资源共享。

2. 着力提高公共服务机构信息化水平，建立集服务管理、资源调配、绩效评价、内部管理、互动咨询等于一体的信息管理系统。

3. 加快推进信息系统标准化建设，尽快出台统一、规范的技术标准，提高不同信息系统间的对接和兼容能力，重点推进人口、就业、社会保障、民政和住房保障领域的信息一体化建设。

4. 面向城乡基层和边远地区，充分利用现代信息技术和网络设施，积极发展义务教育、公共卫生和基本医疗等远程服务。

（五）强化基本公共服务均等化考核评估机制

有监管、有考核、有评估，各项制度和政策的落实才能有保障。

1. 建立基本公共服务均等化监测指标体系和综合评价制度。加强各级政府民生保障与基本公共服务监测评价，把基本公共服务数量和质量纳入各级政府绩效考核体系。监测评价结果定期向社会发布，接受社会公众和舆论监督。

2. 强化外部监管。构建包括人大、政协及审计部门、行业组织、传媒和公众等在内的多层次的公共服务监管体系，有条件的地方可引入第三方开展独立外部评价，建立多元化的绩效评估制度。

3. 健全基本公共服务问责制度。规范问责程序，完善社情民意沟通渠道，将评价结果与财政拨款等激励约束手段相挂钩，探索建立以基本公共服务均等化为导向的激励约束机制。

第一章 教育

PART 1

概述

百年大计，教育为本。教育是民族振兴、社会进步的基石，是提高国民素质、促进人的全面发展的根本途径，寄托着亿万家庭对美好生活的期盼。党的十七大作出了优先发展教育、建设人力资源强国的总体部署，并把努力使全体人民学有所教放在加快推进以改善民生为重点的社会建设的首位。2010年7月，党中央、国务院召开了全国教育工作会议，制定了《国家中长期教育改革和发展规划纲要（2010—2020年）》（以下简称《规划纲要》），对今后十年我国教育改革和发展作出了全面部署。这是党中央按照科学发展观的要求，深刻把握新形势，总揽社会主义现代化建设全局作出的重要战略部署。强国必先强教，推进社会主义现代化建设，实现经济社会持续健康协调发展，不断满足人民群众的发展需求，必须长期坚持教育优先，不断推动教育改革创新，促进教育公平，提高教育质量，提升教育现代化水平，全面提高劳动者素质，大力培养创新型人才。

一、教育体制

（一）教育体系和基本学制

我国实行九年义务教育，包括小学学制六年，初中三年。高中阶段教育包括普通高中教育和中等职业教育，学制均为三年，初中毕业生可分别升入普通高中和中等职业学校；中等职业学校包括中等专业学校、职业高中、技工学校、成人中等专业学校等四类；目前已实现了普通高中和中等职业教育招生人数大体相当。高等教育包括四个层次：一是专科教育，主要是高等职业技术教育，学制为2—3年；二是本科教育，学制为四年；三是硕士研究生教育，学制为2—3年；四是博士研究生教育，学制为3—4年。在以上普通教育之外，还有覆盖从小学到大学的成人教育，例如自学考试制度，人人皆可通过自学，经全国统一考试获取相应的学历文凭。学前教育也是国民教育体系的重要组成部分，包括幼儿园和小学附设学前班。

（二）教育管理体制

我国教育管理体制实行分级管理、分级负责。包括学前教育、义务教育和普通高中在内的基础教育实行地方负责、分级管理，责任和管理权主要在地方政府。2006年6月修订的《中华人民共和国义务教育法》明确规定，义务教育实行“国务院领导，省、自治区、直辖市人民政府统筹规划实施，县级人民政府为主管理”的体制，县级政府对本地区义务教育发展负有主要责任。学前教育以县为主管理，高中阶段教育以省级政府管理为主。职业教育和成人教育实行在国务院领导下，分级管理、地方为主、政府统筹、社会参与的管理体制，发展职业教育的主要责任在地方。高等教育实行中央和省两级政府管理、以省级政府管理为主。

（三）办学体制

我国学校以公办为主，同时积极鼓励民办教育特别是非义务教育阶段的民办教育发展。民办教育从20世纪90年代初起步，得到了快速发展，目前初步形成了以政府办学为主、社会各界共同参与的多元化办学格局。2009年，全国共有各级各类民办学校和教育机构10.6万余所，在校（园）人数为2525万人。特别是在非义务教育阶段，民办教育已占有相当比例。其中，民办普通本专科在校生为446万人，占普通本专科在校生总数的比例为20.8%；民办幼儿园在园人数1134万人，占在园幼儿总数的 42.7%。

（四）教育投入体制

《中华人民共和国义务教育法》明确规定，国家建立以财政拨款为主、其他多种渠道筹措教育经费为辅的体制，逐步增加对教育的投入，保证国家举办的学校教育经费的稳定来源。国家财政性教育经费支出占国民生产总值的比例应当随着国民经济的发展和财政收入的增长逐步提高。全国各级财政支出总额中教育经费所占比例应当随着国民经济的发展逐步提高。各级人民政府教育财政拨款的增长应当高于财政经常性收入的增长，并使按在校学生人数平均的教育费用逐步增长，保证教师工资和学生人均公用经费逐步增长。

《规划纲要》提出各级政府要优化财政支出结构，统筹各项收入，把教育作为财政支出重点领域予以优先保障。义务教育全面纳入财政保障范围，实行国务院和地方各级人民政府根据职责共同负担，省、自治区、直辖市人民政府负责统筹落实的投入体制。进一步完善中央财政和地方财政分项目、按比例分担的农村义务教育经费保障机制，提高保障水平。非义务教育实行以政府投入为主、受教育者合理分担、其他多种渠道筹措经费的投入机制。学前教育建立政府投入、社会举办者投入、家庭合理负担的投入机制。普通高中实行以财政投入为主，其他渠道筹措经费为辅的机制。中等职业教育实行政府、行业、企业及其他社会力量依法筹集经费的机制。高等教育实行以举办者投入为主、受教育者合理分担培养成本、学校设立基金接受社会捐赠等筹措经费的机制。

二、发展规模

2009 年，全国共有各级各类学校 55.3 万所，各级各类学历教育在校生为 2.64 亿人，非学历教育在学人数 5700 万人。其中：

学前教育：全国幼儿园 13.8 万所，在园幼儿人数 2658 万人，学前三年毛入园率达 50.9%。

义务教育：全国普通小学 28 万所，在校生 10283 万人；初中阶段学校 5.8 万所，在校生 5490 万人。小学净入学率达 99.4%，男女童小学入学差异已基本消除；初中阶段毛入学率达 99%。

高中阶段教育：全国高中阶段学校 3 万所，在校生 4624 万人。其中中等职业教育在校生 2179 万人，普通高中在校生 2434 万人。高中阶段教育毛入学率 79.2%。

高等教育：全国高等学校 2689 所，其中，普通高校 2305 所，成人高校 384 所。在学人数总规模为 2979 万人，毛入学率达 24.2%。其中：普通本科在校生为 1180 万人，普通专科在校生达 965 万人，博士研究生近 24.6 万人，硕士研究生近 116 万人，成人本专科在校生 541 万人。

2009 年，全国各级各类学校专任教师数为 1398 万人。其中，小学专任教师为 563 万人，初中阶段专任教师为 352 万人，普通高中专任教师 149 万人，中等职业学校专任教师 90 万人，普通高校专任教师近 130 万人。

三、面临的形势和主要任务

（一）成就和挑战

经过新中国成立 60 多年特别是改革开放以来的不懈努力，我国教育事业改革和发展取得了巨大成就，实现了全面普及九年义务教育和高等教育跨入国际公认的大众化阶段这两大跨越，职业教育改革和发展取得历史性突破，教育公平迈出重大步伐，确立了中国特色社会主义教育体制的基本框架，成功探索出了一条中国特色社会主义教育发展道路，为现代化建设作出了突出贡献。总体上看，已经进入全面提高质量的新阶段、进入了让孩子们上好学的新阶段、进入了建设人力资源强国的新阶段。

同时，我国教育发展也存在着突出的问题与困难，主要表现在我国教育还不完全适应国家经济社会发展和人民群众接受良好教育的要求。教育观念相对落后，内容方法比较陈旧，中小学生课业负担过重，素质教育推进困难；学生适应社会和就业创业能力不强，创新型、实用型、复合型人才紧缺；教育体制机制不完善，学校办学活力不足；教育结构和布局不尽合理，城乡、区域教育发展不平衡，贫困地区、民族地区教育发展滞后；教育投入不足，教育优先发展的战略地位尚未得到完全落实。这些困难和问题都有着复杂的经济社会原因，解决这些问题需要不断深化教育改革，更需要全党全社会共同努力，综合治理。

（二）教育改革发展的主要任务

按照《规划纲要》的要求，今后一个时期，教育改革发展要按照优先发展、育人为本、改革创新、促进公平、提高质量的工作方针，坚持以人为本，遵循教育规律，面向社会需求，优化结构布局，促进教育全面协调可持续发展，到2020年，努力使我国基本实现教育现代化，基本形成学习型社会，进入人力资源强国行列。今后10年教育改革发展的主要任务是：

全面实施素质教育。把素质教育作为教育工作的主题，牢固树立以人为本的教育观、全面发展的质量观、德才兼备的人才观。引导各级政府树立正确的教育政绩观，形成全社会推进素质教育的强大合力。坚持德育为先，立德树人，把社会主义核心价值体系融入国民教育全过程；坚持能力为重，优化知识结构，丰富社会实践，强化能力培养；坚持全面发展，全面加强和改进德育、智育、体育、美育；坚持文化知识学习与思想品德修养的统一、理论学习与社会实践的统一、全面发展与个性发展的统一。尊重教育规律和学生身心发展规律，为每个学生提供适合的教育，着力提高学生服务国家服务人民的社会责任感、勇于探索的创新精神和善于解决问题的实践能力，努力培养造就数以亿计的高素质劳动者、数以千万计的专门人才和一大批拔尖创新人才。

推动教育改革创新。把改革创新作为教育发展的强大动力，鼓励地方和学校大胆探索和试验。更新教育观念，树立全面发展观念、人人成才观念、多样化人才观念、系统培养观念、终身学习观念。改革质量评价和考试招生制度，改革教学内容、方法、手段，努力探索形成体系开放、机制灵活、渠道互通、选择多样的人才培养体制。正确处理政府、学校、社会关系，落实和扩大学校办学自主权，建设依法办学、自主管理、民主监督、社会参与的现代学校制度。大力支持和依法管理民办教育，深化办学体制改革，健全政府主导、社会参与，办学主体多元、办学形式多样、充满生机活力的办学体制。以转变政府职能和简政放权为重点，提高公共教育服务水平，形成政事分开、权责明确、统筹协调、规范有序的教育管理体制。加快解决经济社会发展对高质量多样化人才需要与教育培养能力不足的矛盾、人民群众期盼良好教育与资源相对短缺的矛盾、增强教育活力与体制机制约束的矛盾，为教育事业持续健康发展提供强大动力。

努力促进教育公平。把促进公平作为国家基本教育政策。重点是促进义务教育均衡发展和扶持困难群体，根本措施是合理配置教育资源，向农村地区、边远贫困地区和民族地区倾斜，加快缩小教育差距。要合理配置公共教育资源，把加强农村教育作为教育工作的重中之重，努力实现县域内义务教育率先均衡发展。积极发展学前教育，大力发展职业教育，努力形成适应经济发展方式转变和产业结构调整要求、体现终身教育理念、中等和高等职业教育协调发展的现代职业教育体系，加快普及高中阶段教育，提高人民群众受教育机会。完善家庭经济困难学生资助政策。提高农村义务教育阶段家庭经济困难学生寄宿生活补助标准，加大对中等职业学校和高等院校家庭经济困难学生的资助，使人人享有平等的受教育机会，不让一个孩子因家庭经济困难而失学。同时把促进高校毕业生就业放在突出位置，做好高校毕业生就业工作。

着力提高教育质量。把提高质量作为教育改革发展的核心任务，树立科学的质量观，把促进人的全面发展、适应社会需要作为衡量教育质量的根本标准。树立以提高质量为核心的教育发展观，注重教育内涵发展，鼓励学校办出特色、办出水平，出名师，育英才。建立以提高教育质量为导向的管理制度和工作机制，把教育资源配置和学校工作重点集中到强化教学环节、提高教育质量上来。制定教育质量国家标准，建立健全教育质量保障体系。加强教师队伍建设，提高教师整体素质。使学生思想道德素质、科学文化素质和健康素质明显提高，人才培养质量和结构更加适应现代化建设要求。加快创建世界一流大学和高水平大学的步伐，培养一批拔尖创新人才，形成一批世界一流学科，产生一批国际领先的原创性成果，为提升我国综合国力贡献力量。

近几年来，各级地方政府和教育战线以科学发展观为指导，积极探索推进教育事业科学发展的新路子，在促进义务教育均衡发展、实施素质教育、保障教育公平等方面创造了很多成功经验。本章选取了近几年来各级地方政府、学校在教育领域积极探索贯彻落实科学发展观，推动教育事业优先发展、科学发展的案例，同时也选取了一些地方政府面对教育改革和发展中出现的新情况和新问题，采取的能够引发思考的政策措施的案例，对各地落实《规划纲要》、推进教育改革与发展具有一定的借鉴意义和参考价值。

案例1　择校难题能否破解?

荣之中学是沈阳市的“优质学校”，2004年计划招收200人，却有2617人参加电脑派位，比例高达13∶1；报名时家长在校门口排起五六百米的长队，一时间造成交通拥堵。而当时的沈阳市八十六中学是一所条件“较差”的学校，招生时节门可罗雀。此前，沈阳市教育系统在全市民主评议行风中连续两年倒数第一。这样的评议结果，让沈阳教育处于社会关注的焦点。

一、择校热为教育亮红灯

20世纪90年代末至21世纪初，沈阳市义务教育发展呈现明显的两极分化趋势，城市学校之间、城市学校与农村学校之间的差距不断扩大。在城市，有的学校可与发达国家的学校相媲美，而另外一些学校则条件较差。虽然优质学校在一定程度上满足了人们对高质量教育的需求，但由于总体偏少，只能满足较少部分人的需要。以2004年城区情况为例，当时百姓心目中的优质小学仅有30所，占城区小学总数的15.08%；优质初中仅有27所，占城区初中总数的23.48%。在农村，义务教育的办学条件十分落后，学校面貌与城市相比存在天壤之别。

为了能让自己的孩子上这些优质学校，家长们到处托关系找门路，择校入学。而一些薄弱学校，家长不认同，社会不认可，在生存道路上苦苦挣扎。一时间，能进热点学校，成为“有能量”、“有实力”、“幸运儿”的代名词。

城市大多数学生不能如愿进入好的学校，农村教育的落后也引起了群众的不满，老百姓对教育怨声四起。

二、让择校热降温

家长希望把孩子送到好的学校接受好的教育，是人之常情，无可指责。由于义务教育非均衡发展，优质教育资源有限而又过分集中于少数“重点校”，是导致择校的根本原因。症结找到了，如何对症下药呢？沈阳市尝试从办好每所学校入手，为义务教育发展“纠偏”。

◆改造薄弱学校

“夏天一场大雨过后，学生一个月不能做课间操和上体育课，空荡荡的校园，清冷破败，家长害怕学生在这里学坏，纷纷转学。”这是2003年以前沈阳市九十九中学的真实写照。如今走进九十九中学，最突出的感受就是“新”：校门、领操台、多功能教室、电子备课教室、楼梯、塑胶操场、师生食堂都是新修、新建的，围墙上是一幅幅漂亮的壁画。昔日“门前冷落”的九十九中学现在一到招生时节也是“门庭若市”了。这些变化是沈阳市改造薄弱学校的结果。

2003年，沈阳市启动城区薄弱学校综合改革工程，首批22所薄弱初中、随后第二批24所薄弱初中和第三批60所薄弱小学相继进入改革试点。市区两级政府投入3.75亿元，重点加快基础设施建设，改善薄弱学校办学条件。一批通过竞聘产生的学历高、能力强、业务精的校长到综合改革学校任职。市区两级教育局的各职能处室承包1至3所综合改革学校，直接提供管理服务。邀请北京师范大学有关专家为这些综合改革学校进行现场诊断性指导。驻沈高等院校、省级示范高中与综合改革学校“大手牵小手”，开展对口帮扶。成立综合改革学校协作体，开展班主任工作交流、新课程教学研讨、教学管理研讨会、创建爱心学校等一系列活动，相互交流经验和信息。

与此同时，沈阳市根据农村教育散、小、弱的状况，在农村建设九年一贯制学校，提出用3年时间在全市农村建成100所功能、设施、设备齐全完善的九年一贯制学校，基本实现一乡一校。

◆让教师流动起来

2006年，沈阳市教育局制定颁发《关于进一步推进中小学干部教师交流工作的意见》，规定校长、教师在同一所学校工作6年，都要分批进行异校交流；城区中小学教师交流人数要达到专任教师编制数的15%以上；每所学校起始年级要配备50%以上的交流教师，交流时调转人事关系；实行统一的教师工资和福利待遇标准，平衡校际间收入差距，实现真正的同工同酬；教师晋升职称，必须具备异校交流任教一年以上的经历等。

2006年9月1日，2055名交流教师走上新的工作岗位。从交流的职称构成上看，高级教师119人，占交流总数的5.79%；中级职称1217人，占交流总数的59.22%；市、区以上骨干教师1146人，占交流总数的55.77%。当年进行的一项调查表明，校长对交流来的教师总体满意度达到81%。教师心态也悄然发生了变化：在交流之初有35%的教师是不情愿的，通过一段时间学校与教师的磨合，交流教师对学校接收过程中的相应工作满意度高达86%。78%的交流教师对新学校产生了良好的期待，认为能够或有可能成为骨干。2007年和2008年连续两年又分别交流了2064名和1772名教师。

事例1：铁西区优质学校腾飞小学李老师，2006年交流到薄弱学校兴华二校。在新学校，李老师毫无保留地将自己业务上的体会与大家交流，积极主动地教身边的老师在课堂教学中应用信息技术，很快得到学校领导和同事们的认可，成为支撑新集体的骨干力量。

事例2：从八十二中交流到名校沈阳七中的孙老师，积极吸纳七中的优秀教学经验，取长补短，短短半年，就形成了自己的独特教学风格，各项工作名列前茅，被评为区优秀教师。

除了在城区进行教师交流外，沈阳市采取“全市对接、分区负责、学校拉手、城乡互动”的方式，启动了城区学校和农村九年一贯制学校手拉手活动，连续四年分四批共选派573名城区学校的领导、教师到农村九年一贯制学校任职、任教。从2008年开始，又启动了农村九年一贯制学校再提升工程，进一步加强学校环境建设、常规管理和文化建设。

◆实行大学区管理

大学区就是在一个行政区域内以优质学校为龙头、若干个相对较近的学校组成的联合体。通过将区域均衡发展工作化整为零，先解决学区小范围内的均衡，再解决各学区之间的均衡，进而实现整个区域均衡的目标。目前沈阳市五城区260多所中小学，共划分了49个大学区，其中小学划分了28个大学区，初中划分了21个大学区。

沈阳市推进城乡义务教育均衡发展，开展送教下乡活动

事例：沈河区南片学区是以沈阳七中为龙头的学区。曹校长是七中的校长，也是该学区的学区长，通过发挥名校优质资源的引领和辐射作用，带动学区内各校共同提高：统一整个学区的办学思想和管理理念，开展学校间校长、副校长、主任、教研组长、备课组长等多层面的对等交流；开放学区内体育馆、多媒体教室、图书馆等硬件设施，各校共同开展教育教学活动；开展校际间名师送教、互动听课、统一备课、统一质量监测、统一质量分析以及教师代培等一系列“造血”工程，组建区内名师工作室，实行名师跨校兼课和名师异校教学，在学区内建立开放、交流、共享的工作格局。

在实行大学区管理的基础上，沈阳市又启动了义务教育均衡发展实验区工作，确定和平区、沈河区、皇姑区、铁西区、大东区为义务教育均衡发展综合实验区，市政府每年设立专项经费，对工作突出的实验区予以重奖。

◆ 严格就近入学

学校之间的不均衡，除了表现为办学条件和师资队伍的不均衡外，还表现为生源的不均衡。沈阳市教育局严格实行“按学区招生、就近入学”的招生办法，严格执行小学毕业生免试就近升入初中的规定，严禁任何初中招生举行或变相举行选拔性考试。严格规定义务教育阶段公办学校一律不得招收“择校生”，小学、初中不再举办招收音乐、美术、体育的特长班，不得在省政府有关部门规定的收费项目和标准外加收任何费用；停止"幼小衔接"的入学方式，各公办小学不得举办以直接升入本校为名招生的幼儿园（所）；加大重点高中指标分配到校的比例，2006 年实质性指标到校的比例达到 40%，2007 年和 2008 年都达到了 60%。

为了适应生源均衡配置和禁止分快、慢班及重点班的新情况，一些学校从 2004 年开始尝试分层教学，即学生不按行政班级上课，而是和同层次的本班及其他班级同学一起上课。起初，一些家长不理解，曾将其与分快、慢班画等号。几年来的实践证明，分层教学效果比较明显，已经得到了学生和家长的理解。为此，2007 年，沈阳市教育局明确提出义务教育公办学校可跨班级组织分层次教学，以行政班为单位进行学生管理。

◆政府承担改革成本

2007 年沈阳市对教育的预算安排达到 45 亿元，比 2002 年的 16 亿元整整多出 29 个亿。薄弱学校改造，市政府设立专项资金，每所初中每年 40 万元，每所小学每年 20 万元。这项投入目前已超过 3 亿元。农村九年一贯制学校建设，全市已经建设完成 104 所农村九年一贯制学校，总计投入达到 14 亿元。设立义务教育均衡发展综合改革实验区，安排年度专项经费 1500 万元。创建义务教育均衡发展示范县，安排专项经费 300 万元；大学区管理专项经费 420 万元等，目前都已按计划全部到位。民办公助学校转制带来的经费缺口 1.74 亿元全部由政府"埋单"。教师结构工资由各区政府统筹发放，缩小校际间同职级教师收入差距，确保教师交流平稳运行。

三、"降温"的效果

通过对城区薄弱学校的硬件改造，106 所薄弱学校在硬件上全部达到"双高普九"（高水平、高质量地普及九年制义务教育）标准；教育教学质量也不断攀升，生源回流，社会认可度明显提高。首批启动的 22 所改革试点初中，在 2008 年中考中，考入省市知名学校的比例达到 57.58%，比改革前的 2003 年提高了 36%，2/3 的学校超过了 50%。

农村九年一贯制学校总数达到104所，在农村基本实现了“一乡一校”的目标；总建筑面积138万平方米，可容纳学生近18万人，占整个农村义务教育阶段学生数的90%；全市农村学校远程教育覆盖率达100%。

通过学区化管理，推动了优质教育资源共享和优秀教师交流，校际间教师结构更加均衡。如沈阳七中作为南片学区的龙头，不仅自身教育教学质量没有降低，而且带动其他学校的各项工作都走在沈河区前列。特别是教研活动，过去全区统一组织难免针对性差，难度也大，而以一所学校为单位开展活动规模又太小。现在以学区为单位组织教研活动，规模恰好适中，使得原来各个学校“单兵作战”的教学研究方式变成了学校间、教师间的紧密合作，俨然一个教研“联合舰队”。七中的曹校长深有感触地说，均衡发展绝不是削峰填谷，而是水涨船高。

困扰沈阳教育多年的择校热开始降温，媒体对沈阳教育的正面报道率由2003年不足60%上升到2006年的96%。在行风评比中教育从2002年和2003年的倒数第一，到2006年、2007年连续两年进入全市前三名和全省先进行列。在2009年全市政风行风评议活动中，7个区（县、市）教育局的评议位次前移，6个区（县）教育局进入前三名，沈阳市教育局也被市政府授予“政风行风建设先进单位”。

四、沈阳推进教育均衡的启示

沈阳市在推进义务教育均衡发展的过程中，也遇到了不少的阻力，如部分优质学校和有“择校”能力的人，改革意愿并不强。面对种种利益冲突，政府该何去何从？强化政府在提供公共服务方面的责任和义务，让更多的人公平地享受优质教育资源，或许是唯一的答案。

启示一：推进义务教育均衡发展需要系统设计，统筹安排

沈阳市推进义务教育均衡发展没提空泛的口号，而是立足现实，确立了“政府主导、城乡同步、重点切入、区域推进”的总体思路，通过不断深化改革，逐步实现均衡发展。从启动城区薄弱学校综合改革工作，到建设农村九年一贯制学校，再到全面推进义务教育均衡发展，每年都有新目

标，每年都有新举措，每年都有新突破，环环相扣、步步为营，创造了分步实施、梯次深化、全面推进的沈阳模式。沈阳的成功实践，源于对改革目标、突破方向、实施路径、保障机制的科学设计，源于市区两级政府、教育行政部门和学校的同心同德、步调一致。

启示二：明确政府投入责任是推进义务教育均衡发展的关键

沈阳市推进义务教育均衡发展，不仅扭转了义务教育发展中出现的社会信任问题，而且缓解了择校压力。推进义务教育均衡发展，关键是政府要承担投入责任。沈阳市在保证政府教育财政投入“三个增长”基础上，进一步明确推进义务教育均衡发展的成本全部由政府“埋单”，反映了政府持之以恒推进义务教育均衡发展的决心，为解决义务教育发展中的老大难问题提供了坚实保障。

启示三：积极发挥舆论监督作用，争取社会各界广泛支持

在推进义务教育均衡发展过程中，沈阳市及时召开新闻发布会向社会公开改革政策，有组织、有计划地宣传报道改革经验，使各项工作时时置于舆论的监督之下，同时也使广大人民群众能及时了解改革的有关政策、感受到改革的成果，反馈各种意见和声音，促进政府与市民之间的沟通理解，逐渐形成全社会关心改革、认同改革、支持改革的氛围和环境。因此，教育的改革和发展既要接受舆论的监督，又要充分利用媒体的宣传作用，这也是工作成败的重要因素。

思考题

1. 你所在的地区在推进义务教育均衡发展中存在哪些老大难问题？

2. 结合本地实际，谈谈推进义务教育均衡发展应采取什么样的思路和措施？

案例 2 小财政 大教育

顾书平是姜堰市顾高镇克强初中的校长。克强初中办学条件十分落后，20 世纪 80 年代建设的校舍成了危房，教师的工资不能按时发放，学校还背负着 900 多万元的“普九”债务。顾校长多次找书记、求镇长，但镇财政连“保吃饭”问题都无法解决，他每次递上去的报告都石沉大海。实行“以县为主”后，不宽裕的县级财力能否解决学校的问题，顾校长心里还在犯嘀咕的时候，镇里却先给学校断了“奶”。

一、新体制“着陆”难

姜堰市，是地处苏中平原、黄桥革命老区的一个县级市，全市总人口 80 万，经济发展水平居江苏省中等。2002 年，姜堰市根据江苏省政府的统一部署，着手对基础教育管理体制进行调整。然而，与苏南地区比，姜堰市没有区位优势；与苏北地区比，姜堰市享受不到省级财政转移支付等优惠政策。要使“以县为主”新体制成功“着陆”，不能忽视所面临的困难和压力。

困难之一：势单力薄的县级财政“埋”不住基础教育经费这张“大单”。在“分级办学、分级管理”的旧体制下，教师工资由乡镇负责，该市半数以上的乡镇出现了拖欠教师工资、医药费现象。“以县为主”意味着全市 9700 多名教师的 2.31 亿元工资经费要由县级财政按时足额支付。2001 年该市县级财政实际可用财力为 3.2 亿元，基本上为吃饭财政。实行“以县为主”后，如何破解教育经费这个难题?

困难之二：人权、事权、财权上划县级后，镇级人民政府出现“撂担子”现象。不少镇认为，实行“以县为主”以后，在教育方面镇里什么权也没有了，也就没有什么责任。有的镇不但宣布今后给学校“断奶”，而且在学校布局调整、校舍建设征用土地、校园周边环境整治等方面，也不主动配合。该市在撤并一些乡镇学校的过程中，曾发生村镇干部在幕后支持村民阻止撤并的事件。有的镇党委书记、镇长公开对校长说："你们以后有事直接找教育局，教育上的事镇里不管了。"

困难之三：旧体制给县级人民政府留下了教育布局混乱、人事制度僵化、城乡差距过大等一大堆"后遗症"。实行"以县为主"管理体制之前，由于地方保护主义，学校布局调整举步维艰。2002 年体制调整之前，全市共有中小学、幼儿园 247 所。学校数量多，改善办学条件进展缓慢。在农村，"四周没围墙，刮风泥土扬，房顶照见亮，下雨要避让"这样的学校并不鲜见。由于体制障碍，教育系统一直盛行"大锅饭"，教师、校长在校际之间、城乡之间的流动常常受阻。基层一线教师的积极性不高，一些优秀教师外流，时常发生"孔雀东南飞"现象。城乡学校差距较大，一些农村家长想方设法送孩子进城读书，"择校热"持续升温。幼儿教育"一盘散沙"，基础教育"基础"不牢。

二、探索"新路径"

面对问题和困难，姜堰市采取了一系列措施。

行动之一：管好"入口"和"出口"，让教育发展"不差钱"

2002 年，当县级财政成为农村义务教育的经费保障主体后，姜堰市提出在财政支出上坚持"四个确保"：一是确保农村义务教育经费纳入公共财政体系予以保障；二是确保农村中小学教职工工资及时足额由市财政统一发放；三是确保农村中小学校舍维护、改造和建设必需的经费；四是确保预算内教育经费支出占财政支出比例逐年提高。

为了筹集教育经费，该市采取了四条措施。一是向乡镇"收"。调整了市镇财政体制，制定下发了《关于调整市镇分税制财政体制的通知》，明确规定："农村教育体制上划市级管理后，按照教育占镇级财政总支出 75% 的比例，将各镇相应的财力划入统一市财政。"二是向纳税人"征"。市政府向地税、国税部门加压，要求其严格按照法定比例征足教育费附加。该市每年征收的教育费附加在 4000 万元左右，均全部用于补助学校基础设施建设。三是向银行"贷"。全市重大教育基础设施建设工程投入，在资金不足的情况下，均由市政府出面担保借资建设。四是动员社会“捐”。利用教师节、学校校庆等活动，由市政府出面向企业、社会名人拉赞助。

2003年初，“姜堰市财政集中支付中心教育分中心”揭牌。该中心有三个作用：“挡风屏”，挡住长期以来挤占、挪用教育经费的“手”，保证教育经费专款专用；“监视器”，监督全市中小学把有限的教育经费用在刀刃上，减少非教学性开支；“服务器”，指导学校由粗放型理财向精细型理财转变，提高教育经费的使用效益。

2005年底，市政府化解义务教育阶段学校债务工作启动。克强学校的化债方案敲定为：镇政府配套300万元，其余600万元由市财政负责。

行动之二：落实工作责任，让镇级政府“不缺位”

2003年，姜堰市出台了《关于完善农村义务教育管理体制的意见》，明确镇级政府必须履行五个方面的责任，即控制学生辍学、维护校园周边环境、协助布局调整规划实施、帮助化解债务、帮助筹措教育发展经费。如何保证镇级政府的这些责任落实到位，该市在实践中摸索出了三条经验。

（1）教育工作考核制。制定镇级政府教育工作百分考核细则，年终考核时，由各镇对照考核细则先自评总结，然后由考核组根据平时了解的情况以及现场调查、专访获取的信息，排定各镇得分名次，交市政府常务会议讨论后公布。教育工作考核得分，按比例折算计入对各镇的“四个文明”考核总分；教育工作百分考核不满80分的镇，不得被评为先进。

（2）教育工作例会制。每个季度的最后一个月月底，各镇镇长以及分管负责人都要参加市政府的教育工作例会。每次的例会都有三个固定的程序：各镇汇报前期工作，市领导现场点评，下一阶段主要工作安排。

（3）教育工作调研制。该市每年都围绕一两个重点课题对镇级教育工作进行调研。到目前为止，已先后就义务教育法贯彻落实、留守儿童教育管理、社区教育中心建设、推进教育现代化等专题进行了调研。

如今，克强学校所在的顾高镇政府开始主动关心起学校工作。为做好镇内学校布局调整工作，镇政府派出工作组帮助克强学校逐村做村民的工作，多年来撤不掉的村小学很快就撤并到位，克强学校办学条件得到极大改善。

行动之三：实施五项工程，让均衡之路“不梗阻”

布局调整工程。2003 年年初，顾高镇的克强初中、芦庄中学、顾高中心小学三校合并，异地新建了九年一贯制的克强学校。2002 年以来，姜堰市每年都有一批体弱、质差的学校关停并转。全市中小学、幼儿园总数由 2002 年的 247 所减少为 2009 年的 95 所。

合格学校建设工程。全市 100% 的校舍实现了楼房化，100% 的学校有了符合卫生标准、满足学生就餐需要的食堂，100% 的农村中心小学落实了接送学生的车辆，100% 的学校教育信息化装备达到了省定标准。2005 年秋学期，克强学校的师生全部搬进占地 7 万平方米、建筑面积 2 万平方米的新校区。

城乡学校结对帮扶工程。城区学校的管理骨干被派往农村学校挂职，城区骨干教师轮流到农村学校上示范课，城区学校的各种教学资料提供给农村学校选用，结对双方成为“命运共同体”，市教育局对“对口”帮扶学校采取“捆绑”考核。2005 年，教育局指派城区的南苑学校挂钩帮扶克强学校，通过送钱、送人、送课，提高学校教学质量。

教育救助工程。2003 年以来，该市教育局为每个困难家庭的学生建了档案，并先后出台五个关于救助特困学生的文件，形成了从幼儿园到大学阶段的教育救助体系。全市每年有 4000 多名学生享受到不同类别的救助，每年用于救助的经费达 200 多万元。

教育现代化工程。2008 年，姜堰市启动了教育现代化工程，市财政先后投入 1 亿多元的专项经费，为所有学校配齐了一流的现代教育技术装备。2009 年底，该市成为苏中地区首批通过江苏省教育现代化建设水平验收的县（市、区）之一。

三、新机制落地后

顾校长不用为校舍安全、教师工资、学校债务等问题发愁了，他可以一门心思抓内部管理了。2008 年，克强学校摆脱多年来全市落后的帽子，在教育局组织的素质教育质量考核中捧回了“进位奖”。

落实镇级政府教育工作责任以来，很多镇在教育投入上有增无减。全市中小学开工新建的校舍建设工程，镇级政府的投入占据了很大的份额。在化解农村学校债务行动中，镇级财政先后挤出了3000多万元。白米镇镇长说，市政府实施的教育工作考核，就如同是一道“紧箍咒”，提醒着自己心里想着教育、眼睛盯着教育。仅2008年，白米镇就主动投入300多万元，帮助镇内三所学校新建配套用房。

姜堰市作为全国推进义务教育均衡发展工作先进县，用“小财政”办出了“大教育”，创造了良好的社会环境。这几年，姜堰市招商引资的速度加快，不少投资人谈起落户姜堰市的初衷时说：“一个重要原因是，姜堰市的基础教育实力强，子女上学不用愁。”

四、姜堰的启示

姜堰市小学生在上电教课

多年来，基础教育投入不足一直是困扰教育发展的“瓶颈”。实行“以县为主”管理体制后，一些地方政府将教育视为政府的包袱，以财力不足为由，在教育投入上或是“短斤少两”，或是欠账过多，影响了基础教育的优先发展、持续发展、健康发展。从姜堰市落实政府办学责任的实践，我们可以得出这样的启示：

启示一：落实“以县为主”的体制也需乡镇参与

当前，基础教育管理体制改革中已经建立起“以县为主”的工作机制。但是，坚持“以县为主”，并不意味着镇级政府对教育工作可以撒手不管。事实上，布局调整、校园周边环境整治、控制辍学等工作，如果没有镇级政府的参与，很难推进。姜堰市抓镇级教育工作考核这个“牛鼻子”，调动了乡镇的办学积极性，收到了“众人拾柴火焰高”的效果。但是，我们也应注意到，基础教育管理体制调整后，筹集教育经费已不是乡镇政府的法定责任，利用乡镇的财力为教育发展“再作贡献”，还需要在实践中进一步探索合理、有效的途径。

启示二：落实新体制需要综合配套改革

基础教育管理体制改革是一项系统工程，任何一方面的改革都与其他领域的改革紧密相关，因此，不能单兵突进，必须要采取综合配套措施。为落实好“以县为主”的管理体制，姜堰市注意从多方面进行改革，从教育投入体制、人事制度、教育资源配置体制等方面入手，采取了一系列措施推进综合配套改革，保证了“以县为主”管理体制的成功实施。

启示三：调动各方面积极性是体制改革成功的关键

任何改革都是靠人来实施的，能否调动各方面的积极性，是改革成功与否的关键。姜堰市在改革的过程中，注意调动相关利益群体的积极性，如通过建立镇级政府教育工作百分考核细则，调动了镇级政府领导发展教育的积极性；通过改革学校人事制度，激发了教师队伍的活力，调动了教师工作的积极性。

改革永无止境。基础教育管理体制的改革为姜堰市教育发展提供了必要的保障条件，但不可否认，基础教育改革与发展仍存在一些矛盾和困难，如教育经费投入与教育发展的需求矛盾仍很突出，教师队伍的积极性和创造性还需要进一步激发和提高等。今后，仍需要进一步在实践中加大体制机制改革力度，不断完善基础教育管理体制，促进农村基础教育健康可持续发展。

思考题

1. 实行义务教育“以县为主”管理体制后，如何发挥乡镇政府的作用？

2. 落实教育优先发展，县级政府还有哪些可以改进、创新的政策？

案例3 普九“化债”之路

虎城中学是重庆市梁平县的一所初级中学。新学年的第一天，几家施工队又一次把校长堵到办公室，要求偿还他们为学校“普九”达标建设垫付的施工款。一些借款给学校的老师和亲属也挤进办公室，要求结清已拖欠5个月的利息。面对380万元的高额债务，学校方面也是有心无力……

一、负债

虎城中学的欠债在重庆市不是个别现象。

农村“普九”债务是我国在普及九年义务教育过程中，农村中小学和基层政府欠下的债务。20世纪90年代，中央提出在20世纪末普及九年义务教育，并制定了从校舍到图书室等在内的“普九”验收标准和计划。从那时起，为推进农村“普九”工作，重庆市各地开始大力推进农村义务教育，征用土地，翻建和扩建校舍，购置教学设备等，许多区县、乡镇政府和学校因此背负了沉重的债务。

2001年前，由于重庆市农村中小学每年都有书杂费等稳定的现金流，乡镇政府还可以征收教育集资款、农村教育费附加等，在“普九”达标过程中，建筑商愿意垫付资金为学校修建校舍，一些金融机构也敢于给学校贷款。那时，这些债务主要通过征收农村教育费附加和开展农村教育集资逐年偿还。2002年农村税费改革，取消了农村教育费附加和农村教育集资，加上区县和乡镇政府财力严重不足，重庆市农村“普九”债务失去了主要的偿债来源，引发了一系列问题。

与虎城中学类似，大多数农村“普九”债务形成时间长、规模大、名目繁多、债权关系复杂。乡镇政府领导、学校、工程队乃至学生家长，都被卷入债务的旋涡，不仅影响农村义务教育发展，而且引发一系列连锁反应，影响社会稳定。以建筑工程队债务为例，学校欠了工程队的款，施工队追款无果，情急之下就封学校的大门，或者到学校吵闹打骂，严重干扰学校正常的教育教学秩序。工程队不能给农民工发放薪水，拖欠农民工工资引发的矛盾也愈演愈烈。许多农民工领不到薪水，也无法送自己孩子上学，这又增加了农村孩子的辍学率。学校长期拖欠工程款，也让部分辛辛苦苦打拼的民企老板因为资金周转紧张，走上破产之路。不少乡镇干部也因为欠债从早到晚被人追着要债、到处躲债，不能正常工作生活，导致干群关系紧张。

二、偿债

2003年，重庆市决定，从2004年起，用三年时间，自主化解全市农村“普九”债务。2003年9月1日，重庆市召开了全市农村“普九”债务清理核实工作动员会议，对“普九”欠债清理核实工作进行了统一部署，成立了由财政、教育、审计、监察四部门组成的市级“普九”债务核查小组；区县成立了主要负责人为组长，财政、教育、审计、监察等部门为成员的“普九”债务清理核实小组。

◆需要清偿哪些债务?

要还债，必须彻底弄清楚欠债情况。在召开农村“普九”债务清理核实工作动员会议后，市级核查小组以重庆市开县为试点进行了一次调查摸底，对资金的来源、用途以及掌握什么样的政策口径心里有了底。

重庆市明确了“两个政策界限”：一是在经费标准上，只限于用于满足基本教学条件的经费，而不允许超标准，更不能搞豪华设施。打个比喻，就是只给吃饭的钱，不给喝酒的钱；只给洗脸的钱，不给化妆的钱。二是在债务范围和界限的掌握上，不能与其他债务纠缠在一起，先集中解决“普九”债务，其他债务不能搭顺风车。

同时，以下六种情况形成的债务不纳入“普九”债务偿还：一是学生公寓修建及其设备购置形成的债务；二是教职工宿舍修建欠债；三是欠债利息超过商业银行贷款利息的部分和没有挂账的利息；四是地方政府安排的专项资金及学校自筹资金；五是移民迁校债务；六是非义务教育基建、设备购置欠债以及民办义务教育欠债。

● 重庆市巫溪县"普九"欠债偿还审计意见反馈会

◆到底有多少债务？

重庆市农村"普九"债务的清理分两个阶段进行，即自查阶段和审核阶段。根据统一印制的"普九"债务清理核实套表，先由各区县根据债务口径和有关要求自查上报，再由会计师事务所审计核实、巡视组抽查核实。监察部门也直接介入，及时处理和制止弄虚作假行为。

重庆市财政局和市教委联合招标，在全市聘请了12家会计师事务所全面参与"普九"债务的审核工作。对40个区县负责农村"普九"债务清理工作的有关人员，以及12家会计师事务所的近200名业务人员进行了报表填报、政策口径的系统培训。

根据区县自查申报情况，这些会计师事务所深入区县，对2002年底前的农村"普九"债务逐笔进行清理核实。每笔债务都要有相关证据材料，如会计账簿、会计凭证；向银行借款需提供借款合同、银行拨付凭证；向个人借款要有借款人名单和借据；工程项目要按有关规定办理相关手续，还要有施工合同、基建决算、增减工程量变更协议等。

在核查工作中，12家会计师事务所严格按照"普九"的标准执行，以债务项目——最为基础的债务统计单位作为债务清偿与管理的基本单位。区县的债务申报、会计师事务所的审核、市政府和区县政府债务的分别承担都是以项目为单位进行的。

经过长达5个多月的清理核实，全市确定农村“普九”债务达20.1亿元，可以纳入市级补助范围的有19.1亿元，涉及9659个项目。这些清理核实的农村“普九”债务，按债务用途分，校舍修建占81.4%，设备购置占9.5%，土地征用占7.8%，其他占1.3%；按资金结构分，建筑工程队债务占36.6%，国内外银行贷款占15.5%，其他单位和职工借款占15.6%，学生家长借款占4.7%，“三金三乱”[①] 机构借款占9.2%，其他债务占18.4%。

在债务清理审计的基础上，重庆市建立了统一的教育债务项目数据库，将农村“普九”债务项目全部进行计算机管理，通过网络和移动存储实现市与区县数据库的对接，为后续的偿债资金管理奠定基础。

◆偿债资金从何而来?

由市级政府出面化解债务，并不等于区县政府可以袖手旁观。重庆市要求各区县政府按照“谁举债、谁还债”及行政首长问责制的原则，化解本地农村“普九”债务。

为调动区县政府偿还农村“普九”债务的积极性，重庆市根据区县财政状况，按贫困区县、一般贫困区县和主城区三种类型，由市和区县按照一定比例共同分担农村“普九”债务责任。财力较弱的18个扶贫开发工作重点区县，市里承担50%，区县承担50%；财力较强的主城9个区，市里承担20%，区县承担80%；其他财力处于中间水平的区县，市里承担40%，区县承担60%。

但2003年到2004年两年实行的效果并不理想，市级财政当年做好的预算却花不出去。实际情况是，不少区县还是太穷了，维持正常的运转都困难，更不要说再拿出还债的资金。

2005年，正好财政部出台“三奖一补”[②] 政策，这对化解农村“普

---

① “三金”是指农村合作基金会、乡镇企业投资公司、供销合作社社员股金服务部的金融违规行为；“三乱”是指城市乱批设金融机构、乱从事金融业务、乱集资现象。

② “三奖”：一是对财政困难的县乡政府增加税收收入，以及省市级政府增加对财政困难县财力性转移支付给予奖励，二是对县乡政府精简机构和人员给予奖励，三是对产粮食大县给予奖励；“一补”：是对以前缓解县乡财政困难工作做得好的地区给予补助。

九”债务起到了特别重要的作用。按照惯例，过去中央的资金转移到地方后，市级财政一般把这笔资金作为市本级的财力再转移到区县。这次重庆市则进行了调整，就是将“三奖一补”资金全部划为区县的财力，而市里另外再安排补助资金。这样一来，区县政府偿债积极性一下子被调动起来了。

基于此，重庆市进一步明确了各区县农村“普九”偿债资金的主要来源：一是市级下达区县的“三奖一补”资金按不低于80%的金额首先用于偿债；二是农村税费改革中的重庆市对区县转移支付资金首先安排用于还债；三是区县财力安排的“普九”专项资金；四是学校符合规定的自筹资金，但不能把上级安排的其他专项资金和学校收取的学杂费、住宿费、代收费以及银行贷款作为区县配套资金。

◆如何将资金落实到债权人手中？

重庆市建立并实施了“销号制”和“直接支付制”。“销号制”就是坚持单笔农村“普九”债务项目，在市、区县两级同时销号。先由区县配套资金对每一笔“普九”欠债项目全额清偿，经市级审核确认后，市级按规定比例再对区县的“普九”欠债项目进行全额清偿；市对区县总体偿还“普九”欠债的金额，仍按规定的比例分担。“直接支付制”就是重庆市教委、市财政局根据审核确认的区县销号项目和资金额度，按规定比例安排市级补助资金销号，由市财政将补助资金直接拨到每一个债权人账户，防止挪用、截留、平调，以确保债务的真正偿还。

当时，重庆市财政局提出两条要求：一是对债权人要“叫答应”，二是关掉“收音机”。“叫答应”是重庆话生动形象的说法，意思是要把每一笔债务都落实到具体的债权人头上；关掉“收音机”，就是彻底解决农村“普九”负债，决不留后遗症，还一笔账，销一个号，不要再听到有债权人说“政府欠债不还”这样的话。

2004年，全市开始实施“普九”债务“销号”偿还工作。重庆市成立了农村“普九”债务销号核实小组，委托会计师事务所承担销号资料审核的具体事务。首先，锁定债务，建立各区县农村“普九”债务项目库。

其次，按区县申报的销号资料，逐笔审查核实欠债项目金额是否正确，偿债资金来源是否清楚、符合规定，销号资料是否齐全完整，钱是否还到债权人手中。在整个工作中，做到资金不落实不“销号”，债权人不认可不“销号”，资料不齐不“销号”，债权转移手续不齐不认可，账号不明不拨款。

同时，为了保证全市农村“普九”债务偿还工作全面落实，重庆市建立了月工作报告制度、督查制度和责任追究制度。一是每月将区县销号工作及市级资金拨款情况以《简报》形式报送各级政府、财政、教育、监察等部门。二是对措施不力、责任不落实、工作进度慢的区县由市教委等部门组织人员到区县督查督办，对全面完成农村“普九”偿债销号工作的区县进行回访督查，随时掌握农村“普九”偿债的真实性和偿债过程中存在的问题。三是对办事不力、工作拖拉，影响全市工作任务完成的区县追究领导责任。

三、效果

重庆市用 3 年时间，销掉了 9659 笔债务。其中，2004 年偿还 1.6 亿元；2005 年偿还 9.1 亿元；2006 年偿还 8.4 亿元。到 2006 年底，重庆市全面偿清了截至 2002 年底前产生的 19.1 亿元农村“普九”债务。

事例：虎城中学的 380 余万元欠债得到了清偿。债务的解除给学校的进一步发展带来了难得的机遇。如今，学校领导不再为欠债而头疼，而是把主要精力用于学校的教学管理。教师们也不再为借款的利息和本金而担心，从而全身心投入到教育教学之中去。建筑施工方的垫支完全归位，也不再到学校找麻烦。2009 年，虎城中学的教育教学质量单项考核被评为梁平县一等奖，学校年度综合考核也被评为梁平县一等奖。

化解农村“普九”债务，也化解了社会风险因素。基层政府的负担减轻了，农村义务教育经费保障新机制得以有效实施，在一定程度上消除了农民负担反弹的隐患；改善了党群、干群关系，进一步消除了不稳定因素，为新农村建设创造了良好的社会环境。

现在，重庆市义务教育阶段中小学校已经摆脱了债务负担，国家农村义务教育经费保障新机制的建立，更是为农村义务教育阶段中小学校舍维修改造提供了稳定的资金来源，农村义务教育阶段中小学校再也不需要举债发展，农村中小学校长们也可以一门心思抓教学和管理、提高教育教学质量了。

四、启示

分析重庆市清偿农村“普九”债务的决策和实施过程，可以得出以下几点启示：

启示一：化解欠债需摸清底数

在农村“普九”债务清理方面，由于缺乏常规性的相关统计系统，农村地区普遍缺乏学校债务方面的基础数据。学校的债务债权关系复杂，债务难以认定、核实。重庆市在农村“普九”债务的清理核实过程中，通过摸底调查，确定了债务的政策分析口径，并专门聘请社会中介机构核查，逐一落实债务，建立了统一的教育债务项目数据库，为整个农村“普九”债务的化解奠定了坚实的基础。

启示二：化解旧债更需防止新债

化债，不能对农村地区初中和高中正常的基建投资形成压力，更不能引发和加剧新一轮的学校欠债。重庆市统一思想认识，创新偿债机制，明确了市级和区县政府的偿债责任。在化解农村“普九”债务的同时，重庆市坚决禁止“借新债、还旧债”，学校新增债务必须经区县政府审批并明确还债资金来源，杜绝盲目举债、高息举债行为，努力防止农村义务教育新增债务的出现。

启示三：农村教育需建立长效保障机制

我国农村地区长期以来依靠乡镇政府、村民委员会和农村居民集资修建学校，农村学校基建投入没有完全纳入政府公共财政体制，这是农村“普九”欠债问题出现的根本原因。我们必须看到，重庆市主要解决的是阶段性的农村“普九”债务问题。当前，许多地方农村中小学办学条件仍很薄弱，改善办学条件资金缺口还很大，如何从根本上解决农村学校的办学条件问题，建立教育公共财政体制，还需要各级政府进一步加大对教育的投入力度，同时在改革发展实践中不断创新，趟出新的路子。

思考题

1. 化解农村义务教育债务问题的关键是什么?
2. 如何避免在农村义务教育发展过程中产生新的债务问题?

案例4 均衡与民办

2007年，A市教育局规定该市的义务教育阶段民办学校与公办学校一样，采取核定规模、免试入学、电脑派位招生等办法，并下发通知，取消两所民办初中超指标招收的学生学籍。两所学校则认为教育局的决定不合理，双方一时相持不下。

一、名校改制，公办学校遭遇生源荒

20世纪90年代以来，一些地方为缓解基础教育优质资源短缺、教育经费投入不足的问题，探索开展基础教育办学体制改革，对基础教育阶段新建学校或薄弱学校进行改制，鼓励企业等社会力量参与办学，扩大优质教育资源。但在一些地方，一些优质公办学校也尝试与企业合作办学。A市三中和四中当时是当地最好的重点中学，2001年，两校拆分初中部，与企业“合作办学”，成立了汇佳中学和培新中学，并把部分师资转移给这两所学校。

改制之初，市政府对民办学校给予了大力支持，除在税收上采取优惠政策外，还允许公办教师在民办学校和公办学校之间择校任教，其工龄、教龄可连续计算。两所民办学校都位于中心城区，一流的办学条件和师资力量，现代化的校舍和教学设备，优美的校园环境，再加上其特殊出身，吸引了众多学生和家长。2001年至2006年，两校一直采取提前考试方式招收新生，每年的入学考试都吸引了全市成千上万的学生赴考。考试招生的方式使两校选拔了大量成绩优异的学生，良好的生源使两校的中考成绩、学科竞赛成绩在全市一直名列前茅。因此，尽管学费昂贵，为了孩子的将来，学生家长们还是不惜每年掏1万多元学费，想方设法把孩子送进这两所“名校”就读。

与民办学校人满为患相对比，尽管公办学校收费低，却难以招到好生

源。公办学校纷纷陷入“没有好学生就没有好学校、没有好学校就没有好学生”的恶性循环中。2005年，该市一所原本教学质量较高的公办初中计划招生400名，只招到110名学生，公办学校遭遇了严重的生源荒。

二、限制招生，取消民办学校学生学籍引争议

2006年，新修订的《中华人民共和国义务教育法》颁布实施。新《中华人民共和国义务教育法》强调了义务教育均衡发展的政府责任，明确各级政府要合理配置教育资源，加强对薄弱学校的改造，缩小学校之间的办学差距。推进义务教育均衡发展成为人民群众的强烈期盼。在此背景下，许多地方纷纷将义务教育阶段改制学校转为公办学校。

2006年A市“两会”期间，部分人大代表、政协委员对初中公办、民办学校招生比例失调等问题提出批评，认为初中阶段学校校际差距过大，要求教育局采取措施，规范初中学校的招生秩序，解决好初中阶段愈演愈烈的择校问题。市委常委和市政府召开会议，对民办学校的招生问题作了专题研究，提出要合理确定各公办、民办初中招生规模，同时决定任何公办、民办初中学校都不得以考试的方式择优选拔新生。

2007年4月，A市教育局下发通知，对民办学校招生计划作出限制，核定民办学校年度初中招生规模，要求不得对小学毕业生实行考试入学，同时要求按办学成本测算收费。

两校认为教育局的决定不合理。2007年5月，两校再次举行了小学升初中考试，并根据考试结果录取新生。教育局随即对两所民办学校违规考试招生给予了全市公开通报批评，宣布两校的考试招生无效，并决定由教育局组织进行录取，通过电脑派位为两校招生。根据电脑派位结果，800名小学毕业生被随机派位到汇佳中学，600名小学毕业生被派位到培新中学。教育局同时要求两校对已交学费但电脑派位未被派中的学生如数退款。

2007年9月开学后，一部分未被电脑派位到两校的学生仍在两校就读，针对这种情况，教育局下发文件，宣布对两校超计划招生的初一学生学籍“不予确认”，要求这些学生必须在2007年10月前回到公办学校就

某地家长争看小升初电脑派位结果

读，否则一律取消学籍。同时规定，这些没有学籍的学生不得取得初中毕业证书，不得参加评优评先，不得参加教育主管部门举办的任何学科竞赛，不得报考市一级达标高中。2008年，汇佳中学全国奥林匹克英语竞赛初赛就有18名学生因为没有学籍而被市教育局取消继续参赛资格。

两校对教育局作出的决定表示难以接受，认为民办学校不适用“适龄儿童、少年免试入学”的规定。他们认为，民办学校实施义务教育应优先适用《中华人民共和国民办教育促进法》，该法第二条规定：国家机构以外的社会组织或者个人，利用非国家财政性经费，面向社会举办学校及其他教育机构的活动，适用本法。本法未作规定的，依照教育法和其他有关教育法律执行。由于两校办学经费并未纳入地方政府的财政预算，因此，两校组织入学考试、择优录取是完全合法的行为，是学校的办学自主权，教育局不能干涉。

教育局则认为，《中华人民共和国义务教育法》明确规定义务教育升学必须免试，其规定同时适用于民办、公办。汇佳中学、培新中学两所民办学校组织招生考试，选走了最优质的那部分生源，并跨县区招生，违反了省教育厅关于学校应按教育行政部门下达的招生计划，在规定时间、地域范围招收初中新生的规定，其招生行为扰乱了当地的“小升初”秩序。对这两所民办学校2007年初一部分学生学籍不予确认的决定，是教育局根据《中华人民共和国义务教育法》及省教育厅有关教育法规作出的，完全合法。两校扩招也造成了办学条件紧张，生均校园面积大大低于省教育厅规定的生均校园面积标准，因此，限制招生规模也是有必要的。

一边是教育局，另一边是民办学校，双方各执一词，相争不下。双方争议的焦点集中在学校办学自主权上，均认为对方片面理解法律。

在上级教育行政部门的协调下，2008 年开始，汇佳中学和培新中学停止了通过提前举行考试选拔新生的做法，改为实行电脑派位招生。2009 年，教育局下发了关于妥善处理初中阶段没有正式学籍学生的就学及报考问题的意见，对 2007 年两校违规招收的学生学籍和升学问题提出了解决办法。此后，两校没有正式学籍的学生陆续回到户籍所在地或当年电脑派位、划片就近入学的学校就学，两校违规招收初一新生的问题暂时告一段落。与此同时，教育局也积极争取加大对公办学校的投入，提高公办学校的教育教学质量，使老百姓能享受到免费、优质的义务教育资源。

三、孰是孰非，社会各界众说纷纭

A 市教育局规范民办学校招生的做法被不少媒体报道，在社会上引起了广泛争议与讨论，不少专家、学者、法律界人士都提出了自己的看法和意见。

有人支持民办学校。他们认为，《中华人民共和国民办教育促进法》第五条规定：民办学校与公办学校具有同等的法律地位，国家保障民办学校的办学自主权。因此，民办学校具有办学自主权，包括可以自主确定招生方式等。同时，《中华人民共和国民办教育促进法》第四十九条规定：人民政府委托民办学校承担义务教育任务，应当按照委托协议拨付相应的教育经费。因此，在没有相应经费支持的前提下，强制民办学校实行统一招生、就近入学等政策，显然不公平，也不利于民办学校的生存和发展。

有人认为，教育局对民办学校规范招生有其积极意义。他们认为，这两所民办初中都是脱胎于优质公办学校，具有学校品牌、师资等种种优势，同时还享受着政府给予的特殊优惠政策。老百姓的孩子原本可以免费进入这些学校接受优质教育，但现在两校每名学生每年学费高达万元，超出了教育行政部门规定的收费标准，成了高收费学校，老百姓的孩子失去了免费接受高质量义务教育的机会，大大增加了接受教育的成本。如果放任这种情况不管，不仅加重了人民群众的负担，而且会使义务教育均衡发展的目标落空。2004年实施的《中华人民共和国民办教育促进法实施条例》明确规定实施义务教育的公办学校不得转为民办学校。这两所民办学校也不是纯粹的民办学校，是“假民办”，对其规范招生，正是义务教育公益性的体现。

首届中国民办教育论坛在京举行

也有人认为，教育局取消部分学生学籍的做法不当。教育局取消近千名学生的学籍，并在学科竞赛、升学考试、评优评先等方面进行限制，使得这部分学生不能与其他孩子一样享受同等权利，学生成为民办学校不规范招生的受害者。尽管教育局的出发点是好的，但方法简单，并不可取。学生家长们也非常不满，他们认为，教育局2006年前对这两所民办学校的招生考试行为并没有采取任何处罚措施。教育局对两校超计划招收的学生不予确认学籍，使孩子们成了没有学籍的“黑户”，孩子感受到了歧视，教育政策缺乏必要的延续性。

四、启示与思考

推进义务教育均衡发展是政府义不容辞的责任。义务教育阶段民办学校招生也必须严格按照《中华人民共和国义务教育法》的规定进行。A市教育局通过核定民办学校招生规模、实行免试入学，推进义务教育均衡发展，其方向无疑是正确的，但其采取的具体措施和做法，在社会上造成了广泛关注和争议，其原因是多方面的。从决策和管理的角度分析，我们可以得出以下思考与启示：

（一）义务教育阶段民办学校需要科学定位

义务教育阶段民办学校是公办学校的有益补充，也是我国教育事业的重要组成部分。各地要根据实际情况，进一步完善相关法律和规定，尊重和保障民办学校的办学自主权，使民办学校进一步明确办学目标和办学思路，充分发挥民办教育的作用。同时也要加强引导和监管，促进民办学校健康可持续发展。

（二）教育管理要讲究方式和方法

在规范学校办学行为的过程中还需要注意策略和方法，注重协调各方面的利益关系，对于一些涉及面广、社会影响大的政策措施，出台前要广泛征求有关部门和群众的意见及建议，尽量避免采取行政强制手段，以在最大程度上争取人民群众和社会各界对教育改革的理解和支持。

（三）教育改革方案要整体设计

教育是复杂的系统，教育改革是一项复杂的系统工程。基础教育关系到千家万户老百姓的根本利益，基础教育办学体制改革更需要进行整体方案设计。由于 A 市改制的两所初中均为当地优质学校，在没有相关政策措施配套的情况下，造成了改制后的民办初中“独大”的现象。有关方面对改制后可能出现的情况也没有充分预计，缺乏有效的应对措施，导致出现了后来的被动局面。因此，各级政府及教育行政部门在设计和制定教育改革方案过程中，要注意结合当地实际情况，整体设计，统筹规划，综合配套。

思考题

1. 在推进义务教育均衡发展的过程中，如何处理好民办学校办学自主权与义务教育均衡发展的问题？

2. 如果你所在的地方发生了类似的情况，你认为该如何处理？

案例 5 一场输不起的“战争”

2008 年 2 月 1 日是高中放寒假第一天，山东省教育厅六路督查组赴全省各地，不提前打招呼，随机暗访学校。2 月 3 日，督查组开出第一张罚单：桓台一中、济宁市实验中学、嘉祥一中和五莲县管帅中学，在假期组织学生上课，给予上述学校校长行政警告处分。临沂一中校长李世良感慨地说：“在学校里走走转转，简直有点不相信眼前的事实。要是往年，腊月二十六七才放假，春节没过几天就开学了。”

一、难题

就在几年前，菏泽一中与大多数欠发达地区的高中学校一样，追求高考升学率，非应试科目几乎不开设。学生课业负担“越减越重”，眼镜越来越厚，在一切向分数看齐的标准下，考分高的学生成了“香饽饽”，成绩不好的学生就成了被漠视的“边缘人”，学生在分数之外的素质不被重视。素质教育似乎遥不可及。

菏泽一中的状况，在当时具有普遍性。在全面推进素质教育之前，山东省进行的基础教育质量监测得出了这样的结果：

——学生上课时间过长。有的地方高中生平均每天上课 10 节，而国家规定是 7 节；中学生周末到校上课平均时间超过 6 小时，高中学生和初中毕业班学生暑假、寒假 50% 的时间都在补课、上课。

——作业量及考试压力过大。中学生平均每天用 190 分钟做家庭作业，小学生平均每天用 100 分钟做家庭作业，而国家规定小学三年级以上才能布置作业，每天不超过 60 分钟，初中不超过 90 分钟，高中不超过 120 分钟。考试次数过多，单元测试、周考、月考、段考等名目繁多。

——相当数量的学生睡眠不足。仅有 42.7% 中小学生的睡眠时间在 8—10 小时之内，有近 60% 的学生达不到“小学 10 小时，初中 9 小时，高中8小时”的国家要求。

——教育教学活动聚焦在升学、考试上，考什么就教什么，怎么考就怎么教，怎么有利于升学就怎么管理，学习活动高耗低效，智育被窄化为书本知识的掌握、记忆和反复的机械训练。

——学生身体素质状况堪忧，速度、爆发力、力量、耐力、肺活量数据呈下降趋势，超重及肥胖检出率上升，初高中视力不良检出率分别达到56%、77%，心理健康状况堪忧，思想道德教育也有待进一步加强。

由“应试教育”转向素质教育，已经轰轰烈烈提倡了20多年，“应试教育”依然高烧不退。难道素质教育真的是一道无解的难题？

二、求解

2007年春天，山东省出台《关于深入贯彻〈中华人民共和国义务教育法〉大力推进素质教育的意见》，开始探索求解素质教育难题。

（一）规划“路线图”

“破冰”问题由政府主导解决。2008年1月16日，山东省召开了各市分管市长、教育局长、校长及教师代表等500人参加的素质教育工作大会，提出了基于30余次调研、全面征求各层次意见、反复研究确定的全省素质教育工作“路线图”：

——工作步骤是“规范、改革、发展”。2008年规范学校办学行为，切断“时间＋汗水”这种违背教育规律的办学道路；从2008年下半年开始，深化课程改革，用三五年时间确保全面落实国家课程方案；加快标准化学校建设步伐，不断改善办学条件。

——工作思路是政府主导、规范管理、课程核心、评价引领、督导保障。重点抓了五个方面，即全省整体推进是关键、规范办学行为是切入点、高中教育是突破口、课程改革是核心、督导监管是重要保障。

——工作目标是实现“三个全面”、“三个还给”。即全面建设合格学校、全面贯彻课程方案、全面培育合格学生，努力把时间还给学生、把健康还给学生、把能力还给学生。

（二）立 40 条基本规范

素质教育面临一个让人尴尬的问题：从 20 世纪 80 年代起，我国推行素质教育的文件层出不穷，但是学校连作息时间、节假日安排、课程设置等最基本的规定都不遵守。为此，山东省决定把依法治教作为推进素质教育的切入点。

山东省将最基本、最能体现素质教育要求、学校贯彻落实中最易出问题或偏差的地方进一步明确，出台了包括 40 条内容的《山东省普通中小学管理基本规范（试行）》。其中，重点是规范作息时间、课程、课时、作业量和考试评价机制等。对违反“40 条”的，实施严格的教育行政问责制度，根据情节轻重给予学校责令整改、通报批评、撤销先进称号、取消评优资格等处罚，直至追究有关负责人的责任。

山东省与各市签订了规范办学行为、全面推进素质教育责任书，并向社会公布了举报电话、邮箱，将随机督查暗访作为一种常态的工作机制，以“40 条”作为“高压线”，对顶风而上者坚决给予严肃处理。2007 年以来，山东省组织暗访了 5000 余所次中小学，有 20 所违规学校、1 个县级政府、5 个教育行政部门受到严肃处理，50 名责任人员受到行政处分，有效规范了办学行为。

（三）全省一盘棋、齐步走

推进素质教育必须从问题最复杂、应试倾向最严重的高中入手。这是山东省在全省各地先后同 500 多名教育行政官员、校长、教师、学生及家长进行座谈后得出的结论。

“征求意见的过程中，没有一个市教育局的局长同意在他们那里试点，都说要抓全省统一抓，我们坚决执行。但是让我们先做，坚决不做。为什么？因为这涉及各市高考升学率的问题，都怕自己规范了，而别人不规范，导致在高考中吃亏。”一位参加座谈的同志如是说。

山东省经过分析论证后认为，山东省作为一个独立的高考录取单元，让全省高中各项行动“齐步走”已经有了基本条件。“都坐下来看球赛和都站着看球赛的效果是一样的。”要推进素质教育必须全省一盘棋，统一行动、集体减负，而且必须从最难的高中突破。这样做，社会各界最为关注的升学格局基本没什么变化，就能打消不同地区、学校和家长的顾虑。

（四）课程改革“攻坚战”

高考考什么，高中就教什么；高考怎么考，高中就怎么教，这早已是多年来高中教学的一个“潜规则”。为落实国家课程方案，山东省专门出台了《普通高中课程设置及教学指导意见（试行）》，要求各高中学校必须按照《意见》安排课程。

山东省为何要单独出台一份《意见》？据了解，目前国家课程方案在高中执行还不够到位，不仅是音乐、体育、美术课程开不齐，不少学校连综合实践活动课程也不开，即使是文化课，也是学文的不学理、学理的不学文。教育行政部门对国家课程方案的实施缺乏有效管理，各地高中在课程方案的贯彻和落实方面，基本上各自为政，或者基本是由校长说了算，主要围绕高考开设，想开多少门就开多少门，想开多少课时就开多少课时。

为加强对中小学校课程实施情况的监管，山东省建立了课程实施水平评估制度，每年发布一次课程实施水平评估报告，对不能落实国家课程方案的学校“一票否决”，直至追究相关负责人的责任。在山东省，2008 年入学的高一学生是比较“特殊”的一个群体。因为，按照山东省的规划，从 2008 级高一新生入学开始，高中新课程方案进入实质性推进阶段。具体来说就是，大力推进“选课制”、“走班制”，不得强迫学生选择文、理或艺、体发展方向。

农村学校的艺术教育

事例：菏泽一中先后建设了舞蹈教室、合唱教室、器乐排练教室、美术展室等 15 个艺术功能教室，总面积达 1000 多平方米。以前，只有艺术特长生才能上的音体美课程，现在连普通学生都能自由选修。综合实践类课程也百花齐放，建设了金工、木工、流程设计等6个通用技术实验室，每个实验室都配有工科出身的专业通用技术教师，每个学生都可以真正去动手实践。

（五）改革“指挥棒”

高考是绕不过去的坎儿。对此，山东省认为：“教育的各项改革不可能、也不能完全脱离高考来做。但是升学率必须在育人的基础上来抓。”

考试评价制度要改革。高中招生考试方面，推行招生指标分配到初中学校制度。高校招生制度改革方面，把高中学生综合素质信息纳入高校招生录取。2009年临沂师范学院、山东政法学院的4个专业进行了试点，打破了唯分数录取的局面。在高职院校开展注册录取试点。严格高考信息管理，禁止宣传高考成绩和进行排名奖励，近几年违规的3个市级、1个县级教育行政部门和10所学校受到严肃处理。

实施素质教育专项督导评估。对政府教育工作的评价，主要看教育事业是否全面和谐发展、素质教育是否全面推行。督导结果通过山东省主流媒体向社会公布，纳入政绩考核重要指标，并在每年省“两会”上提交给参会的全体人大代表、政协委员。对学校的评价，把是否全面建设合格学校、全面贯彻课程方案、全面培育合格学生作为主要标准。同时，山东省还要求，严禁以分数、升学率为主要标准来评价学校的工作成绩。对教师的评价，结合绩效工资制度，综合考虑师德表现、工作量、专业发展、育人效果等，不以升学率作为评价和奖惩教师的主要标准。

（六）10万教师大培训

山东省把“人”的因素作为一项战略措施来组织实施。山东省教育厅一位负责同志说：“素质教育的主角是校长和教师，各级政府及其教育行政部门的基本责任是‘搭台’，而能否唱好戏，关键看校长和教师。”

从2008年寒假后开学第一天全省普通高中校长素质教育专题培训开始，到全省暑期高中教师远程研修，山东省10万高中教师与校长已经连续两年接受了这样的培训，2009年进一步延伸到全省初中教师。这在山东历史上乃至全国都是最大规模的教师培训。

在暑期教师远程研修中，来自全省 17 个市的 10 余万名教师借助网络平台，通过观看视频课程，与专家、同行进行在线交流，提交各种作业，交流各种成果，获取专家推荐的大量专业资源和评价。与校本培训相结合的远程研修，不仅仅是新课程的资源学习，更是贴近教师、指向课改实践的问题研究；不仅仅指向和解决教学问题，而且改变学习者自身。

三、效果

在校长培训班上，莱芜一中陈校长说："以前脑子里只装着'高考'两个字，对学校教育定位和功能的思考真是不多。经过这样几次培训，我们对全省一盘棋推进素质教育有了新的理解，也充满了信心。"

素质教育为师生松了绑。中小学作息时间基本规范，节假日、双休日上课补课的错误做法得到有效遏制，学生的课业负担开始得到减轻，广大师生的休息权得到有效保证。

学生家长反映，孩子们的笑声多了，心情开朗了，越来越阳光、活泼、健康。学生认为，负担减轻了，自主学习的时间大大增加，校园活动更加多姿多彩。

教师认为，升学的压力减轻了，有了广阔空间实现专业发展，职业幸福感明显增强。在 2008 年山东省直机关行风评议中，山东省教育厅居第三名；在 21 世纪教育发展研究院组织的"2008 年度省会城市公众教育满意度调查"中，山东省省会济南市名列第一。

2009 年 4 月 16 日，全国加强中小学管理规范办学行为现场经验交流会在山东召开，推广山东省的经验做法。在首届全国教育改革创新奖评选活动中，山东省素质教育实践获特别奖第一名。2010 年 7 月 14 日，在全国教育工作会议上，山东省作了题为"全面贯彻教育方针，大力推进素质教育"的发言。

四、启示

山东省坚持政府主导，把素质教育作为教育工作主题，构建素质教育工作长效机制，在这个过程中，主要有以下几点启示：

启示一：推进素质教育需要充分发挥各方合力

推进素质教育涉及千家万户，需要政府、学校、家庭与社会共同推进。既要“治标”，大力规范办学；又要“治本”，通过改善办学条件、改革考试评价制度、推进课程改革、提高教师素质等推进素质教育。其中，政府尤其要发挥主导作用，只有切实树立科学的教育发展观，不把升学率作为评价教育工作的根本标准，才能引导广大学校放开手脚全面推进素质教育。

启示二：省级统筹、整体推进，才能化解高考“利益之争”

在当前的招生考试制度下，每个省域均是独立的高考录取单元，这决定了每个省都必须以省为单元推进素质教育，而不能仅仅在某个市、县或学校单兵突进。只有全省整体推进，才可避免各地市各自为战，才能在全省范围内营造出公平竞争的环境，有效打消各级各界的顾虑。

启示三：高中教育是素质教育改革的突破口

20 世纪 80 年代以来，推进素质教育的重点一直放在义务教育阶段。但现实情况表明，高考是重要指挥棒，高中是基础教育的“龙头”，如果高中不推行素质教育，义务教育阶段的素质教育也很难真正推行。山东省的实践也充分证明，以高中为突破口，改革考试评价制度，是实施素质教育行之有效的模式之一。

思考题

1. 你认为在现行教育体制下推进素质教育的主要障碍及其根源是什么？

2. 政府在推进素质教育中应该如何发挥作用？

案例6　不让贫困阻断成才之路

2006年的9月初，北京大学新生开学的一天，新同学都兴高采烈地办理着入学手续。可是柴同学走进北大校门时，高兴之余更多的还是忐忑不安，他来自贵州省西部农村家庭，家里同时供着他和弟弟两个大学生，都要靠父母务农和打工的微薄收入支撑，经济非常困难。尽管在收到北京大学录取通知书的同时，也收到了随信寄来的《北京大学学生资助体系简介》和《北京大学本科生经济情况调查表》，知道入学时有对贫困学生的“绿色通道”，但想到四年大学需要的花费，他对于自己能否顺利读完大学还是心中没底。

一、贫困大学生牵动全社会的心

每当大学开学，像柴同学这样的情况并不少。近年来，随着高校收费制度改革的深入、社会收入差距的扩大和高校入学机会的增加，高校家庭经济困难学生数量也不断增加。党和政府高度重视这个问题，中央财政投入了专项资金用于资助贫困学生，并建立了助学贷款和大学生入学的“绿色通道”制度。但效果不是很明显，一是因为社会上很多人并不十分了解这些制度和政策；二是因为学生不知道如何享受这些资助政策，加上学校对家庭经济困难学生的了解程度有限，甄别困难，不少时候，这些学生多数选择默默地承受困难。社会上的爱心人士想资助学生也是费尽周折多方打听，资助渠道也不是很畅通。同时很多资助项目只是单纯地在资金上给予支持，对这些学生的其他方面关注较少。这样的情况过去在北京大学也一定程度地存在。

二、设立专门机构，对贫困学生给予全方位关爱

柴同学怀着不安的心情到了北京大学的新生报到处，将自己的录取

通知书和《北京大学本科生经济情况调查表》递了过去，并向报到处的老师说明了情况。报到处的老师看了看柴同学的经济情况调查表，马上热情地说："同学你别担心，按照你的情况，可以先不用交学费，走'绿色通道'完成报到手续，关于资助的事，学校资助中心的老师会和你联系，给你提供帮助的。你办完报到手续后可以去那边领开学用的东西。"报到不用交钱还能领东西，这让柴同学有些意外。他顺利走过了"绿色通道"后，从北京大学的老师手中接过了学校资助中心统一准备的"迎新大礼包"，里面有文具、衣服、脸盆、香皂等学习生活用品，还有电话卡和水票，学习和生活要用到的东西全有了。他高兴地说："学校考虑得太周全了！"

学生资助中心是北京大学在2005年底成立的专门负责学生资助的机构，配备了7个编制，编制内专职人员均为研究生学历，分别有教育学、社会学、经济学、管理学等不同专业背景。学校拨付了专项资金供日常工作和学生活动开支，另外还派驻专业财务人员负责财务工作，确保各项资金安全有效使用。资助中心成立后主要做了四方面工作：一是根据本校学生的实际，设计了资助与育人相结合覆盖大学整个学习过程的系统资助政策，包括奖助学金、校内无息借款、国家助学贷款、勤工助学、特殊困难补助、学费减免、"绿色通道"等形式。二是通过新生入学前发放的《北京大学学生资助体系简介》，以及网络、广播、电视、学生资助工作信息发布亭、展板、学生资助工作专题会、主题班会等各种形式广泛宣传国家资助政策。柴同学就是通过入学前接到的《北京大学学生资助体系简介》对北京大学资助体系有了初步了解的。三是通过建立学生家庭经济情况调查与跟踪制度，建立家庭经济困难学生档案，并每年及时更新档案信息，实现对家庭经济困难学生情况的动态管理。四是加强与各种公益组织的业务合作，争取社会各界助学资金。

三、实施"绿色成长方案"

柴同学刚一入学，所在院系就安排老师采取"结对子"的方式与他建立并保持联系，询问他的学习生活需求，详细了解了他今后的学习打算和理想，指导他填写了个人助学申请和项目助学金申请书，连同家庭经济调查表一并交到了学院。

很多像柴同学一样的学生也是这样提出了助学金申请材料，由所在学院根据学生的情况，组织专门的评审小组对学生受助资格进行评议和公示，获得通过之后学院将受助学生的申请提交到学生资助中心，由学生资助中心组织评审委员会对学生的情况进行复审。如果没有异议，就对受助学生发放助学金。助学金的发放全部通过学校为每位学生办理的银行卡进行，在方便学生的同时也保证了资金的随时可查。对申请助学贷款的学生还进行档案动态管理，依据学生不同的发展道路，指导和帮助其完成助学贷款的还款和延期手续，配合银行做好贷后管理工作，实现学校与银行的良性合作。通过评审，学校为柴同学提供了国家助学贷款，解决了他的学费问题。而后学校又为其提供助学金，解决了他的生活费问题。这样，柴同学就全身心投入到大学一年级的紧张学习生活中。

转眼到了2007年，柴同学进入了大学二年级。在学生资助中心的鼓励下，他通过BBS的家教版找到了一份家教工作，教一名高二学生英语。柴同学坦言，做家教的那段时间，自己的英语表达能力提高了很多，经济上也得到补贴，一个小时能挣50块钱，学习生活有了更好的条件。

这也是北大资助中心的资助措施之一——鼓励勤工助学。他们注意到各院校的学生存在着年级、专业、性别、民族、文化知识背景、学习状况和经济情况等个性化的差别。如何让每一个不同情况的学生都能够得到“称心如意”的帮助？如何让每一个学生在接受教育的过程中都真正享有同等的机会，让每个学生的青春都绽放出同样的精彩？他们通过建立北京大学新生家庭经济困难学生数据库，根据每个学生的实际需求，提供不同的资助办法。“绿色成长方案”也从早期只关注学生入学，扩展到全面关注学生在校期间的学习、成长状况，以及毕业后的发展状况。对一年级新生，主要给予国家助学贷款和助学金等经济上的资助，让其可以安心地学习，快速融入学校的学习氛围中。对二年级学生，针对学生的需求，适当鼓励学生进行勤工助学，在实际工作中不断提高自己的能力，培养学生的自立自强意识，鼓励学生参与到学校社团和各种组织活动中去锻炼自己的能力，如学生服务总队。对三年级学生，主要针对其专业要求，鼓励其参加“挑战杯”、“校长基金”等学生课外学术研究活动，侧重结合其专业特长，加强对其能力的培养。对四年级学生，除了国家助学贷款和少量助学金资助外，还尽可能为其提供勤工助学和实习机会，同时结合学生的就业需求，为其提供系列就业指导，帮助其顺利就业。此外，还有应急性的资助。

2008 年初，一场前所未有的冰雪自然灾害袭击了我国西南地区，导致农业歉收，柴同学的家乡贵州也受了灾，而家里又要供他和弟弟两人上学，经济十分拮据。学生资助中心得知这一情况后，马上根据资助政策，给予他 2000 元的助学金。及时的帮助使柴同学得以安心学习。

得到诸多关爱的柴同学，在学生资助中心的指导和鼓励下，不仅学习努力，成绩优秀，还积极回报社会，利用课余时间积极投入到实践活动中。他参加了北京大学学生服务总队，在那里，他积极参加学生服务总队能力建设项目，参与组织环保宣传、爱国主义教育、义务支教、校园引导等活动，与伙伴们一同成长，能力得到提高。因为表现突出，柴同学获得了“国家励志奖学金”。

北京大学学生服务总队，是北京大学将受资助同学集合起来，开展公益活动以提升学生能力的组织。学生资助中心为他们联系如教室助管员、食堂安全员等勤工助学岗位，让学生在学习之余通过自己的劳动所得补贴生活，既锻炼了学生的能力，又培养了学生自力更生的意识。学生服务总队利用课外时间开展公益活动时，老师们总是亲自指导。学生服务总队定期开展针对学生能力锻炼的公益讨论或论坛，如每年一届的“学生服务总队能力建设论坛”、学生骨干培养计划等，老师们更是亲自帮助学生修订活动细节。

柴同学在学校全方位的资助下，学习和生活得到很好的保障。柴同

北京大学学生资助中心工作人员向学生介绍资助政策

学读大三时，正逢北京举办奥运会。他报名做了北京奥运会志愿者，在“鸟巢”提供志愿服务。因突出的工作表现，他获得了北京奥运会“鸟巢五好志愿者”的荣誉称号。此后，在学生资助中心和院系的支持指导下，他组织团队报名参加北京大学“挑战杯”科研活动，并获得优秀项目提名。由于在公益服务方面的突出表现，2008 年柴同学获得北京大学“公益之星”的称号。

本科学习期间，他还获得了北京大学三好学生、优秀社会工作奖、北京大学暑期社会实践先进个人等荣誉。到了大学四年级，柴同学因为各方面表现优秀，获得了保送研究生的资格。保研后，柴同学没有放松学习和实践，他积极参加学生资助中心针对毕业生组织的能力建设项目，包括职业技能培训、模拟面试、英语口语强化、素质拓展等活动。有着深厚文字功底的柴同学还在媒体做实习生，在实践中为本科的学习画上圆满的句号。

四、以育人为导向，资助成效明显

柴同学的经历是北京大学许多家庭经济困难学生的一个缩影。北京大学在落实新资助政策的同时，非常注重效果的反馈和评估。2008 年的调查统计数据表明，有 97.81% 的受资助学生和 76.50% 的非受资助学生知道北京大学学生资助中心这一机构。2007 至 2008 学年，有 74.29% 的受资助学生直接去过北京大学学生资助中心或直接接受过该中心的服务，表示“比较满意”和“很满意”的受资助学生所占比例高达 99%。

受助学生的能力不断增强。据统计，2007 年，家庭经济困难学生综合成绩位于全校学生平均成绩之上，家庭经济困难学生在校期间获得的各种奖励与非家庭经济困难学生获得的奖励相当。从近两三年的校长基金申请情况来看，家庭经济困难学生申请比例略高于非家庭经济困难学生。受助学生在就业方面，也达到了学校平均就业水平。

受助学生收获成长，回馈社会。学生服务总队的同学活跃在校园引导、义务支教、无偿培训英语、社区服务的一线，更涌现出一大批优秀青年，如“携笔从戎、报效祖国”的高明，“自强人生、回报社会”的刘默涵，组建海南省反哺行动小组并成立“反哺爱心基金”的余明发，“心怀感激、返乡报恩”的周莹、徐仙萍等典型和支教西藏的王兴菜、陈前军等“公益之星”。2008 年，北京奥组委通令嘉奖了北京大学场馆志愿者团队，据统计，该团队中超过 1/3 的志愿者是受助学生。

五、北京大学资助模式的启示

北京大学对高校资助模式的探索，对于做好家庭经济困难学生资助工作提供了很多启示。

启示一：学生资助应将“资助”和“育人”有机结合

高校资助工作不仅仅局限于对学生提供经济资助，而应该注重从物质、精神、能力等多面帮助学生成长为全方面、高素质的优秀人才，着眼于受助学生的特色培养和全面发展，将“资助”和“育人”有机结合，促进受助学生的全面成长。

启示二：针对学生的不同需求资助工作需采取不同的模式

高校资助工作必须遵循学生多样化发展特点的规律。北京大学“绿色成长方案”就是让每一个家庭经济困难学生得到的资助都符合其自身特点和需求，通过建立资助学生档案，针对不同家庭背景、不同学习阶段学生的需求，制定不同的资助方案，既使得每个学生都能得到及时有效、有针对性的资助，又能得到能力和自信心的提升。同时，实行助学金评审公示制度和全过程跟踪，有效保证了资助工作的公平公正。

启示三：搬掉贫困学生成长路上的“拦路虎”还需要全社会作出更多努力

从调查情况看，高校家庭经济困难学生的数量还是很大的，很多偏远地方的院校贫困生比例更高，而这些高校的贫困学生很难像北京大学的学生一样得到社会那么多的关注和捐赠，做好这些高校贫困学生的资助难度更大。在资助过程中，需要各高校不断探索适合本校特点的资助体系，更需要各级政府不断完善资助政策，加大资助力度。

思考题

1. 你如何看待高校贫困学生资助工作?
2. 你认为政府在推进贫困学生资助方面还应做些什么?

第二章
就业和工资

PART 2

概　述

就业是民生之本，工资是民生之源，两者都是民生保障的重要内容。就业和工资分配制度改革，其根本目的是为了保障与改善民生，让广大劳动者在经济发展的基础上分享改革成果。因此，做好就业和工资分配工作，对于维护社会稳定、构建和谐社会具有重要作用。

一、就业概况

党的十六大以来，党中央、国务院将就业工作摆在经济社会发展的突出位置，就业在国家发展战略中的地位不断提高。党的十七大报告更是将“实现社会就业比较充分”作为构建和谐社会的重要组成部分，制定了一系列方针政策并组织实施。

（一）就业制度与立法

伴随经济体制改革的深化，我国就业制度也发生了深刻变化。一是确立了市场导向就业机制。根据市场经济国家的发展经验，结合我国具体国情，中央提出了“劳动者自主择业、市场调节就业、政府促进就业”的就业方针。二是实行城乡劳动力市场统筹发展。在搞好城镇就业再就业工作的基础上，大力推进农村富余劳动力向非农产业和城镇转移就业，建设城乡一体化的劳动力市场，促进城乡劳动者实现充分就业。三是公共就业服务制度基本形成。目前全国已基本形成覆盖到社区的多级公共就业服务网络，实现了免费职业介绍服务。四是职业培训得到加强，面向城乡劳动者的职业培训制度不断发展。先培训后就业、先培训后上岗的制度得以确立，为劳动者不断提高职业能力、工作能力、创业能力创造了条件。

2007年《中华人民共和国就业促进法》的颁布，为我国实施积极的就业政策提供了法律保障。该法明确了政府要通过发展经济和调整产业结构、规范人力资源市场、完善就业服务、加强职业教育和培训、提供就业援助等措施，创造就业条件，扩大就业；将经过实践检验行之有效的积极的就业政策上升为法律规范，即实行有利于促进就业的产业政策、财政政策、税收政策、金融政策；实行城乡统筹、区域统筹、群体统筹的就业政策；实行有利于灵活就业的劳动和社会保险政策、就业援助政策和失业保险促进就业政策。同时，该法确立了公平就业的原则。一是明确政府维护公平就业的责任。政府维护公平就业的责任不仅针对普通劳动者，更要针对劳动力市场上的困难群体，对他们实施优先扶持和重点帮助的就业援助。二是规范用人单位和职业中介机构的行为。用人单位招用人员、职业中介机构从事职业中介活动，应当向劳动者提供平等的就业机会和公平的就业条件，不得实施就业歧视。三是保障男女平等和各民族劳动者平等的劳动权利。用人单位招用人员，除国家规定的不适合妇女的工种或者岗位外，不得以性别为由拒绝录用妇女或提高对妇女的录用标准。同时规定，用人单位招用人员，应当依法对少数民族给予适当照顾。四是保障残疾人和传染病病原携带者的平等就业权。各级人民政府应当对残疾人就业实行统筹规划，为残疾人创造就业条件。用人单位招用人员，不得以是传染病病原携带者为由拒绝录用。五是保障进城就业的农村劳动者的平等就业权。从统筹城乡就业的角度，保障农民工与城市劳动者有平等就业的权利，不得对农村劳动者进城就业设置歧视性限制。

（二）就业工作面临的主要任务

我国有13亿多人口，是世界上人口和劳动力最多的国家。努力扩大就业，满足劳动者就业需求，是我国在较长时期内所面临的重要任务。当前，我国面临着转轨就业、大学生就业和农村劳动力转移就业同时出现、相互交织的压力，就业总量压力和结构性矛盾突出并存，劳动力在城乡之间、地区之间流动遇到的限制因素较多，职业培训不足，劳动力市场公共服务体系发展滞后，统一的劳动力市场尚未形成，农民工权益缺乏制度保障。

就业是民生之本，是保障和改善人民生活的重要条件。解决就业问题的总体思路是：把扩大就业放在经济社会发展优先位置，实施更加积极的就业政策，坚持劳动者自主择业、市场调节就业、政府促进就业的方针，多渠道开发就业岗位，鼓励自主创业，促进充分就业，实现经济增长与扩大就业的良性互动。

主要工作任务：一是发展经济和调整产业结构，增加就业岗位。结合落实扩大内需、促进经济发展的重大举措，发挥政府投资和重大项目带动就业的作用。鼓励支持劳动密集型产业和服务业，特别是小型微型企业的发展，更多拉动就业。二是加强公共就业服务，改善就业环境。建立健全公共就业服务体系，提高公共就业服务的质量和效率，明确规定政府设立的公共就业服务机构应当为劳动者免费提供的服务项目。三是针对重点人群，统筹安排就业。强化对高校毕业生的就业服务指导、就业见习及就业援助三项举措；大力开发公益性岗位，提高岗位补贴和社会保险补贴标准，切实解决好零就业家庭的就业困难；完善农村转移劳动力就业服务，切实保障其城镇就业权利。四是建立统一、规范的人力资源市场。按照统一、开放、竞争、有序的要求，整合人才市场和劳动力市场，规范市场秩序，创造公平的就业环境，建立覆盖城乡的就业服务体系，促进劳动者通过市场实现就业。五是加强职业教育和培训，提高劳动者就业、创业能力。县级以上人民政府根据经济社会发展和市场需求，制定并实施以就业为导向的职业能力开发计划，加强对劳动者的职业技能操作训练。六是完善相关法律制度，保障就业者的各项合法权利。

二、工资分配概况

（一）工资分配制度

工资分配制度是国民收入分配制度的主要组成部分，是居民收入的主要来源和劳动报酬的基本形式。根据国家机关、事业单位和企业的不同特性，分别实行公务员工资制度、事业单位工资制度和企业工资制度。

公务员工资制度。依据《中华人民共和国公务员法》，我国建立了全国统一的公务员职务与级别相结合的工资制度。公务员基本工资由职务工资和级别工资两项构成，同时清理整顿津贴补贴，逐步实行艰苦边远地区津贴、岗位津贴等津贴补贴和年终一次性奖金。公务员的职务工资区分领导职务和非领导职务，进一步体现职责大小不同、待遇适当区别的按劳分配原则。

事业单位工资制度。为适应事业单位分级分类管理的要求，2006 年 6 月，原人事部、中央组织部等部委联合下发《关于印发事业单位工作人员收入分配制度改革方案的通知》和《事业单位工作人员收入分配制度改革实施办法》等文件，在事业单位全面推行岗位绩效工资制度。事业单位工作人员的工资分为岗位工资、薪级工资、绩效工资和津贴补贴四部分。其中，岗位工资体现了由身份管理向岗位管理转变的需要；薪级工资充分考虑了年功贡献与资历因素；绩效工资则将工作人员的收入与工作业绩、实际贡献联系起来。

企业工资制度。我国企业工资实行“市场机制调节、企业自主分配、平等协商确定、国家监控指导”的制度。国家主要以最低工资制度、工资支付保障制度、工资指导线制度、劳动力市场工资指导价位和人工成本信息发布制度等对企业职工工资分配进行监控指导，企业自主分配以劳动力市场供求形成工资的机制为基础，逐步推行工资集体协商制度，建立第三方协调仲裁机制。

目前已颁布实施了《中华人民共和国劳动法》、《中华人民共和国劳动合同法》、《最低工资规定》、《集体合同规定》、《工资集体协商试行办法》等法律法规。2006年，我国实施新一轮的工资分配制度改革方案，进一步完善了工资正常增长机制，提出国家实行工资调查制度，定期进行公务员和企业相当人员工资水平的调查比较，并将工资调查比较结果作为调整工资水平的依据。

（二）工资分配制度改革的主要任务

当前，我国收入分配格局不够合理，居民收入占国民收入的比重和劳动报酬在初次分配中的比重继续呈现下降趋势；再分配调节力度不足，基尼系数已经超过0.45，城乡之间、地区之间、行业之间、社会成员之间收入差距不断扩大。

合理的收入分配制度是社会公平的重要体现。必须推进收入分配制度改革，调整国民收入分配结构，整顿和规范分配秩序，加快形成合理有序的收入分配格局。解决工资分配问题的基本思路是：正确处理好公平与效率的关系，按劳分配与按生产要素分配的关系，企业自主分配与平等协商确定的关系，市场调节与政府调控的关系，统筹协调机关、事业单位和企业工资分配，逐步建立起秩序规范、激励效率、注重公平、监管有力的工资分配制度，形成合理的工资分配格局。

主要工作任务：一是坚持和完善按劳分配为主体、多种分配方式并存的分配制度，健全劳动、资本、技术、管理等生产要素按贡献参与分配的制度。要逐步提高居民收入在国民收入分配中的比重，提高劳动报酬在初次分配中的比重；加大财政、税收在收入初次分配和再分配中的调节作用；创造条件让更多群众拥有财产性收入。二是继续加强工资分配法律法规建设。通过立法奠定工资支付的法律基础，确立工资决定和调控机制，并通过执法监督和执行司法程序，提供法律保障，维护法制环境，保证公平分配。三是加强国家对工资收入分配的宏观管理。改进完善国家对工资分配的信息指导工作；改革国有企业工资总额决定机制；加强对垄断行业过高收入和企业高管特别是各类金融机构高管高收入的调控力度，建立垄断性企业国有资本收益的收缴和使用办法，合理分配利润。四是继续完善职务和级别相结合的公务员工资制度。健全国家统一的职务与级别相结合的公务员工资制度，适当拉开不同职务、不同级别之间的工资差距；进一步规范公务员津贴补贴；将公务员工资水平与社会经济发展及社会平均工资水平调整变动紧密结合起来，建立联动和良性增资机制。五是加快推进事业单位工资改革。根据事业单位不同类型实行工资分类管理；加大事业单位内部分配改革力度，继续完善岗位绩效工资制。六是建立健全企业职工工资正常增长机制。把大力推进工资集体协商制度作为改革企业工资决定机制、促进职工工资正常增长的重点；继续完善最低工资制度，适时调整最低工资标准，引导推动各类企业普通职工的工资增长；健全工资支付保障机制，推广行业工资保证金和欠薪保障制度，切实保障劳动者工资按时足额发放。

案例7　小社区　大就业

江苏省南通市小海镇的孙钢和妻子都是镇办企业的工人。2005年，因工厂倒闭，这对正值中年的夫妇同时失业。原本靠常年吃药打针才能坚持上班的孙钢和妻子，中断了生活来源和治病的钱路，家里两个正在上学的孩子加上一位瘫痪在床的母亲也都失去了经济支撑。“屋漏偏逢连阴雨。”两口子失业不久，妻子又患上了糖尿病。得知这个消息，孙钢彻夜难眠：母亲和妻子的看病钱、两个孩子的学费、全家五口人的生活费从哪里来？什么时候才能找到工作？一道道难题使这个中年汉子顿生走投无路之感，原本乌黑的头发变得斑白。

一、背景

孙钢的遭遇不过是南通失业大军的一个缩影。南通市是中国第一批沿海开放城市，濒临中国大都市上海，交通便捷，人员流动性较大。从20世纪90年代初开始，企业在市场经济环境因素的影响下，生产经营波动较大，导致失业、半失业现象时有发生。到90年代中后期，随着国有企业“减员增效、下岗分流”的实施，失业、半失业现象集中显现。

就业是民生之本。失业人员因生存和发展遭遇挫折，思想波动大，做好稳定工作，治本之策在于让他们有工作，有生活保障。有什么办法能让失业人员吃饱穿暖？有什么办法让他们尽快走上工作岗位？这道难题犹如沟壑一样摆到了南通市决策层面前。

围绕寻找就业出路，南通市从失业源头、社会需求、失业人员状况等方面进行了分析：

传统的就业主渠道已经难以容纳不断增长的就业大军。人是从国有和集体企业走出来的，让他们再回到这些企业显然不现实，不要说有些企业已经破产倒闭了，就是那些没有破产倒闭的企业也忙于裁员，而不是增员。

传统的就业主渠道不畅通了，但并不意味着就业空间变小了，需要另辟蹊径，走多种形式的就业之路。多种经济成分的发展和家庭服务、社区服务等社会需求的增长，无疑是新的就业增长点。

让失业人员走多种形式的就业之路，特别是走自谋职业、灵活就业、自主创业之路，在观念、技能等方面都还不适应的情况下，政府必须加以引导，尤其需要创建一种新的就业服务体系，以适应失业人员自谋职业、灵活就业和自主创业的需求。

通过分析，南通市将破解失业难题的思路定在“重心沉到底——社区、服务移到位——社区”上。从90年代末起，南通市开始在市属各区街道、镇建立劳动服务所，逐步实施就业服务工作重心下移。

二、做法

南通市街道社区就业服务平台建设可以概括为“六到位”和“六化”，即实现“机构到位、人员到位、经费到位、场地到位、制度到位、工作到位”；推进“服务领域网格化、服务内容规范化、服务过程精细化、服务宗旨人本化、服务手段信息化”，最终实现“服务成果绩效化”。围绕“六到位”和“六化”，南通市采取了一系列相关措施。

配齐人员，用足资金，提高软硬件素质。人员方面，把社区劳动保障工作人员纳入街居干部体系一并管理，街居原先从事就业服务的工作人员考核合格的予以留任，其余空编人员面向社会公开招聘，择优录用；资金上，把社区劳动保障工作平台的经费纳入区级财政体制一并安排，确保了街道、社区劳动保障服务机构人员工资和工作经费有稳定的来源；办公设备上，提请市财政按照每个街道5万元和5台电脑设备、每个社区1万元和2台电脑设备的标准，对街道和社区劳动保障服务机构的服务场所建设提供一次性支持，目前仅市区各街道（乡镇）、社区就配备电脑242台，查询电脑220台，工作场地面积近7000平方米。

开展培训，提高本领，推进人本服务。基层工作人员普遍接触劳动保障业务时间不长，流动性较大，还不能完全熟悉掌握就业再就业政策、社会保险制度和劳动关系协调办法。针对这些问题，2006 年下半年，南通市成立了劳动保障协理员资格培训和鉴定工作领导小组，制定了《南通市关于开展劳动保障协理员资格培训和鉴定工作的实施方案》。多次集中办班，对全市各街道（乡镇）劳动保障服务所全体工作人员及社区劳动保障服务站专职工作人员，开展劳动保障协理员职业资格培训，并组织他们参加全国劳动保障协理员资格考试，年均考试合格率为 93% 左右，远远高出全国平均水平。

注重督查，统筹推进，建立长效机制。近年来，南通市将“工作到位”列为推进社区劳动保障平台工作的重中之重。专门印发了《南通市市区街道与社区就业服务工作目标责任制考核办法》，根据各街道、社区劳动保障服务机构所承担的城乡劳动保障服务工作的侧重不同，具体分为 A、B、C 三个类别进行考核。同时，明确了市和区按年对街道（乡镇）劳动保障服务所进行考核，由市劳动和社会保障局牵头，财政局以及三区人事劳动和社会保障局共同参与，成立市劳动保障工作平台考核小组，采取日常检查、突击抽查和年终评议考核打分的形式，组织实施对各街道（乡镇）劳动保障服务所的工作指导和年度考核工作；街道（乡镇）劳动保障服务所按季对所辖社区劳动保障服务站的工作开展指导和考核。

在此基础上，根据季度和年度考核情况，对劳动保障服务所、站评出先进、合格和不合格。凡被评为先进劳动保障服务所、站的，给予精神和物质奖励，对季度先进的劳动保障服务站授予流动红旗。凡被评为不合格劳动保障服务所、站的，给予黄牌警告；连续两年被评为不合格劳动保障服务所、站的，将提请其上级

南通市举办免费专场招聘会服务返乡农民工

组织部门解聘其工作人员。

三、收效

南通市在开展人本服务的过程中，通过基层工作人员一线摸查、收集、汇总的资料，对全市失业人员做到了全面了解；通过微机等现代化的办公设备进行各项分类汇总，做到一个社区出现失业人员，全市联动帮扶；对每个有求职意愿的失业人员进行个性化指导，提供量身定做的职业介绍，提升了职业介绍的成功率。

目前，全市 90.2% 的社区成为充分就业社区。良好的服务，为失业人员提供了再就业的机会，为用人单位提供了所需劳动力，从而较好地实现了人企的对接。人本服务的成效还体现在各项优惠政策的贯彻落实上。从 2008 年的数据来看，全市有 19663 名失业人员享受到城镇就业困难人员失业人员灵活就业社保补贴，计 6021.1 万元；703 人申办了小额担保贷款，发放贷款 3532.5 万元；全市 2302 人从事公益性岗位，享受国家的岗位补贴与社保补贴。对于一些特困失业人员，通过基层人员的人本服务，摸查清楚，做到及时慰问，帮扶到位。2008 年全市共慰问 389 名特困失业人员，发放慰问金 37.51 万元。

事例 1：城东街道“爱心手工加工点”在社区劳动保障服务站的帮助下成功创建，随着手工加工点的扩大，至今已有 136 名大龄女性失业人员实现了再就业。这些人因需要照顾家庭，年龄较大，又无技能，市场竞争中就业能力较差。针对这些大龄失业女性的情况，工作人员通过扶持社区内的一些“能人”，创办手工加工型小企业，吸纳了她们就业，使这些妇女不出社区，在家门口就能上班。

事例 2：新城桥街道的失业女工黄华是个股骨头坏死、行走不便的残疾人，找到工作是她最盼望也是最难的一件事。为了帮助黄华实现再就业，新城桥劳动保障服务所的工作人员多次来到她家，动员小黄参加了电脑技能培训班。凭着这项技能，小黄谋得一家早餐公司电脑收银员的岗位。小黄感动地说：“连我自己对找工作都没有信心，劳动保障服务所的同志不仅给了我信心，还给了我本领。这两条，连我的家人都做不到。”据了解，南通市很注重在街道社区的就业服务工作者中倡导提升一种境界：不管服务对象有什么需求，不管是健全人还是残疾人，都给予尊重，并主动为他们提供服务。

四、启示

在我国经济体制改革和经济结构调整过程中，扩大就业一直是民生保障的重要内容，也是困扰地方政府的头等难题。各地在实施积极就业政策过程中，如何结合本地实际，将政策进一步细化和具体化，南通市的做法给了我们一些启示。

启示一：就业服务的内容要精细

“人本服务”最基本的工作要求即把失业人员视为亲人，设身处地、贴心服务，想其所想，急其所急，从细微处着手，从困难处解决，用真心、真情铺设再就业的坦途。就业平台服务工作坚持开展以人为本的服务，更加尊重个体，发展个体，更好地满足服务对象不同层次的需求。在服务中，深入了解服务对象的个性特征和人格特征、职业能力特征，帮助其正确选择职业发展方向，做好职业规划，使服务对象实现人生的理想和价值。

启示二：就业服务的态度要积极

提高人本服务的质量需从服务态度上着手，转变工作作风，变被动服务为主动服务，将就业放在心头，主动收集就业信息，主动上门服务，送岗位、送政策、送技能、送温暖到服务对象身边，想方设法开发岗位，充分满足就业平台服务对象的需求，积极打开失业人员的心扉，努力为失业人员介绍合适的岗位，帮助其顺

再就业服务体系建设中推行人本化服务

利走上就业岗位。

启示三：就业服务体系建设还需机制创新

胡锦涛总书记在全国再就业工作座谈会上提出：要进一步探索和完善再就业服务的运行机制，实现就业服务体系的“新三化”，即制度化、专业化、社会化，尽可能为下岗失业人员提供更好的服务。人本服务不是一朝一夕之事，而是应该长期坚持和逐步完善发展的事业；人本服务不是随意为之之事，而是要建立科学合理的服务制度，遵循制度更好地开展服务；人本服务不是业余之事，而是需要专业人士从事，提供专业化服务的事业；人本服务不是一人或几人能为之事，而是整个社会都要为之努力的事业。

思考题

1. “以人为本”服务和“以工作为本”服务的区别是什么？

2. “只要不挑不拣，7 个工作日让你就业”的服务承诺是否合理？为什么？

案例 8　从零到零的变化

鞍山市铁东区长甸街道富强社区的居民曲静，曾是鞍钢附属企业的一名女职工，因在企业工作多年、资历老，被老少邻居尊称为曲师傅。1997 年下岗后，曲师傅一直没有找到合适的工作，一家的生计全靠丈夫周东峰挣工资来维持。但是，到 2003 年，老周也失业了。当时，儿子还在读书，年过八旬的老母亲又体弱多病，一家 4 口人的生计陷入了困境。找份工作养家糊口成为这对夫妇的最大愿望。为此，42 岁的曲师傅和 46 岁的周师傅几乎天天跑劳务市场，看招工信息。凡是对年龄没有明确要求的信息就抄下来。用曲师傅的话说就是："仅适合自己的用工信息就找了上百条，也先后参加了上百次面试。可是，面试一次失败一次，人家一看咱这年龄，直摇头。人家问我有什么特长，我也摇头。"无声的"双摇头"，拒绝的是希望，留下的是悲观。竞争就业的残酷，曾一度使曲师傅的生活陷入绝望。

一、背景

20 世纪 50 年代，中国流行一首歌曲：那最可爱的鞍钢，是重工业的心脏，那一排排的高炉像云梯一样……这首歌，唱出了国人的自豪，也唱出了鞍钢及鞍山的名气。那个年代，人们对工人特别是工业企业的工人，打心里羡慕。谁能想到，进入 20 世纪 90 年代和 21 世纪，人们当年的自豪感、羡慕感竟被下岗失业的危机感和再就业的艰难感所代替。

像曲师傅这样的家庭、这样的境遇，在鞍山市这座因钢铁而闻名全国的老工业城市并不少见。据鞍山市有关部门介绍，随着国有企业改革的深化和产业结构调整，大批国企职工下岗失业。到 2002 年底，鞍山市共有 17.8 万国企职工处于下岗失业状态，零就业家庭达数千户。

零就业家庭中的下岗失业人员迫切需要就业岗位，但又很难找到就业岗位。因为他们中普遍存在着像曲师傅那样的年龄偏大、文化和技能偏低等不利条件，是竞争就业的弱势群体。在求职过程中，像曲师傅那样“双摇头”的下岗失业人员相当普遍，仅靠他们自身的能力很难实现再就业，需要给他们提供特殊的就业帮助。

二、做法

面对零就业家庭的困境，鞍山市将零就业家庭变零的再就业援助工作列为2004年的“一号工程”来实施。他们面对的问题是：如何认定零就业家庭？全市有多少这样的家庭？岗位从哪里来？就业后再失业怎么办？……

◆有多少零就业家庭?

消除零就业家庭，要做的第一项工作就是摸清摸准谁是零就业家庭。现实中，由于大量隐形就业的存在，使得政府部门认定零就业家庭的工作困难重重。当时，新闻媒体不时报道的开着小轿车去领失业救济金的情况在这里也不罕见。

2004年初，鞍山市把摸清零就业家庭分布及家庭情况列入议事日程，下决心在这个首要环节上取得突破。通过明察暗访、入户调查和专题研讨，提出了零就业家庭的界定标准，即家庭成员既有劳动能力又有就业愿望，但尚未实现比较稳定就业的城镇家庭。认定标准确定后，下面要解决的问题就是要摸清全市到底有多少零就业家庭，为决策提供依据。

2004年10月，鞍山市在全市范围内开展了为期3个月的入户调查工作，重点调查离岗失业人员就业情况。

调查明确提出以街道社区为单位，采取入户问卷调查的方式进行，街道社区调查员进行入户调查，调查督导员到街道社区进行工作指导，对调查过程中遇到的疑难问题及时进行研究解决。

调查过程是环环相扣、有机衔接的，要求社区依据调查表内容对数据进行微机录入、确认并进行公示，街道根据社区报送的资料对申请家庭进行审核认定并在信息系统中进行确认，县（市）区就业工作管理机构汇总并建立台账，市就业工作管理机构进行统一管理并提供相应的就业服务。统计工作结束后，将结果上报。市级有关部门对调查取得的各项数据进行系统整理，科学归纳分析，形成了全市城镇零就业家庭情况调查分析报告。

调查结果显示，2005 年初，全市有 5005 户零就业家庭，涉及失业人员 9506 人。在这 9506 名失业人员中，年龄在 40 周岁以上的有 9030 人，占总数的 95%；文化程度在初中以下的有 7129 人，占总数的 75%；女性有 7065 人，占总数的 74%；无技术等级的 8745 人，占总数的 92%；有培训要求的 2576 人，占总数的 27%。这些详细的统计数据，为解决零就业家庭人员就业问题提供了依据。

◆至少让一人实现就业

在调研的基础上，市政府提出了明确的目标要求：确保每一户零就业家庭在当年至少有一人实现就业。围绕这个目标，鞍山市又对再就业援助行动采取了一系列政策措施和管理办法。

设立专项基金。全市各级财政加大了对就业工作的资金投入，对援助零就业家庭成员就业给予重点倾斜。2005 年市本级安排 400 万元用于援助零就业家庭人员就业。同时要求各县（市）区也必须安排一定额度的专项资金用于帮扶零就业家庭的就业工作。此举解决了钱从哪里来的问题。

建立“1+X”促进就业工作模式，实行“一家一策、一人一策”。所谓“1+X”就业模式，“1”就是把促进就业作为市委、市政府“一号工程”来抓，“X”就是发挥各地区、各部门、群团组织和社会各界的积极作用，形成全社会齐抓共管的工作格局。提供以送政策、送岗位、送技能、送服务和落实社会保险补贴政策为主要内容的“四送一落实”服务。实施职业介绍、培训报名、保险申报、申领补贴“四不出社区”服务。建立 30 家零就业家庭人员就业安置基地。大力开发公益性就业岗位用于解决零就业家庭人员就业。此举解决了人往哪里去的问题。

建立“源头控制、动态管理、跟踪服务”的长效机制。包括建立预警预报制度，即加强对企业裁员的调控，从源头上控制和掌握零就业家庭的产生；申报登记制度，即街道社区及时为零就业家庭提供登记服务，随时掌握辖区内零就业家庭变化情况，防止出现遗漏，并在四级联网的基础上建立了零就业家庭信息管理系统；专项扶持制度，即通过建立安置基地、成立服务中心、开展免费培训、设立专项基金、落实扶持政策，实施对零就业家庭人员就业的全面帮扶，确保零就业家庭人员从登记之日起15天内实现就业；责任追究制度，即把消除零就业家庭作为市政府考核各级政府和职能部门促进就业工作的一项主要指标，对没有按时完成工作任务的追究主要领导的责任。此举解决了怎么管、谁来管的问题。

建立责任体系。成立由市委、市政府领导挂帅，政府相关部门组成的援助零就业家庭工作领导小组。定期召开调度会，加强专项督查。各级党委、政府把消除零就业家庭作为实施就业优先战略中最优先解决的问题来抓，把消除零就业家庭纳入全市促进就业目标责任管理体系，工作任务分解到各县（市）区、街道和社区，层层落实。建立相关部门考核与社会监督相结合的考核方式，对援助零就业家庭工作进行全程督查，并定期对援助情况进行通报，接受社会监督。

建立就业安置基地。通过在全市范围内寻找经济效益好、适合零就业家庭人员就业的企业，建立零就业家庭人员就业安置基地，对安置基地提供再就业援助岗位补贴、社保补贴及各种再就业优惠政策倾斜。岗位补贴按照当地最低工资标准60%给予补贴，社会保险补贴按30%给予补贴。全市共建立零就业家庭人员就业安置基地18个，安置零就业家庭人员就业2085人。

鼓励自主创业。鼓励和扶持有创业愿望的零就业家庭成员自主创业，零就业家庭成员自主创业可以享受创业孵化、创业培训、创业指导和创业扶持等优惠政策，指导零就业家庭成员实现自主创业，帮助落实税费减免政策、小额担保贷款政策。鞍山市铁西区的张慧和丈夫双双失业后向社区申报了零就业家庭，很快得到社区的认定。根据张慧的创业要求，社区介绍其参加了劳动部门组织的创业培训。通过培训，张慧掌握了创业技能，在2万元小额免息创业贷款的支持下她开了一间馒头铺，不仅自己圆了就业梦，还安排了4名下岗失业人员。

技能培训与岗位对接。针对零就业家庭人员文化程度和技能偏低，在市场竞争就业始终处于劣势的特点，在零就业家庭人员中开展订单式培训，为每一名要求接受技能培训和技能鉴定的零就业家庭人员提供免费培训。通过技能培训提高零就业家庭人员的工作能力和职业转换能力，并建立了培训与岗位对接制度，通过系统培训实现就业。

零就业家庭就业专场洽谈会

开发公益性岗位进行兜底安置。政府开发公益性岗位，是解决困难群体就业的主要途径。鞍山市加大公益性岗位开发力度，先后开发了街道社区保洁、保安、保绿，交通协勤和治安巡防等公益性岗位，重点解决零就业家庭的就业问题，对通过各种援助措施，无法实现就业的零就业家庭人员，实行兜底安置，确保未就业的零就业家庭人员，在15个工作日之内，实现公益性岗位就业。

开展“四送一落实”活动。通过就业援助月等专项活动，依托街道社区劳动保障工作平台，开展以“送政策、送岗位、送服务、送技能和落实社会保险补贴”为主题的“四送一落实”活动，帮助困难家庭落实各项再就业优惠政策，积极采取各种途径广泛收集空岗信息，将适合零就业家庭人员就业的空岗信息，优先提供给零就业家庭人员，帮助其实现就业。

三、效果

自实施“一号工程”以来，鞍山市实现了零就业家庭动态为零的目标。从2005年首次普查的5005户零就业家庭全部实现至少一人就业后，鞍山市一直坚持零就业家庭发生一户、登记一户、帮扶一户、解决一户的就业援助目标。到2009年2月底，鞍山市已累计消除零就业家庭16704户，其中 3262 户棚改回迁零就业家庭全部实现了双就业。零就业家庭动态为零的目标在鞍山市变成了现实。许多媒体将鞍山的效果称为“从零到零的巨变”。

前面提到的曲师傅一家，在就业援助行动中被认定为零就业家庭，街道社区劳动保障干部为她找到一份送报纸的工作。曲师傅的丈夫老周被安排到政府出资开发的公益性岗位，从事社区保洁工作，并享受社会保险补贴，还能照顾年迈的母亲。快人快语的曲师傅一连说出几个没想到：“没想到我能这么快就有了工作，没想到我们两口子都上了班，没想到政府还给我们上保险。”

四、启示

在解决就业的诸多问题中，困难群体的就业更是难上加难。鞍山市在下大力气解决零就业家庭就业问题时，摸索出了一条新路，给我们一些新的启示。

启示一：解决就业问题重在建立长效机制

我国就业工作的艰巨性和复杂性决定了零就业家庭的就业援助工作不可能是战役性的阶段工作，而是一项长期工作。随着市场就业形势的变化，随时可能出现新的零就业家庭。建立起解决零就业家庭问题的长效工作机制，就可以把消除零就业家庭工作纳入规范化、制度化轨道，从根本上避免临时性、运动式的工作思路和方法。

启示二：充分发挥社区在促进就业中的重要作用

鞍山市在解决零就业家庭就业过程中，充分发挥了社区吸纳劳动力的重要作用，使社区成为援助零就业家庭的有效平台，也成为就业工作主战场。结合消除零就业家庭工作，在全市开展创建充分就业社区活动。活动中把消除零就业家庭作为充分就业社区的重要指标，截至 2008 年底，全市有 261 个社区达到创建充分就业社区标准，占社区总数的 87%。

启示三：零就业家庭援助的着力点要有针对性

对零就业家庭进行就业援助，是政府部门公共就业服务的工作重点，服务得好坏，直接关系到援助帮扶的效果。鞍山市在援助零就业家庭工作过程中，实行“一家一策、一人一策”，提供有针对性的职业介绍、职业培训和岗位援助；组织了对零就业家庭子女的技能培训，为这些家庭彻底脱贫创造了条件。在援助中实现就业服务的深化和细化，是鞍山市解决零就业家庭工作中一个切入点，也是提高就业援助水平的关键。

思考题

1. 你认为解决本地零就业家庭就业问题的重点和难点是什么？

2. 通过本案例，在解决农民工和大学生就业上，你有哪些好的措施和办法？

案例 9　就业歧视何时了?

高先生曾是上海一家单位的助理工程师，英立公司（化名）找到他，希望他能去工作。经过慎重考虑，高先生表示同意。此后，高先生还完成了由英立公司经理发来的一份测试卷，该经理在看过测试卷后称可以接收其任职。不久后，高先生按照公司的要求进行了体检，体检结果显示其为乙肝“小三阳”。当高先生拿着体检结果及相关材料到英立公司报到时，公司拒绝与其签订劳动合同。高先生认为英立公司的行为属于就业歧视，于 2009 年 4 月将公司告上了法庭，要求其书面赔礼道歉，赔偿经济损失，并支付精神损害抚慰金。

一、背景

本案是《中华人民共和国就业促进法》实施后的乙肝歧视第一案。我国是乙肝高流行地区，每年报告乙肝新发病例近 100 万。按照 1992 年全国肝炎血清流行病学调查结果推算，全国约有 1.2 亿人是乙肝表面抗原携带者。现实中像高先生这样因乙肝“小三阳”而被拒的求职者并不少见。

就业歧视就是指用人单位在就业过程中对劳动者的“区别对待”。公平就业始终是就业立法关注的焦点，就业歧视侵犯劳动者的平等就业权，使个人尊严遭到亵渎，也使众多求职者与工作失之交臂，而且给市场经济的健康发展也带来很大的负面影响。

我国反对任何形式的就业歧视，《中华人民共和国就业促进法》也明确提出：“劳动者依法享有平等就业和自主择业的权利。劳动者就业，不因民族、种族、性别、宗教信仰等不同而受歧视。”但不管我们是否愿意承认，“就业歧视”仍然是就业市场上无法回避的一个关键词。近年来，形形色色的就业歧视现象，如乙肝歧视、性别歧视、户籍歧视、身高歧视、残疾歧视、相貌歧视、属相歧视、酒量歧视等，时常见诸报端。就业歧视引起了社会的广泛关注，反就业歧视诉讼也成为一个新的社会热点。

二、判决

法院受理并听取了双方的辩护意见。原告高先生认为，英立公司的行为违背了“用人单位招用人员，不得以乙肝‘小三阳’为由拒绝录用”的相关规定，属于就业歧视。

被告英立公司始终辩称，高先生并不是因为乙肝体检结果被拒绝录用的，而是因为培训不合格以及其他综合因素，不符合上岗要求。

就业促进法促进平等就业（漫画）

法院经审理认为，英立公司要求高先生进行体检时，公司的培训已经结束，如其公司确实是因为培训原因而拒绝录用，则其在培训结束一段时间后要求高先生进行入职体检与常理不符。而且，英立公司也没有提供其他证据充分证明其在邀请原告应聘后又拒绝录用存在其他合理理由。因此，法院确定，英立公司就是因为高先生体检结果为乙肝“小三阳”而拒绝录用。

法院还认为，高先生有理由对英立公司将录用自己形成合理信赖。在英立公司违反平等就业原则，拒绝录用高先生的情况下，其公司应该赔偿高先生自原单位离职至其再次就业前的信赖利益损失。

此外，英立公司以体检结果作为拒绝录用高先生的理由，无疑会导致高先生遭受巨大的心理压力及承受精神痛苦，应当支付精神损害抚慰金。最后，北京市朝阳区人民法院一审认定，英立公司确因乙肝歧视而拒绝录用高先生，依法判决其向高先生书面赔礼道歉，并赔偿其经济损失

17572.75 元，精神损害抚慰金 2000 元。

三、评析

高先生的胜诉，让在劳动力市场中遭受各种形式就业歧视的求职者看到了希望，他们可以通过法律途径维护自己的就业权益。

我国有关法律法规对乙肝歧视已经作出了明确的规定。乙肝病毒主要有血液、母婴垂直（分娩和围产期）和性接触三种传播途径，不会通过呼吸道和消化道传染，一般接触也不会造成乙肝病毒的传播。乙肝表面抗原携带者虽被乙肝病毒感染，也具有传染性，但肝功能在正常范围，肝组织无明显损伤，不表现临床症状，在日常工作、社会活动中不会对周围人群构成威胁。

因此，原劳动和社会保障部于 2007 年 5 月 18 日发布的《关于维护乙肝表面抗原携带者就业权利的意见》规定，除国家法律、行政法规和卫生部规定禁止从事的易使乙肝扩散的工作外，用人单位不得以劳动者携带乙肝表面抗原为理由拒绝招用或者辞退乙肝表面抗原携带者。2008 年 1 月 1 日起施行的《就业服务与就业管理规定》第十九条也作了相同规定。

2008 年 1 月 1 日起实施的《中华人民共和国就业促进法》第三十条明确规定："用人单位招用人员，不得以是传染病病原携带者为由拒绝录用。但是，经医学鉴定传染病病原携带者在治愈前或者排除传染嫌疑前，不得从事法律、行政法规和国务院卫生行政部门规定禁止从事的易使传染病扩散的工作。"

上述法律规定出台后，各地也分别制定了更为细致的规范。如 2008 年 3 月 31 日，上海市卫生局发布了《关于本市医疗机构在劳动者健康检查中切实保护乙肝表面抗原携带者隐私权的通知》，规定："各医疗机构在对劳动者开展体检过程中要注意保护乙肝表面抗原携带者的隐私权。除国家法律、法规和卫生部规定禁止从事的工作外，原则上不将乙肝病毒血清学指标作为劳动者健康体检的常规体检指标。"

2010 年 2 月 10 日，人力资源和社会保障部、教育部、卫生部联合下发《关于进一步规范入学和就业体检项目维护乙肝表面抗原携带者入学和就业权利的通知》，要求各县级以上地方人民政府30日之内废止或者修改乙肝有关政策。《通知》规定“各级医疗卫生机构不得在入学、就业体检中提供乙肝项目检测服务”和“健康体检非因受检者要求不得检测乙肝项目”。反就业歧视的法律法规进一步完善。

四、思考

高先生胜诉了，但对就业歧视的争论却没有平息，招聘中的各种就业“偏见”依然随处可见。

思考一：就业歧视还缺乏清晰的界定

迄今为止，人们对就业歧视的认识仍不一致。有人认为，就业歧视行为不仅违反宪法、劳动法、就业促进法等相关法律法规，损害了法律的权威性，阻碍良性社会法治意识的形成，而且破坏了就业市场的公平竞争环境，导致人力资源的浪费。但也有人认为，用人自主，选择合适的员工无可厚非。企业对求职者提出某种限制，看起来似乎与工作职位毫无关联，但对企业来说可能是为了更好地选拔人才，是出于对提高企业生产效率的考虑。还有人认为，用人单位设置一定的招聘条件，既是明确企业的用人需求和标准，也是让求职者看到招聘条件后进行自我衡量和筛选。

产生分歧的主要原因是我国至今没有法律对就业歧视作出清晰的界定。虽然劳动法、就业促进法等对就业歧视作出了规定，但并未明确就业歧视的概念和种类，导致企业难以把握用人自主权和就业歧视的界限，也让一些求职者在遭遇就业歧视后感到手足无措。

思考二：反“就业歧视”不能一概而论

歧视的存在基础是差别，就业歧视就是一种因求职者个人之间的差别而进行的“差别对待”。然而并不是所有的差别对待都不合理，现实中的事物在客观上存在许多差异，因而也需要根据差异的情况采取差别对待，在一定方面和程度上，应当允许合理的差别对待。如用人单位根据职位的性质、需求及其他相关因素仍然可以限定招聘的条件，这是“合理差别”。

一般来说，如果不是特定的行业，用人单位不得对求职者的自然属性，如性别、年龄、身高、相貌、血型、属相、身体健康状况，以及其他一些社会属性如户籍等因素进行限制，因为这些属性是个人不能选择的，也很难通过后天努力加以改变，对上述的这些自然属性及部分社会属性作出的种种限制则构成就业歧视。在本案当中，英立公司由于高先生体检结果显示其为乙肝“小三阳”而拒绝录用，这是一种不合理的差别对待，不为法律所容忍，因此，构成了就业歧视。

与此相对应，如果限制的是经过后天学习、训练而形成的社会属性，比如阅历、能力等，这种限制则不能构成就业歧视，应该理解为“合理差别”，这种合理差别应当为法律所允许。此外，如果特殊行业有特殊需要，对应聘者的年龄、身高确有要求，应履行公示的原则，并将限制的合理性和必要性予以充分说明。

要区分就业差别和就业歧视的概念，在反“就业歧视”上要态度明确，对社会公认、形成共识的“就业歧视”现象应当尽快作出明确的法律规定。

思考题

1. 在你当地的劳动力市场中，主要存在哪些形式的就业歧视？
2. 要消除就业歧视，需要采取哪些有效措施？

案例 10　薪情不再影响心情

陈倩是温岭市塞外明珠服饰有限公司的一名女职工。9 年前，她来到这家有 100 多名职工的企业做横机工，当时月工资 800 多元。“那时，职工为工价几乎天天与老板吵，三天两头就有员工跳槽。”小陈也参与过同老板的理论。最厉害的一次，小陈和工友们罢工一个多星期。但最终除了一气之下走掉的之外，其他职工仍旧不得不妥协。

一、劳资纠纷的困扰

像塞外明珠这样的羊毛衫企业在温岭市新河镇有 113 家，沿街工厂林立，每年产值不下 10 亿元，外来打工者达 1.2 万多人。2003 年以前，几乎所有的员工都被不合理的工资待遇所困扰。这百余家羊毛衫企业，工价一家一个样，全都由老板说了算。工资一年结算一次，平时只发员工生活费。更有甚者，每到年底，个别老板还以亏损为由拒发职工工资。

在当地，民营经济越发达，劳资纠纷越多。2003 年以前，整个温岭市都存在因工资待遇引起的劳资矛盾，被人们称为“劳资纠纷的高发地”，极大地影响了工人的积极性。新河镇的羊毛衫行业尤为突出，羊毛衫行业是温岭市新河镇的支柱产业。大多数企业由 20 世纪 80 年代来料加工的家庭作坊起步，到 90 年代中后期已形成初具规模的产业群。2001 年，该镇部分羊毛衫企业员工大量跳槽，由于企业主应对不当，跳槽现象愈演愈烈，最后出现大规模的职工集体上访和联合停工、罢工事件。2002 年，新河镇百人以上停工、上访的有 3 批，10 人以上的几乎每天都有。2003 年，该镇羊毛衫行业职工上访的数量占到全镇接访量的 45%。这些群体性的上访罢工事件，已经严重影响到企业生产和社会稳定。

在矛盾迭起的 2003 年，资方首先坐不住了，113 位羊毛衫企业老板联合成立了温岭市羊毛衫协会，会长由其中一家企业的老板担任。他们试图通过协商，统一工价，避免互相挖墙脚、哄抬工价来维护自己的利益。但是，这种由资方单方面进行定价的做法显然不公平。与此同时，长期受羊毛衫行业劳资矛盾困扰的温岭市政府也坐不住了，他们早有进行治理的动因。

治理工作从哪里抓起呢？温岭人想到了已经开展多年的非公有制企业“民主恳谈会”，即打破企业主单方面制定工价的传统做法，企业主与职工坐下来共同商讨和制定行业工资水平。

非公有制企业“民主恳谈”是20世纪90年代末以来，温岭市建立沟通对话机制作出的实践探索。2000年，温岭市出台了《关于在非公有制企业开展“民主恳谈”活动的意见》，试图通过转变政府公共决策方式，推动公众有序的政治参与，着力优化利益协调机制，形成各方利益广泛包容、矛盾冲突协商解决的民主治理模式。“民主恳谈”协商形式为推动非公有制经济劳资纠纷问题的解决发挥了重要作用，是否也可以为行业工资集体协商提供有效的对话平台呢？

二、行业工资集体协商

2003年温岭市有关方面筹划了由政府主导、工会出面、劳资双方参与的“羊毛衫行业职工工资恳谈会”。经过6次协商、10次恳谈后，确定了行业普遍认可的最低工资标准：职工8小时正常劳动时间内工资不少于27元，月工资（不包括加班工资）不低于800元，工资必须在当月产量结算后于次月25日至28日发放。随后，以“民主恳谈”形式进行的行业工资集体协商在温岭市其他地区、行业推广。

组建行业工会，明确协商主体，这是行业工资集体协商的组织基础。温岭市在组建工会过程中发现，以企业所在行政村为单位组建工会，或者单个企业组建工会，仍难以有力有效地开展工资集体协商，只有建立跨企业、全行业、能够代表劳资双方共同利益的协商主体，才能拥有足够的话语权。于是，在建立和完善基层工会的基础上，温岭市打破工会的行政区域界限和企业樊篱，在区域产业集群范围内组建行业工会。

新河镇从万余名职工中推选出了9名代表，于2003年8月组建了长屿羊毛衫行业工会委员会，这是全国第一家行业工会。到2006年底，温岭市共组建了14家行业工会，涉及羊毛衫、水泵、注塑、制鞋、帽业、建材、船舶修造等14个行业，覆盖758家企业、44738名职工，并在7个条件较为成熟的行业推行了工资集体协商制度。

确定合理的工资标准，这是工资集体协商的"核心要件"。以往发生工资纠纷的根源是行业工资标准混杂。针对民营企业工资分配暴露出来的标准千差万别、随意性过大等问题，温岭市在制定行业工资标准时遵循几个原则：一是经集体协商的工资标准不得低于当地政府规定的最低工资水平，以保证劳动者及其家庭成员的基本生活；二是工资标准应基于法定工作时间的正常劳动，不包含加班工资；三是工资标准应充分考虑当地企业职工平均工资水平、居民消费水平以及社会保险缴费；四是工资标准应考虑劳动者的平均劳动消耗。

以新河镇羊毛衫行业为例。该镇首先划分了工种工序，凡无法定量的工种一律实行计时工资，可以定量的工种一律实行计件工资。计时工资标准依据岗位职责、责任大小、劳动强度及贡献大小确定；计件工资主要依据各道工序的必要劳动时间即劳动定额确定。经测定，羊毛衫行业全部生产过程划分为6大工种、59道工序。然后是制定工时定额。针对羊毛衫行业生产工序的特点，把劳动定额确定为工时定额。最后确定计件单价。新河镇羊毛衫行业以当地一般技术工人为参照对象，结合最低工资标准、物价水平及其他行业平均工资水平，标准工资为当地最低工资的156%。考虑到温岭是经济强市，物价水平和平均工资水平较高，计件单价作适当上浮；同时，企业可以根据实际情况适当浮动工资标准，但不得超过10%。

开展民主恳谈会，这是工资集体协商的主要手段。恳谈会具体分成四个阶段：第一阶段，由行业工会代表职工与行业协会代表企业进行民主谈判，平等协商；第二阶段，由行业协会和行业工会分别组织会员企业和各企业职工对第一轮协商结果进行讨论，征求意见，并在此基础上

温岭市新河镇职工代表和企业签署工资协商协议

开展第二轮协商；第三阶段，由行业工会组织召开行业职工代表大会，讨论并通过经协商的计件工资标准和支付等事项；第四阶段，正式签订协议，在劳动关系三方协调委员会主持下，由行业工会代表职工与行业协会签订行业工资协议书，对工资协议的期限、工资标准、工资支付办法等作出明确规定，并报主管部门备案。生效的协议将向各企业和全体职工公布，成为企业与职工签订劳动合同、确定职工工资标准的依据。

建立微调机制和监督机制。对于易受市场、价格、成本等方面因素影响的行业，建立了行业工资集体协商微调机制，行业工会和行业协会约定，每年就行业职工工资（工价）调整进行一次集体协商，保证职工工资（工价）与企业效益的增长相适应。为使工资协议落到实处，温岭市还成立了由镇党委牵头，工业办公室、法庭、劳动保障所、行业工会有关负责人参加的羊毛衫行业工资集体协商监督组。

三、行业工资集体协商的效果

行业工资集体协商制度的实施平衡了劳资关系。新河羊毛衫行业工资集体协商试点工作后，2003 年因劳资纠纷的上访，比 2002 年同期减少了 70%，2006 年以来已基本实现了工资纠纷案件“零”投诉。

工价不明确是各种劳资矛盾的根源。通过开展行业工资协商，使劳动关系中突出的工资问题得以较好解决，规范了企业工资分配行为。新河镇的羊毛衫行业自 2003 年实施行业工资集体协商制度以来，职工工资（工价）逐年提高，年均增幅 5%—12%，到 2007 年，当地职工工资提高到每月 1500 元左右（8 小时工作制）。

行业工资集体协商制度建立后，企业不仅告别了“用工荒”，而且成为了“用工洼地”。在此之前，企业招工难、用人难，根源之一在于“权益荒”，基本表现是“工资低、保障缺、维权难”。行业工资集体协商制度建立后，工资提高了，表面上看增加了企业的劳动成本，实际上工人的工作积极性上来了，工作效率大大提高，在更短的时间内为企业带来更多的收益，最终降低了劳动总成本。

行业工资集体协商制度还改善了行业内用工无序竞争的状态，优化了企业外部发展环境。通过执行民主协商确定的工资标准，充分反映了双方的要求，得到了企业及职工的认可。职工在同行业内任何一家企业都能享受同等的工资待遇，企业内部的劳动关系稳定，从而解决了“工人不满、企业主担忧、政府头疼”的底薪之弊，一定程度上形成了用工的“洼地效应”，使产业集群整体用工状况趋于正常、平稳。

四、相关思考

温岭市行业工资集体协商制度跳出企业，让长期进展缓慢的工资集体协商制度迈开了步子，为劳资矛盾的解决提供了新的思路。但深入思考，在前行中仍有很多问题需要面对和解决。

◆排除对行业工资集体协商制度的认识误区

建立行业工资集体协商制度，并非单纯为了提高劳动报酬，而是促进劳资两利，既避免资方肆意压低和克扣职工工资，也能够促进企业加强人工成本核算，防止过度分配造成企业的发展后劲不足。然而，劳资双方对集体协商的认识都停留在表面，甚至存在误区——“工资集体协商只是为员工争取工资增长”，“工资集体协商是工会组织员工与‘老板’作斗争”。还有某些地方政府出于“政绩”的考虑，出于地方经济发展的需要，对非公有制企业劳动关系主体不健全、工资谈判开展困难等诸多问题，或是置若罔闻，或是偏袒企业一方进行干预阻止，直接阻碍了工资集体协商制度建设。从本案例中，我们可以看到，推行行业工资集体协商，不仅不会加剧企业劳资矛盾，而且还能在一定程度上促进企业的发展。

◆充分发挥政府在工资集体协商中的作用

多数国家的政府在工资集体协商方面的基本责任，概括起来就是法规的制定者、公共利益的维护者和争议的仲裁者。具体说，就是制定规则，完善谈判机制，对协商双方的合法权利予以保护，通过管理部门和司法仲裁推行集体协议，保证法律的执行。我国政府在实施工资集体协商制度中的责任，原则上与上述基本内容是一致的。但基于我国工资集体协商制度具有政府主导推进的特点，在建制工作过程中受一系列复杂的经济、社会条件影响或制约，政府的角色还有其独特性，要适当加强行政监督和干预，在规范劳动关系双方的行为，创造和维护公平的社会环境方面要发挥更大的作用。从本案例中我们不难看到，温岭市政府在行业工资集体协商中发挥了组织、引导、规范的作用。

政府多管齐下确保职工按时足额领工资

思考题

1. 为什么行业工资集体协商会诞生在浙江温岭市？它有何独特的条件？

2. 温岭市的行业工资集体协商与企业工资集体协商的区别和联系表现在什么地方？

案例11　治疗欠薪的一剂良方

湖北省农民胡小东，辛苦打工一年，向工头讨要4000元工钱，却遭到工头无理粗暴的拒绝，盛怒之下，胡小东将汽油泼到自己身上并点燃，欲与工头同归于尽。最后，胡小东经抢救无效死亡，工头被严重烧伤。

一、欠薪酿悲剧

深圳是改革开放的前沿城市，这个市场经济发展较早的城市，外资企业比重大，中小企业发展迅速，这对发展经济、促进就业有很大的贡献。但是受规模和资金的制约，中小企业经营风险较大，破产、歇业以及业主逃匿等情况时有发生。因此，欠付职工工资、欠缴社会保险费的现象时有发生。而外资企业基于资本扩张、获得更多利润的冲动，也时有发生克扣或拖欠员工工资现象。

在深圳市，一些依靠工作赚钱糊口的农民工，因讨要老板拖欠的工资，不惜三番五次，流泪下跪，乃至将自己的未来甚至性命全部都搭了进去。每到年关岁末，都是讨薪事件高发期，也是劳资矛盾凸显的时期。如何有效解决深圳市乃至全国部分企业欠薪问题？如何解决欠薪引发的社会矛盾？成为亟须研究解决的重要课题。

二、试水欠薪保障制度

深圳市借鉴一些发达国家处理欠薪问题的成功经验和做法，由政府介入采用社会共济的方式解决因欠薪而发生的劳资矛盾，建立欠薪保障制度。深圳市政府的介入首先是从政策法规方面入手的。

1995年1月，深圳市开始着手建立欠薪保障制度，《深圳经济特区欠薪保障条例》的制定工作正式启动。《深圳经济特区欠薪保障条例（送审稿）》于1995年5月完成并报送市法制部门，进入立法程序。其间，经过了广泛征求政府有关部门和部分企业的意见、进行调研论证，反复研究、修改、召集企业代表参加征求意见座谈会；并将《深圳经济特区欠薪保障条例（草案）》全文刊登在各大媒体上公开征询意见。

经过研究和论证，《深圳经济特区欠薪保障条例》于 1996 年 12 月 9 日颁布，自 1997 年 1 月 1 日起实施。《深圳经济特区欠薪保障条例》的制定为欠薪保障制度的实施提供了法律依据。

但是仅仅有法可依是不够的，关键还是把制度落到实处。那阵子，农民工们眼巴巴盼望这股“救命之风”能早点吹过来。那么，欠薪保障制度具体将如何施行呢？政府这次有什么新方法来治疗欠薪“顽疾”呢？深圳市政府主要从管理机构的设立、欠薪保障基金的来源、资金缴罚等几方面抓落实。

——建立“反欠薪大本营”，设立欠薪保障基金委员会。委员会主要由市劳动保障、财政、工会、商会等方面代表组成，具体职责有：负责欠薪保障基金日常管理工作；监督检查用人单位缴纳欠薪保障费情况；定期向欠薪保障基金委员会报告欠薪保障基金收支情况；指导、监督区劳动行政部门的欠薪保障工作。

——老板要跑？钱先拿来。欠薪保障基金的来源是企业缴纳的欠薪保障费及其利息收入。每年每个企业只需缴纳一次，标准为每个企业每年缴纳 400 元，由市社会保险经办机构负责代征。欠薪保障基金纳入财政专户管理，实行收支分离。欠薪保障基金除用于垫付符合本条例规定的欠薪外，不得用于其他用途。

——被欠员工，按程序领钱。员工申请欠薪垫付的条件有两个：人民法院依法受理破产申请；法定代表人或者主要负责人隐匿或者逃逸。同时还规定，员工应当在知道或者应当知道上述规定情形之日起 30 天内，向区劳动行政部门提交书面申请。用人单位发生欠薪，有上述情形之一，员工就可以向区劳动行政部门提出欠薪垫付申请。垫付欠薪的标准是按月计算垫付欠薪的金额，垫付标准按照深圳市上年度职工月平均工资的 60% 计算。以 2008 年为例，垫付的最高限额为 1940 元 / 月（3233 元 ×0.6 ≈ 1940 元）。欠薪月数不超过 6 个月的，垫付欠薪按照实际欠薪月数计算；

超过6个月的，按照6个月计算。垫付欠薪的程序是员工申请；然后取证审批；最后领取垫薪。员工领取垫付欠薪后，区劳动行政部门取得已垫付欠薪部分的追偿权；未获垫付的欠薪，员工有权继续追偿。譬如，某企业拖欠某员工1个月工资2500元，该员工已获得欠薪保障基金垫付欠薪1940元，那么，区劳动行政部门就取得1940元的追偿权；其余的560元，员工有权继续追偿。

刑法修正案（八）治理“恶意欠薪”（漫画）

——治病不如防病，罚款横刀拦路。建立欠薪保障制度只是对欠薪的后续补救措施，实际上治病不如防病；对欠薪用人单位及其法定代表人的处罚是预防欠薪事件发生、制约和警示老板们继续欠薪的关键。首先，用人单位法定代表人或者主要负责人隐匿或者逃逸的，在按照《深圳经济特区欠薪保障条例》规定垫付欠薪后，由区劳动行政部门对用人单位法定代表人或者主要负责人处以欠薪垫付数额25%的罚款。其次，加强舆论监督和震慑作用。市劳动保障部门向社会公布被垫付欠薪用人单位名称、地址、欠薪和垫付金额等情况；用人单位法定代表人或者主要负责人隐匿或者逃逸的，公布其姓名并通知相关机构录入企业或者个人信用征信系统。

三、欠薪顽疾有药可医

深圳市欠薪保障条例，是以立法的形式集中建立保障基金，对提供了劳动应取得而因为法定情形出现未能取得一定时期工资的企业员工，先行垫付一定数额的工资，确保其基本生活的一种社会共济制度。

自1997年《深圳经济特区欠薪保障条例》实施以来，截至2008年底，深圳运用欠薪保障基金垫付用人单位欠薪479宗，垫付金额11989万元，涉及员工 58932 人。依法快速处理了因用人单位逃薪引发的群体性事件。特别是 2008 年受国际金融危机的不利影响，深圳市企业欠薪逃匿事件明显增加，欠薪保障制度发挥了维权维稳的重要作用。据统计，2008 年 1 月至 12 月底，深圳市启动欠薪保障基金垫付企业逃薪案件 96 宗，垫付金额 4412 万元，涉及员工 13500 人，较 2007 年分别增长 128%、252%、192%。

欠薪保障制度的实施，保护了民工的合法权益，维护了劳资关系稳定。欠薪垫付，员工的基本生活问题得到了解决。许多员工在提出欠薪垫付申请时，生活已相当困难，很难维持基本生存问题。劳动部门通过垫付欠薪，缓解了员工的生活困难。

政府出面追偿欠薪，有效地维护了劳动者的合法权益。由于劳动部门依靠《深圳经济特区欠薪保障条例》向员工垫付了企业欠薪，从而代为员工行使欠薪追偿权，变企业对员工的欠薪为企业对政府的欠薪，避免员工个人追偿欠薪时的弱势地位，有效地维护了劳动者的合法权益。

欠薪追偿规范化，促进了劳动关系和谐和社会稳定。由劳动争议仲裁部门予以受理的劳资纠纷欠薪案有一个共同点，就是一般涉及人数多、来势急、影响大，容易出现矛盾激化，因此，对一些情况紧急、矛盾尖锐或员工生活比较困难的劳资纠纷，劳动部门不墨守成规，坐等劳动争议仲裁后才进行处理，而是在被诉企业与劳动者之间的债权、债务关系已经查明，或双方对欠薪均无异议时，即依照《深圳经济特区欠薪保障条例》有关规定及时予以垫付。这样就避免了矛盾的进一步升级，有效地防止了事态的进一步恶化，维护了社会稳定。

四、深圳市欠薪保障模式引发的思考

深圳市欠薪保障条例施行十几年来，为解决欠薪问题发挥了重要作用，也引发我们更多的思考。

思考一：社会共济是欠薪保障模式的一种有益探索

以往解决欠薪问题主要体现在一事一议、就事论事上，但是这种被动的方式常常让农民工饱受痛苦，也让政府疲于奔命，经常扮演救火队的角色，也对政府财政带来巨大的压力。深圳市的欠薪保障制度是一种预防为主、防治结合的方式。这种社会共济制度防患于未然，可以有效减少欠薪对劳动者的损害、维护社会的稳定和谐。

深圳市农民工领取欠薪

思考二：欠薪保障制度需要相应的法律支持

目前，深圳、上海等地以地方性法规和规章的形式建立了欠薪保障制度。建立欠薪保障制度意义重大，但涉及直接或者间接向企业征收费用，事关企业的财产权，而且资金的管理使用等环节也面临着一系列的法律问题。因此，需要通过立法加以确立和规范，进一步保证欠薪保障制度的实施。

思考三：根治欠薪还需要从预防欠薪行为入手

欠薪保障制度受欠薪保障范围、欠薪垫付时效及欠薪垫付程序等的限制，因此并不是所有的企业欠薪行为都能得到保障。为此，一方面需要加大对欠薪行为的劳动监察执法力度，另一方面需要加大对欠薪企业和个人的处罚力度，综合利用行政、经济、法律以及社会舆论监督等各种手段，从根本上预防欠薪事件的发生。

思考题

1. 欠薪保障制度的执行需要多种手段的综合使用，结合本地实际，你认为其中最重要的手段是什么？

2. 有人说企业缴纳欠薪保障费是变相增加企业负担，你的看法是什么？

第三章
卫　生

PART 3

概　述

医药卫生事业是造福于人民的事业。医药卫生事业关系亿万人民健康，关系千家万户幸福，关系经济发展和社会和谐，关系国家前途和民族未来，是一个十分重大的民生问题。建立健全覆盖城乡居民的基本医疗卫生制度，为群众提供安全、有效、方便、价廉的医疗卫生服务，是党和政府义不容辞的责任，是保障和改善民生、促进人的全面发展的必然要求，是全面建设小康社会、加快推进社会主义现代化的重要任务。

一、卫生工作方针和重点

我国卫生事业是政府实行一定福利政策的社会公益事业。新时期卫生工作的方针是：以农村为重点，预防为主，中西医并重，依靠科技与教育，动员全社会参与，为人民健康服务，为社会主义现代化建设服务。医疗卫生的重点工作是：

（一）防治重大疾病，广泛开展爱国卫生运动

（1）贯彻落实《中华人民共和国传染病防治法》，控制传染病流行。（2）开展计划免疫，扩大国家免疫规划疫苗种类。（3）加强寄生虫病和地

方病防治，控制血吸虫病、疟疾、包虫病、黑热病和食源性寄生虫病等疾病流行。（4）做好慢性病、职业病防治和精神卫生工作。（5）开展爱国卫生运动，开展卫生城市和卫生城镇创建工作。（6）进行环境与健康研究，减少环境污染对居民健康的危害，控制水源性疾病发生。

（二）推进新型农村合作医疗制度建设，加强农村卫生工作

加强新型农村合作医疗制度建设，实现新型农村合作医疗制度基本覆盖农村居民。实施《农村卫生服务体系建设与发展规划》，加强农村医疗卫生基础设施建设，巩固和健全县、乡、村三级医疗卫生服务体系。加强农村初级卫生保健工作。

（三）大力发展城市社区卫生服务，为居民提供安全、有效、方便、价廉的基本卫生服务

对城市医疗卫生资源结构调整，建立以社区卫生服务为基础、社区卫生服务机构与预防保健机构和医院合理分工、密切协作的新型城市卫生服务体系。坚持政府主导，鼓励社会力量参与发展社区卫生服务。

（四）加强妇幼卫生工作，提高出生人口素质

降低孕产妇死亡率；降低婴儿及5岁以下儿童死亡率；降低出生缺陷发生率。

（五）加强医疗机构管理，提高医疗服务质量

加强医疗卫生行业监管，整顿和规范医疗服务秩序。以医疗质量和医疗安全为核心，严格医疗机构、技术准入，加强医务人员执业资格管理。加强医疗机构监管，提高医疗服务质量，确保医疗服务安全。规范医疗服务行为，坚持合理检查、合理用药、因病施治。改善患者就诊环境，优化服务流程，方便群众就医。杜绝非法采供血，加强临床科学合理用血管理，确保血液安全。加强对医疗机构的评价和考核。

（六）加强城乡卫生队伍建设，开展医学科技研究

贯彻落实《中共中央　国务院关于进一步加强人才工作的决定》，实施《中国2001—2015年卫生人力发展纲要》，加强卫生人才建设。加强应用医学研究、高新技术研究和基础研究，大力推广适宜技术。

（七）发展中医药事业，发挥中医药特色优势和重要作用

坚持中西医、中西药并重，实现中西医药协调发展。遵循中医药发展规律，做好中医药继承和创新工作。制定扶持中医药发展的政策措施，加大政府对中医药事业的投入，建立和完善中医药服务网络，加强农村和社区中医药工作，积极推广中医药适宜技术，扩大中医药服务领域。

（八）开展全民健康教育，积极倡导健康生活方式

加强全民健康教育，开展公共卫生、保健和营养知识宣传，倡导健康有益的行为方式。履行《烟草控制框架公约》，降低人群吸烟率。

二、卫生事业发展现状

改革开放30多年来，居民健康水平不断提高，主要健康指标已处于发展中国家的前列。

（一）医疗卫生服务体系

2009年底，在我国医疗卫生机构中，医院2.03万家、城市社区卫生服务中心2.73万个、乡镇卫生院3.84万个、村卫生室63.2万个，全部卫生人员数达到784万人。城市医院与社区卫生服务机构分工协作的新型城市医疗卫生服务体系逐步建立，在全国所有地级以上城市、98%的市辖区和93%的县级市开展了社区卫生服务，农村三级卫生服务网络建设不断加强。

（二）公共卫生服务体系

以预防和控制重大疾病为重点，大力建设公共卫生服务体系。特别是2003年防治非典之后，工作力度进一步加大，目前已基本建成覆盖城乡、功能比较完善的疾病预防控制、应急医疗救治体系和卫生监督体系。对艾滋病、结核病、血吸虫病等重大传染病患者实行免费药物治疗，有效控制了危害广大人民群众健康的重大传染病。

（三）基本医疗保障体系

我国城镇职工基本医疗保险、城镇居民基本医疗保险和新型农村合作医疗，已经覆盖4.29亿城镇职工和城镇居民以及8.34亿农村居民。特别是近几年，新型农村合作医疗制度快速推进，筹资水平不断提高，管理制度

日趋完善，保障水平稳步提高。到2009年底，新农合覆盖县数达2716个，覆盖全国所有含农业人口的县（市、区），提前2年实现了制度全覆盖的目标。医疗保障制度为广大城乡居民提供了化解医疗风险的保护屏障，使越来越多的居民摆脱了“因病致贫”和“因病返贫”的困境。

（四）药品供应保障体系

药品品种、数量和质量已基本满足国内需求。建立了行政监管与技术监管相结合，社会监管为有效补充的监管体系，全国有食品药品监管行政机构近2700个，技术机构约1000个，监管人员6.4万人；农村药品监督网点57.8万个，兼职农村药品协管队伍共计61.1万人。构建了以各级药品检验检测、审评审批、评价监测等机构为主的技术支撑体系，建立了农村药品监督网和药品供应网，药物不良反应监测体系和制度逐步完善。

（五）中医药服务

截至2009年，全国已有2728所中医医院；床位数达38.56万张；绝大多数综合医院设有中医药科室，72%的乡镇卫生院、92%的社区卫生服务中心和54.7%的社区卫生服务站能为群众提供中医药服务。初步形成了城市以中医院为中心、社区中医药服务为发展方向，农村以县级中医医院为龙头、以乡镇卫生院为枢纽、以村卫生室具备中西医两法乡村医生为基础的中医药服务网络。2009年，全国中医医院诊疗人次达3.01亿，入院人次1.03亿，较好地满足了居民的需求。

（六）卫生法制化建设

国家从保护公民基本健康权益出发，加强卫生法制建设，规范医疗服务行为和卫生行政执法行为。改革开放30多年来，全国人大常委会通过了《中华人民共和国传染病防治法》、《中华人民共和国食品卫生法》、《中华人民共和国母婴保健法》等10部有关卫生方面的法律。国务院颁布实施了《医疗机构管理条例》、《公共场所卫生管理条例》等37部行政法规。卫生部制定印发了《处方管理办法》等180余件部门规章，组织制定了1800余项卫生标准。这些法律法规对于规范医药服务行为、保障人民健康、促进经济社会发展发挥了重要作用。

三、深化医药卫生体制改革目标和近期重点

从现在到2020年，是我国全面建设小康社会的关键时期。党的十七大提出了到2020年人人享有基本医疗卫生服务的目标，作出了建设基本医疗卫生制度，提高全民健康水平的重大决策。2009年3月，我国制定发布了两个医改文件：《中共中央 国务院关于深化医药卫生体制改革的意见》和国务院《医药卫生体制改革近期重点实施方案（2009—2011年）》，明确了今后一个时期我国卫生工作的基本方向和重大方针政策。

（一）深化医药卫生体制改革的指导思想、基本原则和总体目标

深化医药卫生体制改革的指导思想：以邓小平理论和“三个代表”重要思想为指导，深入贯彻落实科学发展观，从我国国情出发，借鉴国际有益经验，着眼于实现人人享有基本医疗卫生服务的目标，着力解决人民群众最关心、最直接、最现实的利益问题。坚持公共医疗卫生的公益性质，坚持预防为主、以农村为重点、中西医并重的方针，实行政事分开、管办分开、医药分开、营利性和非营利性分开，强化政府责任和投入，完善国民健康政策，健全制度体系，加强监督管理，创新体制机制，鼓励社会参与，建设覆盖城乡居民的基本医疗卫生制度，不断提高全民健康水平，促进社会和谐。

深化医药卫生体制改革的基本原则：医药卫生体制改革必须立足国情，一切从实际出发，坚持正确的改革原则。

——坚持以人为本，把维护人民健康权益放在第一位。坚持医药卫生事业为人民健康服务的宗旨，以保障人民健康为中心，以人人享有基本医疗卫生服务为根本出发点和落脚点，从改革方案设计、卫生制度建立到服务体系建设都要遵循公益性的原则，把基本医疗卫生制度作为公共产品向全民提供，着力解决群众反映强烈的突出问题，努力实现全体人民病有所医。

——坚持立足国情，建立中国特色医药卫生体制。坚持从基本国情出发，实事求是地总结医药卫生事业改革发展的实践经验，准确把握医药卫

生发展规律和主要矛盾；坚持基本医疗卫生服务水平与经济社会发展相协调、与人民群众的承受能力相适应；充分发挥中医药（民族医药）作用；坚持因地制宜、分类指导，发挥地方积极性，探索建立符合国情的基本医疗卫生制度。

——坚持公平与效率统一，政府主导与发挥市场机制作用相结合。强化政府在基本医疗卫生制度中的责任，加强政府在制度、规划、筹资、服务、监管等方面的职责，维护公共医疗卫生的公益性，促进公平公正。同时，注重发挥市场机制作用，动员社会力量参与，促进有序竞争机制的形成，提高医疗卫生运行效率、服务水平和质量，满足人民群众多层次、多样化的医疗卫生需求。

——坚持统筹兼顾，把解决当前突出问题与完善制度体系结合起来。从全局出发，统筹城乡、区域发展，兼顾供给方和需求方等各方利益，注重预防、治疗、康复三者的结合，正确处理政府、卫生机构、医药企业、医务人员和人民群众之间的关系。既着眼长远，创新体制机制，又立足当前，着力解决医药卫生事业中存在的突出问题。既注重整体设计，明确总体改革方向目标和基本框架，又突出重点，分步实施，积极稳妥地推进改革。

深化医药卫生体制改革的总体目标：建立健全覆盖城乡居民的基本医疗卫生制度，为群众提供安全、有效、方便、价廉的医疗卫生服务。到2011年，基本医疗保障制度全面覆盖城乡居民，基本药物制度初步建立，城乡基层医疗卫生服务体系进一步健全，基本公共卫生服务得到普及，公立医院改革试点取得突破，明显提高基本医疗卫生服务可及性，有效减轻居民就医费用负担，切实缓解“看病难、看病贵”问题。到2020年，覆盖城乡居民的基本医疗卫生制度基本建立。普遍建立比较完善的公共卫生服务体系和医疗服务体系，比较健全的医疗保障体系，比较规范的药品供应保障体系，比较科学的医疗卫生机构管理体制和运行机制，形成多元办医格局，人人享有基本医疗卫生服务，基本适应人民群众多层次的医疗卫生需求，人民群众健康水平进一步提高。

（二）医药卫生体制改革近期五项重点工作

近期改革重点突出基本、基础和基层，2009年至2011年着力抓好“四项基本和一项试点”五项重点改革。

1. 加快推进基本医疗保障制度建设

基本医疗保障制度全面覆盖城乡居民，3年内城镇职工基本医疗保险、城镇居民基本医疗保险和新型农村合作医疗参保（合）率均达到90%以上；城乡医疗救助制度覆盖到全国所有困难家庭。以提高住院和门诊大病保障为重点，逐步提高筹资和保障水平。做好医疗保险关系转移接续和异地就医结算服务。完善医疗保障管理体制机制。有效减轻城乡居民个人医药费用负担。

2. 初步建立国家基本药物制度

建立比较完整的基本药物遴选、生产供应、使用和医疗保险报销的体系。2009年，公布国家基本药物目录；规范基本药物采购和配送；合理确定基本药物的价格。从2009年起，政府举办的基层医疗卫生机构全部配备和使用基本药物，其他各类医疗机构也都必须按规定使用基本药物，所有零售药店均应配备和销售基本药物；完善基本药物的医保报销政策。保证群众基本用药的可及性、安全性和有效性，减轻群众基本用药费用负担。

3. 健全基层医疗卫生服务体系

加快农村三级医疗卫生服务网络和城市社区卫生服务机构建设，发挥县级医院的龙头作用，用3年时间建成比较完善的基层医疗卫生服务体系。加强基层医疗卫生人才队伍建设，特别是全科医生的培养培训，着力提高基层医疗卫生机构服务水平和质量。转变基层医疗卫生机构运行机制和服务模式，完善补偿机制。逐步建立分级诊疗和双向转诊制度，为群众提供便捷、低成本的基本医疗卫生服务。

4. 促进基本公共卫生服务逐步均等化

国家制定基本公共卫生服务项目，从2009年起，逐步向城乡居民统一提供疾病预防控制、妇幼保健、健康教育等基本公共卫生服务。实施国家重大公共卫生服务项目，有效预防控制重大疾病及其危险因素，进一步提高突发重大公共卫生事件处置能力。健全城乡公共卫生服务体系，完善公共卫生服务经费保障机制，2009 年人均基本公共卫生服务经费标准不低于 15 元，到 2011 年不低于 20 元。加强绩效考核，提高服务效率和质量。逐步缩小城乡居民基本公共卫生服务差距，力争让群众少生病。

5. 推进公立医院改革试点

改革公立医院管理体制、运行机制和监管机制，积极探索政事分开、管办分开的有效形式。完善医院法人治理结构。推进公立医院补偿机制改革，加大政府投入，完善公立医院经济补偿政策，逐步解决“以药补医”问题。加快形成多元化办医格局，鼓励民营资本举办非营利性医院。大力改进公立医院内部管理，优化服务流程，规范诊疗行为，调动医务人员的积极性，提高服务质量和效率，明显缩短病人等候时间，实现同级医疗机构检查结果互认，努力让群众看好病。

案例12 “控费”公立医院能否有所为?

福建省立医院在“医院管理年”活动中，围绕让老百姓“看好病、少花钱”的目标，重点抓合理用药、合理检查、因病施治。院医务部组织专家对病历处方质量、抗菌药物使用情况进行专项检查。对全院抗菌药物使用实行分级管理，院纪委、药剂科、医务部、计算机中心等定期对专科用药量最多的前几名药品和前几位医生进行专项检查与分析，对医保病人的用药情况进行计算机跟踪分析，发现问题及时处理。加强药品购销和使用的管理。活动开展后，全院参加招标药物的覆盖面达92%，金额占医院购药总量的84.7%，中标药品价格比招标前降幅达39%。药品收入占医院总收入的比例也从1999年前的67%下降至目前的51%左右。

一、医院管理——工作切入点

面对社会普遍反映的看病贵问题，福建省卫生厅作了专项调查，结果显示，2001年至2004年，福建省县及县以上医院出院患者平均医药费用年增长速度为11.5%，而这一时期城镇居民可支配收入的年平均增幅为10.7%，农民人均纯收入增幅仅为6%，医药费用的增长速度远远超出了人民群众经济收入的增长速度。调查还显示，2004年，当地城镇居民人均可支配收入为1.11万元，而同期省级医院出院患者平均费用为1.103万元，这意味着，患者住一次院，基本上要花掉他们一年的全部收入，并且当地居民个人医疗现金支出占卫生总费用的比例一直在50%以上的高位。

医疗费用过快增长的原因究竟在哪里？公立医院职责定位不清、内部管理不够规范是否是一个重要原因？福建省卫生厅在经过调查之后得出了肯定的答案，遂决定从公立医院内部管理入手控制医药费用的不合理增长。

2005年4月，卫生部和国家中医药管理局提出在全国开展医院管理年活动，以病人为中心，以提高医疗服务质量为主题，追求社会效益，维护群众利益，保证医疗质量和医疗安全，坚持公立医院公益性，提高服务水平，降低医药费用。福建省卫生厅组织医政、计财、监察等有关部门，认真分析医疗费用增长过快的症结所在，将医院管理年活动和控制医药费用增长工作联动起来，针对费用增长过快的不合理因素，提出“在当前医药卫生体制和机制不变的情况下，通过加强医疗行业的管理，控制医疗费用的过快增长”的工作目标。

二、控费“组合拳”

福建省提出 5 项控制医药费用增长的指标，拟定了不同阶段的目标：2005 年至 2006 年实行“每门诊人次收费水平”和“出院者平均医药费用”两项指标的“零增长”（各医疗机构的人均医疗费用不高于 2004 年水平）；2007 年以后实行控制增长，各医疗机构人均医药费用的增长幅度不高于当地城镇居民人均可支配收入的增长幅度。

要使医疗费用“零增长”，靠单一措施很难实现。为此，福建省卫生厅打出了控费“组合拳”：

之一：做好相关利益者的思想工作

控制医药费用增长会涉及医院和职工的切身利益，提高职工的思想认识至关重要。2005 年 4 月，福建省卫生厅召开全省医疗机构“加强医院管理，提高医疗服务质量，控制医药费用增长”电视电话会议。会议要求全省各级各类医疗机构必须认识合理控制医疗费用增长工作的重要性和紧迫性，端正办院宗旨和办院方向，把社会效益放在首位，正确处理合理控制医疗费用增长与医院发展的矛盾。并要求各医院将会议精神传达到每一位职工，做到人人皆知、人人参与。卫生厅还规定医院院长要作为“零增长”控制目标的第一责任人，对本院合理控制医疗费用增长工作负总责，对工作不力、效果不明显的要追究其行政责任。此外，卫生厅还制定奖罚办法，规定在年终核查时，对收费超过控制指标的医院，将其超出部分全部上缴同级卫生行政部门，统筹用于公共卫生、农村卫生和人才培养。

之二：将活动开展效果与医院评审挂钩

将控制费用增长与医院评价和评审工作相结合，两项工作同安排，同部署，同检查，同落实。控制费用增长工作不落实、没有取得成效的医院，不能评先评优。为建立合理控制医药费用增长的长效机制，福建省卫生厅在制定医院评审和评价方案时，把合理控制费用增长工作的具体要求和措施，特别是加强医院管理、规范医疗行为等作为医院评价标准和医院评审实施方案的重要指标。这一措施，快速推进了全省合理控制医药费用增长工作的进程。

之三：采取措施整顿医疗行为

福建省卫生厅发现，医药费用过快上涨集中体现在医院的“不合理检查”、“不合理治疗”和“不合理用药”上，于是他们将此作为工作的切入点。

合理控制药费。通过多种形式，如举办培训班、研讨会及医院管理论坛等不断强化医务人员合理用药，特别是合理使用抗菌素的职业观念，要求各级医院结合实际制定《抗菌药物临床应用实施细则》，建立处方点评制度和不合理用药通报制度等临床用药管理制度和措施。此外，为督促医院贯彻落实合理用药的制度和措施，进行合理用药督查，每一次督查的结果都以现场或事后书面反馈到医院，要求医院进行整改。经过反复督查和整改，各医疗机构合理用药合格率得到了明显提升。同时，还开始探索建立基本用药制度。2008 年，制定下发了《福建省医疗机构基本用药目录》，确定了 24 个大类 903 种基本药物为福建省医疗机构基本用药目录，

福建省卫生厅医院管理年专项督查省立医院汇报会

要求各级医院依据该目录制定医院处方集，指导并规范医院临床用药行为。

合理控制检查费用。福建省将推广医疗机构间检验和检查结果的互认作为合理控制检查费用的一项重要措施。2006年，依据《卫生部办公厅关于医疗机构间医学检验、医学影像检查互认有关问题的通知》，福建省结合自身实际，制定并下发了《福建省卫生厅关于医疗机构间医学检验、医学影像检查互认的若干意见》，在三级综合医院开展了医学检验和医学影像检查互认试点工作，并逐步在全省推开。这一举措不仅促进了合理、有效地利用卫生资源，还减轻了患者的负担。

之四：发挥社会监督作用

医院的“灰色收入”是老百姓对公立医院关注的一个焦点问题，也是助推医疗费用增长的内因之一。福建省卫生厅在抓外在因素的同时，也抓了医院行风和医务人员内在素质的建设。为此，开展一系列活动加强医院行风建设和卫生队伍建设。例如，向省卫生系统医德医风先进人物“人民健康好卫士”夏美琼同志学习的专题教育活动，组织夏美琼先进事迹报告团在全省巡回报告，用先进人物事迹教育广大医务工作者，并在全省开展为期3个月的医德医风集中教育活动；实施《福建省医务人员医德考评实施办法（试行）》，从制度上促进医务人员树立良好的医德医风和职业道德。

此外，卫生厅建立统一的价格库，规定医院按要求改造收费信息系统，向患者免费提供费用清单；建立信息公示制度，通过电子触摸屏、电子显示屏、价目表、价目本等方式公示医疗服务价格；建立出院病人费用审查制度，对每一位出院病人病历的医嘱、检查报告单、费用清单等“三单”进行核对，有效遏制分解收费、重复收费、乱收费及漏收费的现象。

三、基本实现“零增长”

通过采取一系列的改进措施，福建省各级医疗机构进一步明确了办院宗旨和办院方向，调整了医院管理模式。由以往通过简单扩大医院规模、增添高精尖医疗设备来增加医院收入的粗放经营方式，开始向通过加强医院内部管理制度建设来促进医院健康持续发展。

2005 年至 2006 年实现零增长，2007 年后实行控制增长，增长幅度不超过人均 GDP 增长幅度，实现了预期目标。3 年多来，全省县级以上公立医院中，95.6% 达到每门诊人次收费水平控制指标，88.4% 达到出院者平均医药费用控制指标，85.6% 达到两项指标控制要求。平均每门诊人次收费水平从 2004 年的 110 元下降到 2006 年的 104 元和 2007 年的 108.55 元，2008 年为 115.74 元；出院者平均医药费用从 2004 年的 4900 元下降到 2006 年的 4700 元和 2007 年的 4867.69 元，2008 年为 5239.61 元，费用控制效果明显。

武夷山市实行药品零差价

医院收费行为趋于规范，全省县级以上医院收费抽查准确率由 2005 年的 93.93% 提高到 2007 年 97.52%。医院收入结构更趋合理，医院总收入中，全省县级以上医疗机构药品收入占业务收入的比例逐年下降，从 2004 年的 50.88% 下降到 2007 年的 46.31%。

全省各医院使用医保目录内药品比例提高，大型设备检查、特殊检查得到合理控制，医药费用保持合理增长，确保了医疗保险和新型农村合作医疗基金合理使用。2009 年，福建省医保改革领导小组决定在全省范围内下调目录内诊疗项目和药品的自付比例，各地也相应提高新型农村合作医疗报销比例，给群众带来了实实在在的利益。

事例：福建省立医院通过管理年活动促进了医院的整体工作。2005 年，全年门诊量达 114.10 万人次，住院量达 2.83 万人次，同比分别增长 8.19% 和 7.05%。每门诊人次平均医药费用 158.1 元，同比下降 1.16%。全院 6—12 月出院人次平均费用 12619.99 元，低于 2004 年（12779.07 元）的水平，基本实现省卫生厅提出的“两个零增长”目标。在多次病人问卷调查中费用清单服务满意率均为 100%。

四、“零增长”带来的启示

福建省在2006年实现了医疗费用“零增长”的目标，在此后的两年里，医疗费用过快增长的势头也得到有效控制，为医疗行业加强自身管理、降低医疗费用进行了有益的探索。

启示一：控制费用成本，医院可以有所作为

群众看病贵，既有外因，也有内因。医药体制、医保制度等相关制度的不完善，是“看病贵”的重要外部因素。要从根本上解决“看病贵”问题，需要下大力气、动大手术改革相关制度。但在现行体制下，从提高医疗机构自身管理水平和工作效率入手，建立内部有效的工作机制，使医疗机构自觉承担起合理用医用药的责任，控制医药费用不合理增长，医院也是可以有所作为的。

启示二：解决“看病贵”需要建立长效机制

从长期来看，要有效解决医疗费用过快增长的问题，需要在政府投入、医疗服务成本及医务人员价值三者中寻找最佳结合点，建立既能调动医务人员工作积极性，又能行使医疗保障服务功能，使群众看得起病、吃得起药的制度和机制。同时，也需要整个社会的共同参与，提高预防保健意识，有效降低疾病发病率，减少医药费支出。为此，中共中央、国务院在医药卫生体制改革的相关文件中，提出了建立覆盖全体人民群众的基本医疗保障制度，加快公立医院改革进程，增加政府对医疗投入等解决“看病贵”问题的长效机制的基本思路。

思考题

1. 在现行体制下，医疗卫生部门面对“看病难、看病贵”问题如何有所作为？

2. 公立医院应当如何处理控制医药费用与医疗质量、医疗安全的关系？

案例 13　艾滋病　可怕的回忆

20 世纪 90 年代末，河南省上蔡县突然出现大批艾滋病病人并集中死亡的现象。一时间，社会上传言四起，民众恐慌、矛盾激化、群体上访等问题不断出现，当地经济社会发展面临考验，国际社会也纷纷关注。

一、“怪病”出现

上蔡县隶属于河南省驻马店市，现辖 24 个乡镇、459 个行政村（居委会），面积 1517 平方公里，人口 148 万人，是一个平原农业大县，也是国家扶贫开发工作重点县。20 世纪 80 年代末、90 年代初，随着市场经济大潮席卷全国，搞活经济、发家致富的风潮也在农村涌动着。整日在地里劳作的农户们心里盘算着怎么才能快速赚到钱的门路。1992 年前后，卖血成为一些人的“致富”捷径。

然而，不幸悄然而至。1997 年和 1998 年两年间，上蔡县城周边的一些村庄相继出现了一种“怪病”：患病者大多出现低热、腹泻、口腔溃疡、消瘦等症状，久治不愈，且开始出现一些不明原因的死亡病例。邵店乡郭屯村村民吴某刚刚 30 岁，那年初她开始出现症状，不到半个月便离开了人世，抛下了年幼的儿子和相爱的丈夫。与吴某类似的情况，在当时已经不是个例，有的村庄甚至出现了病人集中死亡的现象。

卫生部派专家进行调查，发现上蔡县发生的病例主要是由既往不规范采供血造成的艾滋病病毒感染。

由于当时上蔡县一些村庄发现了越来越多的艾滋病病毒感染病例，且死亡病例增多，而当地群众对艾滋病知之甚少，所以造成了群众的恐慌。一些艾滋病病毒感染者和病人家属开始上访，甚至围攻政府，严重影响到县里的正常工作。国外一些对中国怀有偏见或敌意的组织甚至混淆视听，把上蔡县的艾滋病村丑化成人间地狱，借此攻击中国政府。

二、摸清疫情

事态的发展令当地党委、政府始料不及。当时既没有艾滋病检测技术和治疗药物，也没有防治经验可借鉴，更不了解疫情底数，上蔡县面临的压力越来越大。

上蔡县决定对全县既往有偿供血人员进行一次全面普查。但普查艾滋病的消息一传出，一部分村民便担心害怕起来，不但怕自己被查出感染艾滋病后受歧视，更怕影响子女上学、就业和婚嫁。因此，有的根本不去查，有的估计自己已被感染，干脆躲了起来，还有外出打工的，更是不愿返乡接受普查。

事例：齐海乡马安村外出村民马某，经调查和“回头看”被确认为既往有偿供血人员。但与马某联系后，他拒不承认卖血史，更不愿意返乡。该村党员干部就一次次上门，与其家属促膝谈心，通过电话和信件给马某讲政策、讲利害关系，打消了他的顾虑，返乡参加了检测。

全县共普查群众 303512 户，普查登记既往有偿供血人员 41486 名，检出艾滋病病毒感染者 5827 人，其中已经发病 4840 人。

三、救治救助

◆专病专医

如此大量的病人需要治疗，生活贫困的病人家庭需要救助，艾滋病疫情亟须控制。上蔡县采取专病专医的办法，自筹资金对艾滋病病人进行应急的免费抗机会性感染（对症）治疗。随着被发现的病人数量增多，防治所需的人力、物力和财力都超出了当地政府的承受能力，此时，省政府下拨的 1800 万元艾滋病防治专款到位。

为方便艾滋病病人就诊，上蔡县在芦岗乡文楼村建起了第一个艾滋病治疗定点村卫生室，并抽调县乡两级骨干医生到文楼村卫生室轮流工作，每天救治 200 多病人；为改善高发村病人的就医条件，2002 年和 2003 年，上蔡县在 22 个高发村全部建立了重点村卫生室；在市、县专家组的巡回指导下，积极组织乡村两级卫生人员到一线工作，为病人提供免费、上门的治疗服务，并对所有感染者和病人建立疫情档案及病例档案。随后，在卫生部的支持下，上蔡县对基层干部进行了艾滋病预防知识培训，对临床医生进行了艾滋病治疗技术培训。

◆购药代金券

由于在免费发放药物过程中，一些病人多领药，发出的药品大大超出实际需要，从而造成药品的严重短缺。为了加强药品管理，避免药品浪费，上蔡县按病情程度向艾滋病病人发放不同金额的购药代金券。病人可持券，凭防疫站证明、村委会证明和个人身份证到所在村卫生所、乡卫生院或县级定点医疗机构就诊领药。然而，发放购药代金券办法一实行，问题又来了，有人用代金券换食品、换酒，甚至用来换取现金。于是，上蔡县又推出了个人账户与重病统筹相结合的管理模式，为每个现症病人设立一个账户，采取对账户余额部分按比例给予奖励的办法，不仅保证了病人得到及时有效的治疗，而且节约了救治经费。

◆抗病毒治疗

尽管对症治疗的抗机会性感染药物在一定程度上能够缓解病情，但要长时间维持病人生存，提高其生活质量，还必须进行抗病毒治疗。

此时，国际组织援助的少量进口抗病毒药物投向上蔡县，开展了抗病毒药物治疗的试点工作。三个月后，药物在病人身上见效。那些没有得到抗病毒药物治疗的病人见此情况，不平衡心理产生，不满情绪加重，强烈要求服用抗病毒药物。而当时正值大量艾滋病病毒感染者进入集中发病期，全县出现了较多重症病人及死亡病例。其中最为典型的后杨村，两天时间内竟埋葬了 7 例死亡病人。群众原本已经平和的情绪又出现了不稳，出现了病人打砸卫生室、辱骂医务人员等情况，甚至发生冲击政府机关的现象。

上蔡县一方面依法处理违法行为，另一方面积极解决药品供应问题。

在卫生部等有关部委的努力下，2003 年 3 月，我国实现了抗病毒药物的国产化，使药品供应有了稳定的来源。在这一时期，国家出台了针对艾滋病防治的“四免一关怀”政策[①]，艾滋病防治工作出现了重大转机。

很快，大规模的抗病毒治疗工作拉开序幕。上蔡县充分利用各级政府的支持，将艾滋病定点卫生所由原来的22个增加到52个，并更新、配备了医疗设施；在13个乡镇卫生院设立了“艾防门诊”，负责收治周边散发病人；在县人民医院和县中医院建立了“爱心病房”，确保重症病人及时得到救治。这样，一个以村为基础、以乡为依托、以县为支撑的三级医疗救治网络正式建立起来。至此，全县病人都获得了免费抗病毒药物的治疗。

然而，在服药初期，一些病人出现头痛、呕吐、腹痛等不良反应，不了解药品特性的病人和家属一时谣言四起，有的病人甚至认为抗病毒药是害人的，纷纷退出治疗，拒绝服药。病人服药依从性不好，将会大大影响治疗效果。

事例1：郭屯村村医老吴想出了办法：他鼓励几个坚持服药治疗效果好的病人作为服药督导员，每人负责几个病人，创立了“送药到手、看服到口、吐了再补、不咽不走”的督导服药模式。后来，此模式在全省推广。

事例2：艾滋病病人小丁病情严重，卧病在床，她已让家人备好棺材和寿衣，准备随时撒手而去。服用抗病毒药一段时间后，她竟能下地干活了。之后，她现身说法劝说病人服药，成了一名义务服药督导员。

◆综合救助

上蔡县的综合救助工作大致分为紧急应对和制度性推进两个阶段。

在救治工作开始初期，上蔡县为了救治救助贫困病人及其家庭，组织了驻村救助工作队，进驻文楼村及其周边疫情高发村，解决实际困难：有

① “四免一关怀”中的“四免”分别是：农村居民和城镇未参加基本医疗保险等医疗保障制度的经济困难人员中的艾滋病病人，可到当地卫生部门指定的传染病医院或设有传染病区（科）的综合医院服用免费的抗病毒药物，接受抗病毒治疗；所有自愿接受艾滋病咨询和病毒检测的人员，都可在各级疾病预防控制中心和各级卫生行政部门指定的医疗机构，得到免费咨询和艾滋病病毒抗体初筛检测；对已感染艾滋病病毒的孕妇，由当地承担艾滋病抗病毒治疗任务的医院提供健康咨询、产前指导和分娩服务，及时免费提供母婴阻断药物和婴儿检测试剂；地方各级人民政府要通过多种途径筹集经费，开展艾滋病遗孤的心理康复，为其提供免费义务教育。“一关怀”指的是国家对艾滋病病毒感染者和患者提供救治关怀，各级政府将经济困难的艾滋病患者及其家属，纳入政府补助范围，按有关社会救济政策的规定给予生活补助；扶助有生产能力的艾滋病病毒感染者和患者从事力所能及的生产活动，增加其收入。

病的给予治疗；儿童失学的免除学费，帮助其重新走进学校；家庭贫困的给予生活救济；对没有明确诊断的，及时进行检测；利用媒体及一切手段宣传相关科学知识。经过一段时期的紧急应对，群众的情绪逐渐趋于稳定。

随后，开始了对综合救助制度化的推进。由于许多病人死亡，留下不少孤儿、孤老和单亲家庭、致困家庭。为解决致孤人员的生活问题，上蔡县建立了“集中供养、模拟家庭养育、家庭寄养收养”相结合的供养模式，先后建成芦岗阳光家园、中华红丝带家园，收养致孤儿童177名，并在家园内开办红丝带爱心小学。县民政部门对致孤人员按月进行补助，对每一个有艾滋病病人的家庭，分为轻、中、重三个类别进行相应的救助；县教育部门对所有义务教育阶段的涉艾家庭儿童，实行免费入学，落实“两免一补”政策。经过努力，上蔡县有效保障了艾滋病病人及其家庭“有医治、有饭吃、有衣穿、有房住，不让一个孩子辍学”。此外，上蔡县还通过各种途径宣传科学防控知识，消除恐慌情绪；积极开展婚检；实施母婴阻断工作；加强对艾滋病病人的教育和引导，让其明白自己的权利和义务，不危害社会。至此，上蔡县艾滋病预防、救治、救助工作框架初步建立。

◆ “输血”变“造血”

由于上蔡县艾滋病疫情严重，疫情的发展对当地经济和社会的影响逐步显现，很多艾滋病病人家庭主要劳动力劳动能力丧失，造成因病致贫、因病返贫。上蔡县党委、政府面临着长期救助和疫情较重的村庄经济发展停滞等一系列问题。当时的救助经费主要靠政府投入，而这也只能维持病人的基本生活，解决病人有限的生存问题。也就是说，单靠政府“输血”方式的救助难以提高救助水平和保持可持续发展。如何从长计议？让感染者和病人自强自立，开展生产自救，改“输血”为“造血”成为上蔡县应对救治救助之后主要问题的一个抉择。

河南省组织成立了由各级党委组织部门牵头，省、市、县组成的三级帮扶工作队入驻上蔡县疫情较重的村。帮扶工作队深入调查研究，结合实际，帮助村里理清思路，制定发展规划，并根据当地实际选择致富项目。从2004年开始，在各级帮扶工作队的帮助下，上蔡县在22个重点村实施了“六个一”工程[①]，建立了“一帮一”、“一帮多”、“多帮一”的模式，加大了对当地群众的帮扶力度。几年来，上蔡县在52个帮扶村新上种植、养殖、加工项目78个，积极引导帮扶村群众优化调整农业种植结构16万亩，新增养殖专业户470户。每个帮扶村都有一批种植、养殖大户，榨油、面粉加工、木器加工、运输等产业正在兴起。

上蔡县文楼村艾滋病病人在种植木耳

上蔡县由前期的向帮扶村群众“输血”逐渐转变为资助群众自立“造血”。从2004年到2008年，一年一个台阶，帮扶村农民人均纯收入由2000元提高到4850元。

事例：邵店乡籽粒村老王一家七口人有五人是艾滋病病人，生活很贫困。老王外出打工，因他来自上蔡，被人家拒绝了。老王带着怨恨和无助回到了家中。当他看到驻村帮扶工作队贴出的鼓励村民养猪告示时，立即就心动了。他决定自食其力，立即从县城抱回20头小猪娃，并领到了养猪补贴。

四、旧貌换新颜

2009年6月初，正是上蔡县的麦收季节。

白天，麦田里一片繁忙的景象。当地人介绍说，在这些劳动的人群当中，有一些就是艾滋病病人。经过规范治疗，大多数病人已恢复了劳动能力。

2000年以来全县没有新发生经血液传播的艾滋病病毒感染者；全县没

① “六个一”工程是指：为每个村修一条入村道路、建一所学校、打一眼深水井、建一个标准卫生室、建一座阳光家园、建一个党员和村民教育活动室。

有新发现艾滋病致孤儿童及艾滋病家庭子女因经济困难而造成辍学、失学的现象；35 名大龄孤儿获资助上了职业技术学校，如今已自谋职业、自食其力……

最大的改变，还是人们精神面貌的改变。近三年来，上蔡县艾滋病病毒感染者和病人没有发生过一起群体性事件，没有出现过一起上访现象；在 2008 年“5·12”汶川特大地震发生后，被帮扶村共为灾区捐款 24 万多元；几年来，全县先后有 220 名艾滋病病人递交了入党申请书，已有 36 人被批准加入了中国共产党。

五、上蔡的启示

上蔡县的艾滋病疫情发生以来，经过一系列艰苦的努力，基本遏制住了艾滋病的血液传播和母婴传播，明显降低了病死率，改善了患者的生活质量，维护了社会稳定。这一事件也带给我们更多的思考：

启示一：提升疾病防控能力是关键

疫情的发生，说明一些地方前期血液管理工作存在严重缺陷，这对公共卫生服务体系也敲响了警钟。疫情爆发之初，由于缺乏及时、有效的防控和应急管理措施，一度导致疫情失控。由此说明，政府应首先树立“疾病控制无小事”的理念，建立和完善疾病监测和预防控制机制，做到防患于未然，把危害大众健康的公共卫生问题控制在萌芽之中。同时，只有建立和完善公共卫生事件应急管理机制，并根据当地特点制定针对性强的应急预案，才能在事件发生后及时作出反应，变被动为主动，尽量避免危机事件对社会安全的影响。

启示二：必须贴近服务对象，深入一线开展工作

为了落实各项防治措施，几年来，上蔡县的各级领导、基层干部、医务人员和各级驻村工作队员坚持以人为本，克服重重困难，努力贴近基层群众，深入到矛盾最多、条件最艰苦、问题最复杂的农村一线调研、帮扶，认真倾听群众呼声，切实从群众最关心、最直接、最现实的问题入手，通过真情服务、真心关怀、真诚帮助，心贴心、近距离地把党和政府

的温暖送到了艾滋病患者的心坎上，为取得患者的积极配合，合力闯过难关起到了至关重要的作用。

启示三：面对新问题，敢于创造性地大胆工作

在上蔡县艾滋病疫情爆发初期，艾滋病的群发救治对于我国来说还是一个新问题，没有现成的经验可以借鉴。在这种情况下，上蔡县党委、政府本着“群众利益无小事，群众的生死更是大事”的原则，不回避，不拖延，在上级党委、政府和有关部门的指导下，遵循疾病预防控制的规律，从实际出发，创造性地开展工作，大胆探索出了一系列适合本地特点的新鲜经验和有效做法，妥善应对了紧张而复杂的局面。

启示四：建立全方位综合防治的长效工作机制

艾滋病防治不仅仅涉及医疗技术服务，而且从更大的意义上讲，是一项复杂的系统工程，需要进行预防、治疗、救助和发展经济的统筹考虑。只有全方位地开展工作，从预防、救治、救助等各个环节入手，逐步从救治扩展到救助，从救助发展到帮扶，从“输血”走向“造血”，建立预防、救治、救助、帮扶“四位一体”的综合防治体系，才能让艾滋病患者不仅延续生命，而且及早融入社会，促进社会和谐发展。

思考题

1. 在面临复杂的群体性突发事件时，如何制定、采取近期和长远兼顾、治标治本兼顾的应对措施？

2. 从上蔡县艾滋病出现到解决的实践，谈谈对经济、社会协调发展的理解。

案例14 一条红色“生命线”

2008年5月12日，四川汶川发生特大地震。

第二天，成都血库告急！

成都市民闻听消息后，纷纷赶赴献血点，在献血车前排起了一条条无偿献血的长龙。献血队伍中，有白发老人，也有莘莘学子。一滴滴滚烫的血液带着一颗颗无私的爱心流入血库。

5月13日这一天，全市前来献血人数是往日的10倍以上。

给汶川输血！给四川输血！给中国输血！血脉相连，源源不断……

血液作为一种特殊的物资，在应对危害生命安全的突发公共事件中，具有“生命线”的特殊重要地位。“5·12”汶川特大地震发生后，四川省面对这一突如其来的重大考验，在全国各方面的大力支援下，成功地保障了维系灾区群众生命安全的红色“生命线”，也为在重大突发事件中血液应急管理和保障工作提供了新的经验。

一、考验

2008年5月12日14时28分，四川汶川发生新中国成立以来破坏性最强、波及范围最广、救灾难度最大的一次地震，震级达到里氏8级，最大烈度11度，余震3万多次，涉及四川、甘肃、陕西、重庆等10个省区市417个县（市、区）、4667个乡（镇）、48810个村庄，灾区总面积约50万平方公里、伤亡数十万人。

大批伤员救治急需血液！

如何在短时间内建立有效的血液保障机制，满足大批伤员救治集中用血的需求？

血液作为一种特殊的物资，具有“生命线”的极其重要地位。与一般药品相比，其特殊性在于：一是血液只能从健康的人体采集，无偿献血作为医疗用血的唯一来源，是一项系统的社会工程，需要动员社会各界共同参与；二是血液保存期十分有限，红细胞一般只能保存 35 天，要保证供应就要实现献血工作的“长流水、不断线”；三是不仅要保证血液总量充足，还要确保各血型和各血液成分的供应与实际需求相适应；四是血液的保存和运输对冷链条件要求较高，需要采取高度统一的管理调配手段，才能保证血液质量和安全。

大规模集中用血，一般有就地采集、协调外调两种主要供应渠道。但就地采集可能出现一些现实问题：伤员集中且数量多，而紧张的救灾工作可能造成合格的献血者数量不足，血液供应出现短缺；原本有限的血站工作人员和物资储备难以满足集中大量血液采集工作的需要；工作量的成倍增长势必会造成血液质量保障工作的压力激增。而外调血液又存在两个难点：在紧张的救灾工作中，确保血液运输全过程冷链等质量要求，质量控制难度加大；集中外调血液可能出现灾区短期库存过高而造成血液浪费。

面对灾区急救用血需求激增的情况，如何既能保证血液充足安全，满足实际需要，又能避免宝贵的血液资源因过量过期而报废？面对大批前来捐热血、献爱心的社会民众，如何合理引导大家有序献血？这一系列血液应急管理难题，需要政府紧急决策和快速应对。

二、行动

地震发生后仅两小时，卫生部就及时启动了血液应急调配和保障机制。与四川省卫生厅、解放军总后勤部卫生部及有关省、区、市卫生厅局紧急磋商，协调血液应急保障等问题，迅速达成一致意见并采取行动。

行动一：紧急启动应急响应机制

统一指挥，有序运行。卫生部统一指挥外省市援助灾区的血液调配，成都血液中心统一组织全省救灾血液采集和供应工作，全省各血站服从成都血液中心的调剂，负责每日定时多次向血液中心报送血液需求和血液库存等相关信息，并按照灾区需求及时保质保量地供应血液，保证灾区所有的医院、医疗队和部队野战医院血液的调剂和补充。

紧急采血，充实库存。地震发生当天，成都血液中心核查后，发现血液库存仅能基本保证当晚救治伤员用血需要，考虑到用血需求将会大幅增加，决定立刻启动应急采血。成都电台、电视台等媒体紧急呼吁市民积极参与抗震救灾献血。成都血液中心开放了 3 个献血屋，出动了 3 台献血车。12 日晚 20 时 30 分至 13 日凌晨 5 时共有 835 人参加了应急献血。13 日采血点增加到了 5 个献血屋和 9 辆采血车，截至 5 月 14 日，共计 4877 人参加献血，采集全血 7047 单位，血小板 66 治疗量。同时外地调剂血液也已到位，血液库存基本充足。

技术支持，高效供血。成都血液中心紧急从当地企业调用了 18 套血浆采集设备，协调安排专业医务人员及机械工程师加强技术指导。启用新的血液采集室，有效分流献血献浆人群。同时，选择军队专用血浆采集袋，节省了输血前的准备时间，更便于急救使用。截至 6 月 4 日共采集血浆 14342 单位，保证了血浆的供应。

加强调剂，确保供应。13 日晚，卫生部统一调拨的来自北京、河北、太原的血液全部抵蓉，成都血液中心紧急启用了刚刚完成改造的血液冷藏库，提高血液储存能力。血液中心于地震当晚紧急向重灾区德阳、绵阳、都江堰调配血液。此后还多次向灾区当地医疗机构调运血液。截至 6 月 15 日，血液中心调剂至灾区红细胞悬液为 1452 单位，血浆 2607 单位，血小板 5 治疗量。调剂至军队医院红细胞悬液 190 单位，血浆 805 单位，血小板 2 治疗量，冷沉淀 40 单位。

成都市民冒雨排队无偿献血

行动二：统一血液信息系统

由于外调血使用了不同的血液管理软件系统，若直接使用成都血液中心的软件系统，必须更换血液标签条形码，这将增加入库时间和人力，同时在更换血液标签时还存在差错隐患，并由此可能导致血液输用错误，造成因血型不合致病人发生不良反应，甚至导致病人死亡。为了保证血液尽快入库并及时发往医院，血液中心与软件公司用最短时间开发了外调血数据库软件，使用该软件对每袋血液进行条码录入，不会与原有数据库冲突，既保证了血液的可追溯性，又避免了更换血液标签而可能带来的差错风险，保证了血液安全。

行动三：及时调整采血计划，实行预约献血登记

在社会各界广大爱心人士的帮助下，随着本地采血量的增加和外省市外调血的运抵，血液库存大幅上升，适当地控制采血量十分必要。四川省卫生厅决定 5 月 14 日开始实行限量采集，通过成都电视台向市民说明有计划、有秩序地参与献血，既能捐血挽救伤员，又可避免血液过量浪费的现实情况，并号召市民分期分批参加献血。5 月 15 日停止了全血采集，同时调整完善血液采集机制：编制专门的预约献血登记表，在每个献血屋和采血点进行献血者信息登记；制作并发放“成都市应急献血队员卡”，建立固定应急献血队伍；通过网站向献血者致感谢信，做好宣传教育工作，引导大家分期分批按需求参加献血。从 5 月 14 日到 6 月 15 日，预约献血登记人数就达到 65783 人，团体 400 个，成为血液保障的后备军。

行动四：跟踪需求，保障重症伤员救治用血

成都市区距地震中心只有 92 公里，距重灾区都江堰只有 50 多公里。成都市区的大多数医院都承担了伤员救治任务。截至 6 月 15 日，成都共收治伤员 373305 人。为做好成都地区伤员救治的血液保障工作，血液中心工作人员前往收治重症伤员较多的华西医院、四川省人民医院等医院了解用血数量和品种的需求。从 5 月 12 日至 6 月 15 日，成都市累计使用全血 4427 单位，红细胞悬液 25217 单位，血浆 32886 单位，比 2007 年同期

分别增加 113%、72% 及 168%。

行动五：加强血液转运和质量控制

由于时间紧、任务重，人员调动相互支援的情况又比较频繁，为保证血液质量和转运效率，四川省要求各级血站必须按照《血站质量管理规范》、《血站实验室质量管理规范》的要求，规范操作，有序运作。对需要紧急放行的血液必须按照质量体系要求办理。及时制定了《机采血浆操作规程》等相应的工作流程和操作规程。对紧急启用的新建血液冷藏库进行安全卫生环境检测、温度监控。对调剂血液进行质量控制，血液到达后检查外包装、温度，并随机抽检。向省内调送血液时，也要求质控人员必须随车监控血液温度。

行动六：协调媒体宣传，引导各方支援

发挥媒体宣传报道及时、覆盖面广的重要作用，5 月 12 日晚，通过各大媒体的呼吁，成都市民很快自发加入献血队伍。血液管理部门积极协助新闻媒体加大宣传力度，对夜间应急献血进行的报道，引起了更多社会各界人士的关注，激发了社会群众极大的献血热情。随后根据调整的采血计划，利用成都电视台等媒体向市民阐明有计划、有秩序、按需求献血的道理，增进理解，避免出现误解预约献血措施引起的矛盾。同时，在急需大量稀有血型血液、成分输血（机采血小板）时，及时通过新闻媒体向公众发出信息，有针对性地引导群众献血。

行动七：组织志愿者队伍，积极参与献血服务

地震发生后，四川大学、成都信息工程学院、“爱心大使”等多支志愿者团队不约而同地赶到成都市各个采血点参加志愿服务。成都市血液中心将他们组成了献血现场服务、预约登记、资料录入、向导指引等专业队，由专业工作人员具体负责安排志愿者每天的工作内容，并及时与各志愿者服务队交流沟通，协调工作。许多志愿者参加完献血后，又积极投入到献血服务当中，从咨询、登记、维持秩序到端茶倒水，夜以继日地为踊跃的献血者服务。为了保证秩序，保护献血者的安全，志愿者们手挽手筑起了人墙，将采血车和献血人群分开，保证采血顺利、有序地进行。截至

6月6日，成都市约有2000人次参加了献血志愿服务，成为血液保障工作中一支必不可少的生力军。

三、成效

在卫生部与四川省委、省政府的领导下，在兄弟省市的协助下和社会各界群众积极参与下，四川省采取统一全省血液采集供应、就地采集与省外调剂相结合的方法，围绕着“方便前线、统筹安排、信息总控、形成网络”的原则，通过一系列有序、有力、有效的措施，确保了抗震救灾工作的顺利进行，保障了全省医疗机构和外省医疗队抗震救灾应急血液的需求，为伤员救治提供了强有力的支持。

截至6月15日，四川采供血机构向震区各级医疗机构和医疗队提供全血0.44万单位，红细胞悬液2.52万单位，血浆2.39万单位。在2008年6月14日第五个“世界献血者日”，卫生部领导发表感谢信，对抗震救灾期间全国的无偿献血者和志愿工作者表示崇高的敬意。

四、启示

四川血液保障工作的顺利完成，为做好突发公共安全事件医疗卫生保障工作提供了一些启示。

启示一：做好常态化管理是突发事件应急工作的基础

应对突发事件的应急处理，平时工作的有效管理至关重要。随着《中华人民共和国献血法》等一系列法律法规的实施，国家对采供血机构建设加大了投入力度，我国的血液管理工作健康快速发展。各级采供血机构树立强烈的质量意识，把血液安全作为头等大事来抓，努力提高服务水平，壮大了无偿献血者队伍，社会各界对血液工作的支持和参与程度不断提高，参与无偿献血的热情日益高涨。只有通过日常坚持不懈的工作，才能更好地应对突发公共安全事件。

启示二：多部门协调机制是突发事件应急体系的关键

各级政府为应对包括自然灾害、事故灾难、公共卫生、社会安全等各种突发公共事件，应当建立统一领导、运行有序，分级负责、明确职责，依靠科学、依法规范，反应及时、措施果断，整合资源、信息共享，平战结合、常备不懈的突发公共安全事件卫生应急体系，做好应急预案。不同部门之间的系统缺乏互相协调的机制，信息交互不足，应急体系不能依靠单一部门，应该是跨区域、跨部门、跨领域统一领导、信息联动的综合工作体系，以保障突发公共事件发生后，各项医疗卫生救援工作迅速、高效、有序地进行，最大限度地减少人员伤亡和健康危害，保障人民群众身体健康和生命安全，维护社会稳定。

启示三：合理引导社会参与是今后应急管理中的新任务

当前全国各地有众多社会团体、单位集体和社会民众组成的志愿者组织，他们积极推广公益事业理念，已经成为我国社会工作中不可缺少的重要力量。在汶川救灾供血工作中，志愿者的积极作用已充分体现出了其推动公益事业的巨大潜能。要通过制度完善、组织建设来保障志愿者权益，建立稳定长效的队伍，同时，也要对志愿者进行必要的培训，提高能力水平，要充分发挥志愿者组织等社会公益组织在各项公益活动中的积极作用，只有这样才能促进志愿服务的可持续发展。

思考题

1. 有效的公共应急物资保障工作机制应具备哪些要点？

2. 本案例在管理模式和工作机制上还有哪些可以改进之处？在本地区如何实现平战结合？

案例 15　公立医院摘掉“官帽子”

2005 年以前，身为潍坊市妇幼保健医院院长的王清图是潍坊市委组织部任命的一名正处级干部。而如今，王清图是被卫生局“聘任”的院长，任期 4 年，最多连任两届，没有行政级别。他坦言，他的身份更像是职业的医院经理人。卫生局每年对他实行综合目标管理责任制，连续两年不合格将予以解聘。自从潍坊市公立医院改革以来，已经有三位院长因考核不合格而下马。

一、“官本位”下的低效率

潍坊市地处山东半岛中部，总人口 862 万。改革开放以来，潍坊市卫生事业发展较快，目前全市卫生机构 1401 个，其中公立医院 47 家，疾控机构 14 所，妇幼保健机构 13 所；床位 29199 张，卫生技术人员 37438 人。与全国大多数地方一样，随着公立医院规模的不断扩大，医疗卫生费用逐年攀升，“看病难、看病贵”等问题日益突出，群众反映强烈。卫生资源短缺的背后，公立医院体制性和机制性问题逐渐暴露出来。

长期以来，潍坊市公立医院的干部制度、人事制度、分配制度和监督机制僵化，一直保持“官本位”下的管理方式，政府与公立医院的职能划分不清，医院的用人机制和分配机制不合理，成为潍坊市公立医院管理体制上的主要问题。

在政府管理体制上，可谓“五龙治水”。卫生、药监、物价、工商、质监、劳动等部门各司其职，同时，卫生、财政、组织、人事等部门多头负责、多头管理的结果往往容易造成权责不清。

在干部人事制度上，仍然实行终身制、任用制，干部能上不能下，员工能进不能出。对院长和员工业绩考核方式不科学，积极性调动不起来。院长的职责不清晰，医院该有的权力没有，不该有的权力却过大，缺乏自主经营权和有效的监督制约。

在分配制度上，仍然实行职级工资，该得的得不到，不该得的却拿得过多。医生的收入不能体现其劳动价值；医院的业务收入与医生个人收入直接挂钩，扭曲了医生的诊疗行为，也影响了卫生资源的利用。

在监管方面，对公立医院该管的没管好，不该管的却管得过多、统得过死，如医院的资产监管、发展规划、重大决策等，由于涉及多个部门，责任不清，所以基本上处于放任的状态；而医院的用人权、分配权等却都归属有关部门，医院基本说了不算，导致医院管理责任不落实，服务质量和医疗质量上不去。

二、摘掉"官帽子"

要让老百姓真正看得起病、用得起药，先从卫生体制改革入手。

◆卫生部门"管人管事管资产"

调整理顺卫生行政部门管理职能，将分散在各有关部门的干部、用人、分配、国有资产监管等职能，全部集中于卫生行政部门一家，实行人、事、资产管理相统一，责、权、利相结合。在此基础上，潍坊市卫生局实行内部职能上的管、办分开，按照"明晰所有权、完善管理权、强化监督权"的内在规律运作。

◆打破"官本位"

推行政事分开、管办分开，无法绕开"官本位"。在"潍坊医改"的13个配套文件中，有3个是直接关于医院院长的。不容置疑，干部制度改革，是这次医改的重头戏。措施也有4项：院长聘任制、院长任期制、院长年薪制和院长年度考评制。

院长聘任制，主要是"取消公立医院行政级别，由所属卫生行政部门归口管理"。

院长任期制，主要是"医院院长每届任期4年，在一个医院最多任职两届"。

院长年薪制，主要是"年薪由基薪（基本收入）、绩薪（业绩收入）和福利保障收入三部分构成，总额为本院职工年平均薪酬的3—5倍"。这样做，是为了“把应该得到的收入明确化，促使他们把心思用在医院管理上”。

院长年度考评制，主要是“推行综合目标管理责任制，由卫生行政部门制定业绩考评体系，并组织实施”。

◆ 配套改革跟进

取消医院行政级别不是孤立的措施，与之配套的还有人事、分配制度改革和资产监管等改革。

明晰所有权。公立医院改革后，卫生行政部门受政府委托，代行资产所有者和出资人职能，对医院有管理团队任免考评权、收支知情权、经营监督权和发展决策权；医疗卫生单位是经营者，院长有用人权、分配权和经营权。这就形成了“国有资产管理—主管部门—单位”三层监管体系。

完善管理权。改革用人制度，取消医院人员编制定额。医院根据事业发展需要，制定人员编制规划和年度用人计划，经所属卫生行政部门批准后执行。用人全部实行聘用制，聘期一般为两年。医院现有人员的人事关系按原渠道管理；新进人员经所属卫生行政部门备案，由所属人事部门人才服务中心代理。实行工资总额制和岗位工资制。医院业务收支结余的50%—60%为薪酬总额，医院根据工资总额制定具体的岗位工资，一岗一薪，易岗易薪。

强化监督权。实行总会计师委派制，总会计师具有双重职责，一是受市卫生局委托监管国有资产，二是在院长领导下参与医院财务管理，督促医院降低消耗，提高效益。市属7个医院均已设立了副总会计师。在国内的医疗机构中，在一个地区内整体推行“总会计师制度”，潍坊是“第一个吃螃蟹者”。

卫生部明确公立医院改革应坚持公益性原则

实行收支预算审批制。针对一些医院基建项目和上千万元大型设备采购由院长一个人说了算的状况，实行建设项目和购买大型设备报批制。医院业务收支结余的40%—50%用于医院发展。

三、丢掉"官帽子"，回归公益性

◆院长的"官帽子"没了

"我正在适应这种新的身份。"潍坊市某公立医院院长说，"当了很多年的医生，早就觉得医院不应该搞行政级别。事业单位改革为什么难？因为行政单位有那么多干部要调动、要分流，事业单位恰是一个安排干部的地方，这怎么改得动？取消医院行政级别，就是要打破'官本位'思想。"

由于改革方案最先触及的是人事管理制度，身为医院负责人的院长首当其冲。改革之前，卫生行政部门曾经考虑，最大的阻力可能来自于医院院长。没想到改革后，最欢迎、最支持的反倒是他们，这些措施成了医院管理的"定心丸"，可谓："当政府为院长们关闭一扇门的时候，也为他们打开了另一扇窗户。"

职业经理人的身份，要求院长们全心全意为医院肩负起更多重任。与此挂钩的，是院长工资的变化。院长们反映："以前拿的是干部级别工资，个人收入与医院经营好坏没关系。"

◆公立医疗机构向公益性回归

潍坊市的公立医院改革，通过进一步加大政府监管力度，公立医院发展"适度规模"、"符合区域规划"的思想逐步被医院管理者所接受，公立医院实现了由单纯注重经济效益，向更加注重社会效益和公益性质的转变。

2006年，潍坊市止住了持续10年的看病一年比一年贵的势头，市属7家公立医院每人次看病费用的增幅下降了10个百分点；门诊的平均费用也同比下降了两个百分点，为131元。2009年平均每门诊人次费用同比下降1.5%，平均住院费用与上年持平。病人次均费用得到较好控制，病人负担逐步减轻，但是医疗服务质量并没有降低。医院运行更加有序，收入结构和医疗服务成本得到较好控制，药品收入占医药费收入的比例下降到49%。

◆医务人员的工作积极性提高了

分配制度改革让收入与医务人员工作量、绩效、医疗服务质量更紧密

潍坊市卫生局班子成员参加“行风在线”

地挂钩，调动了医务人员的积极性，提高了医疗服务质量和效率，控制了医疗费用的过快增长。从2005年底开始，潍坊市属7家公立医院的工作变得活跃起来。据统计，2006年潍坊市卫生局直属公立医院的门诊接诊人数比上年增加了10%，高于全国平均水平；2007年门急诊人次同比增长22%，出院人数同比增长16%，平均住院天数控制在12.4天；2009年门急诊人次同比增长12.9%，出院人数同比增长4%，平均住院天数没有增加。

四、启示

潍坊市公立医院改革初见成效，为全国公立医院的改革积累了经验，并提供了有益的启示。

启示一：必须坚守公益性

公立医院改革和发展必须站在群众的角度，把维护人民基本公共服务权利放在第一位。只有坚持这样的改革和发展方向，才能真正体现公共服务的公益性质，才能与维护老百姓的根本利益相一致。潍坊市的公立医院改革，以保障人民健康为中心，把公益性放在首位，以解决看病难、看病贵、看病不放心和防保不到位为出发点和落脚点，从改革方案设计、服务体系建设到具体措施落实一直都注意解决群众反映强烈的突出问题，充分调动医务人员的积极性，初步实现了让群众看好病，满足医疗服务需求的目标。

启示二：必须发挥政府主导作用，统筹推进

公立医院是政府职能的延伸，是公共服务的重要载体。公立医院改革是一项系统工程，必须由政府主导，统筹各部门、各方面的力量共同推进。细数曾经的医改案例，人们可以一次次看到，医改并不是卫生部门的

一己之责，更不是卫生部门能单独完成的。政策的推行，离不开政府和其他部门的支持。潍坊市医改的一条重要经验就是确立了政府的主导地位：由政府出面组织改革，甚至还把很多医改项目纳入到城市整体规划中。

政府主导，在操作层面，至少要抓好以下三件事。一要加强政府统一管理，理顺公立医院管理体制，抓好医院发展规划、重大决策、大项开支等重要事项。潍坊市由隶属于同一卫生行政部门的内设机构分别承担医院的管、办职能，促进了卫生行政管理政事分开、职责明晰、有序高效，让管、办职能都得到强化，实现了医院办得更好、管得更严。二要加大公共财政保障，推进医院在履行公共卫生服务职能和承担基本医疗上下功夫，同步减轻群众就医负担。三要健全考评和问责体系。潍坊市特别注重通过建立考核评价奖惩体系来引导公立医院确保公益性质，把质量、效率、服务和社会满意度作为考核的主要指标，考核结果与院长和员工薪酬直接挂钩，有力遏制了医院片面追求经济效益的倾向。

启示三：必须创新体制机制

潍坊市取消公立医院行政级别，给院长摘掉“官帽”，是深化医院体制改革的重要一步，对于消除“官本位”意识意义重大。院长实行聘任制，定期考核，能上能下，不再有终身“官衔”。这就传递出一个信号：当院长和当专家，只有分工不同，没有地位高低。取消行政级别的意义还在于，医院不再以院长为核心，而是以专家为核心；不再是“医疗围着行政转”，而是“行政围着医疗转”。院长就像“职业经理人”，其主要工作是抓管理、搞服务，而不是抓权力、当“官僚”。只有这样，医院才能真正按照医学规律办事。

思考题

1. 公立医院改革是关系医改成功与否的关键，政府在推进公立医院改革中应该承担怎样的责任？

2. 如何在改革中确保公立医院的公益性？

案例16　基本用药　谁的责任？

尽管寒风刺骨，家住苏州市工业园区娄葑镇68岁的张华还是一早就出了门。她先坐公交车到一家大医院看病，再拿着处方到位于观前街的一家平价大药房配药，一圈跑下来，中午才回到家。虽然跑得累，但老人还是感觉很值，因为，同一张处方，换个地方配就能少掏60多元。

一、背景

苏州市目前有社区卫生服务中心127个、社区卫生服务站1120个，社区卫生服务机构普及率和人口覆盖率均达到100%，“步行15分钟就能得到基本医疗服务”的梦想在苏州已经成为现实。但同时，在引入市场机制后，也带来了药品价格居高不下、滥用药物以及医生开大处方等问题，导致医疗总费用及个人支付费用急剧增加，“看病贵”成了社会普遍关注的难题。此外，虽然这时候的社区卫生服务机构离家近、看病方便，但是这里药价也比药店贵。为了能买到相对便宜的药，不少市民，特别是老人，买药经常到药店去“淘”。

如何在方便老百姓到社区就医，解决“看病难”的同时，也让老百姓在基层看病不贵？苏州市推行基本药物制度的实践回答了这个问题。

基本药物，是指最重要、最基本、不可或缺的，全部居民卫生保健所必需的药物，这是20世纪70年代世界卫生组织提出的概念。目前约有160个国家和地区以不同形式建立了基本药物制度。基本药物制度的确立，对我国城乡居民基本医疗保险制度和公共医药卫生制度的完善和规范，对医药卫生体制改革的深入推进至关重要。

在我国，基本药物是指适应基本医疗卫生需求、剂型适宜、价格合理、能够保障供应、公众可公平获得的药品。国家基本药物制度是对基本药物的遴选、生产、流通、使用、定价、报销、监测评价等环节实施有效管理的制度，与公共卫生、医疗服务、医疗保障体系相衔接。2009 年 8 月，作为新医改近期五项重点工作之一，我国正式宣布启动实施国家基本药物制度。各地随即开始进行相关的实践与探索，全国 31 个省份均已确定实施基本药物制度的地区，覆盖了 1020 个县（包括县级市和市辖区），占全国总数的 37.2%，涉及政府办基层医疗卫生机构 1.8 万个，占全国总数的 38.7%，其中政府办城市社区卫生服务机构共 7907 个，占全国总数的 78.8%；政府办的乡镇卫生院 1 万个，占全国总数 3.8331 万的 26.1%。截至 2010 年 2 月底，全国有 28 个省份已经在本省内 30% 的政府办基层医疗卫生机构实施基本药物制度。

二、改革

苏州市在推动基本药物制度建立的过程中，着重采取了几个方面的措施：

◆明确目标，加强统一领导

把建立基本药物制度作为医改的重要内容。苏州市领导多次下基层进行专题调研、召开座谈会，研究具体实施方案。根据苏州实施基本药物制度“日程表”，2010 年 1 月 20 日，苏州的吴江市、平江区、沧浪区、金阊区先行开展试点；到 2010 年底前，全市所有政府办基层医疗卫生机构全部实施基本药物制度。

为保证基本药物制度顺利实施，苏州成立了基本药物工作委员会，由市政府分管秘书长任主任委员，成员单位包括卫生、发改委、编办、监察、财政、社保、物价等部门，负责协调解决在实施基本药物过程中出现的各种问题。

◆理清分工，多部门协同配合

实施基本药物制度，取消药品加成，实行“零差率”销售药品，是目前较为公认的解决“看病贵”的有效途径。但是取消药品加成后，基层医疗卫生机构如何发展，医务人员如何生存，这需要在基层医疗卫生机构实行定编定岗、综合补偿等措施，需要多部门协调配合。

在基本药物工作委员会的领导下，苏州各部门积极行动起来，相互配合：发展改革部门统筹兼顾各方利益，保证政策间的平稳过渡和衔接；卫生部门牵头做好方案的制定，完善基本药物使用和管理流程，严格执行全省统一的招标采购配送和价格制度，推进基层医疗卫生机构运行机制改革，监督基本药物制度各项规定落到实处；财政部门改革基层医疗卫生机构的补偿机制，保障基层医疗卫生机构的正常运行；机构编制部门根据《关于加强苏州市农村卫生人才队伍建设的实施意见》，按常住人口核定政府办基层医疗卫生机构人员编制；人力资源和社会保障部门及时调整基本医疗保险药品目录，协助做好基本药物专家组工作以及政策与实施进度的衔接；食品药品监管部门加强对基本药物质量的监管；物价部门进行对基本药物价格执行情况的检查；宣传部门宣传基本药物制度的意义、原则和主要政策，营造社会关心、全民支持实施基本药物制度的良好氛围。

◆对基本药物采购和配送实行公开招投标

此外根据国家和省基本药物招标采购和对配送企业的要求，苏州市还对基本药物在目录、品规、价格、采购、配送、结算上实现“六统一”。在省级招标平台上中标的基本药品生产企业中遴选了2526个产品，以各县（市、区）为统一采购单位，在省中标的6家企业中确定了4家为配送企业，签订购销合同并结算费用。

◆在基层医疗机构中落实基本药物制度

苏州市从基层医疗机构着手，逐步落实基本药物制度。在基本药物制度实施前，药品是基层医疗卫生机构的主要收入来源，占70%左右，而基本药物制度实施后药品价格实现“平进平出”，基层医疗卫生机构如何生存成了制度顺利实施的重要环节。为此，苏州对基层医疗卫生机构人员、业务、基本建设、设备经费等进行综合测算，按常住人口，核定任务、定编定岗，核定经常性收支，并实行目标管理、绩效考核，推行收支两条线管理。先期实施国家基本药物制度的吴江市、平江区、沧浪区和金阊区的政府办基层医疗卫生机构的人员工资核定为每年6万元左右。

三、成效

随着苏州市基本药物制度的正式实施，社区医疗卫生机构药价普遍下调。由于基层医疗卫生机构财政补偿机制及时跟进，医疗机构和医生不再依靠药品收入，现在不仅“大处方”、药品回扣等情况在社区没有了“生存条件”，预防、康复、护理、健康咨询等体现公益性的服务内容也将全面落实。市民、基层医疗卫生机构和医务人员、政府及社会都对这项改革充满信心。

成效一：药价便宜了

根据苏州市有关部门的调查，国家基本药物制度实施后，社区医疗卫生机构药品比政府补贴价还低 20%。由于药品盈利不再是社区医疗卫生机构的收入来源，医生开处方不再为药品价格“左右”，真正回归到是什么病开什么“药”的看病基本原则上来。

2010 年 1 月 20 日，是苏州实施国家基本药物制度的第一天。42 岁的陈女士因急性支气管炎到苏州留园街道社区卫生服务中心就诊。看完病，刷完医保卡，陈女士看着付费单还以为是医生搞错了。原来，同样是用左氧氟沙星和病毒唑挂水，前几天还要 174 元，而当天只要 89 元，价格几乎是先前的一半。

在苏州留园街道社区卫生服务中心，降价最多的是

我国出台 15 项措施建立和规范基本药物采购机制

清开灵、阿莫西林，每盒分别降了3元左右。“一盒药降个三五块，虽然不算多，但像我这样的困难家庭就感觉很明显，一个月下来就能省几十块钱。”家住虎丘新村的封老伯告诉记者说，他们夫妻俩都患有高血压，常年吃依那普利、阿司匹林。自社区常用药实行政府补贴价后，他们每次看病配药都要到社区。而对基本药物制度下一步举措，夫妻俩则有着更多期盼：“对我们老百姓来说，就是要价廉物美、能治好病的基本药物。”

成效二：质量有保证

基本药物的价格降下来了，质量有没有保证？通过调查发现，经过江苏省临床、药物专家精选，基本药物凭借货真价实的品质、良好的性价比赢得了市民的称赞。

73岁的老陈患高血压多年，基本药物制度实施后，老陈都在社区看病配药。为了验证基本药物的质量，老陈拿了一瓶某省制药厂生产的复方丹参片来到留园街道社区卫生服务中心找到了社区医生。据了解，老陈带来的复方丹参片是从药店买的，一瓶只要0.6元。而作为基本药物的某直辖市生产的丹参片，一瓶要3.6元。不怕不识货，只怕货比货。社区赵医生分别拿出两种药品作质量对比，赵医生将某省产的丹参片用手掰开，其间白色、黑色、灰色混杂，质地疏松。而社区供应的某直辖市产的丹参片，用手根本掰不开，最后用剪刀才剪开。老陈先生看了之后心服口服，跷起了大拇指：“基本药物的确质量过硬！”

成效三：社区医疗卫生机构更忙了

基层医疗卫生机构从药品上挣到的利润少了，运转有没有受到影响呢？据调查了解，苏州在确保基层医疗机构财政投入及时到位的前提下，为解决百姓用药负担过重的问题，还制定《苏州市区居民常用药品政府补贴暂行办法》，社区常用药品目录上的512种西药和369种中成药按苏州市药品零售限价的80%收费，政府补贴10%，社区让利10%。这样，社区药价比医院、药店还便宜。社区药品政府补贴价实施后，社区医疗卫生机构门诊量快速上升。到2009年底，社区已承担全市55%的门急诊量，患者和基层机构取得了“双赢”。

作为苏州市首批试点单位，在苏州一家社区卫生服务中心工作的赵医生，亲身感受到了基本药物制度推出对基层医疗卫生机构带来的变化。“我们刚刚开始试点基本药物零差率销售，当月我们院门诊人次是4206人，总收入36.2万元，基本药物比例是47%；而随着基本药物比例提高到88%，门诊人次达到了7106人，总收入更是提高到了81.5万元。”赵医生自己也没想到，试点基本药物制度这件原以为很难的事情，推行起来却好像水到渠成。

四、启示

基本药物制度无固定模式可循，无系统的国际经验借鉴，在实施过程中会遇到各种各样意想不到的问题。苏州市在实施基本药物过程中也遇到了各种新问题：财政补偿模式问题、村卫生室以及民营医疗机构如何实施问题等。这就需要有关部门全面分析这些问题可能带来的影响，把握方向，注意动向，制定应对预案，加强领导，精密组织，根据实际情况制定实施细则。只有深入实际，动态地掌握各地制度实施运行情况，不断总结经验，才能稳步推进基本药物制度的实施。

启示一：需要各部门协同合作

基本药物制度涉及面广、影响大、环节多，需加强沟通合作，各司其职。基本药物制度实施过程中，要涉及目录制定、生产供应、采购配送、合理使用、价格管理、支付报销、质量安全等多个环节。只有多部门系统合作，发挥合力，才能保证基本药物制度的统筹推进。

启示二：要充分体现基层医疗卫生机构的公益性质

基本药物制度的实施，将让基层医疗卫生机构更好地体现公益性。一方面，从根本上斩断了社区和药品之间的“经济链”，为实现“让群众得到方便、价廉、优质、安全的基本医疗服务”这一医改目标打下了基础。另一方面，也需要医疗机构和医务人员进一步转变观念，明确服务功能定位，更加注重基层卫生保健公共服务。为居民上健康课、到家庭进行访视、指导患者进行康复锻炼、对高血压患者进行规范管理……这些在以前看来没有经济利益的项目将在今后成为社区卫生服务机构的主要工作内容；预防保健、医疗护理、健康咨询、康复指导、计划免疫、计划生育技术指导等社区“六位一体”功能也将在社区实现全面发展。

启示三：相关配套措施需及时跟进

实施基本药物制度之后，社区卫生服务机构怎样维持，医务人员何去何从，补偿如何落实，这些都是社区医生当前关心的问题。只有及时出台相关配套措施，并加快落实到位，才能保证总体改革的顺利推进。

启示四：推广合理用药观念势在必行

医疗机构和医务人员不再依靠药品收入，这为合理用药提供了良好生存的“土壤”。药价下降或上调，只是药品的价格问题，而从治病角度上说，安全、有效的合理用药则更重要。药价“虚高”，市民只是在经济上有损失，而不合理用药不仅会造成医药资源严重浪费、增加患者经济负担，还会引起耐药性，产生药源性疾病，增加病人不必要的痛苦。为确保基本药物在临床合理使用，就需要相应完善药物的使用和管理流程，建立医疗卫生机构合理用药的管理制度，完善医师处方监督检查和药师处方审核制度，严格执行国家基本药物临床应用指南和处方集要求使用基本药物等相关制度与措施。

思考题

1. 政府如何把握基本药物价格与质量之间的关系，保证群众用上安全有效、价格合理的基本药物？

2. 政府应当采取哪些措施保证基层医疗卫生机构合理使用基本药物？

3. 在改革“以药补医”机制的同时，如何保障基层医疗卫生机构正常运转？

第四章
社会保险

PART 4

概 述

社会保险事业与人民群众根本利益密切相关。新中国成立伊始，党和政府就着手建立了以《中华人民共和国劳动保险条例》为框架的社会保险基本制度。我国社会保险经历了从无到有、从城镇到农村、从职业人群到城乡居民，不断改革、发展和完善的过程，大体可以分为三个阶段：第一阶段是以劳动保险为主的社会保障形成阶段；第二阶段是以社会保险为重点的社会保障改革探索阶段；第三阶段是以统筹城乡为目标的全面发展和制度创新阶段。经过60多年的建设与发展，特别是近30多年的改革探索，我国社会保险已经初步实现了从计划经济体制下的以劳动保险为主的制度结构，向社会主义市场经济体制下的现代社会保险制度转轨。

一、社会保险的制度框架

在我国现阶段，社会保险内容主要包括基本养老、基本医疗、失业、工伤、生育保险五大险种。

（一）基本养老保险

1. 企业职工基本养老保险采用社会统筹与个人账户相结合的模式。企业缴费比例一般不超过企业工资总额的20%，个人缴费比例为8%。中央财政每年重点对中西部地区和老工业基地养老保险基金给予补助。另外，还设立全国社会保障基金作为国家应对未来老龄化高峰的养老保障和其他社会保障的战略储备基金。

基本养老金待遇由基础养老金和个人账户养老金两部分构成。基础养老金月标准以当地上年度在岗职工月平均工资和本人指数化月平均缴费工资的平均值为基数，缴费每满1年发给1%；个人账户养老金月标准为个人账户储存额除以计发月数。“中人”① 退休加发过渡性养老金。

享受养老金的条件为两个：一是年龄条件，男60岁，女干部55岁，女工人50岁。二是缴费时限条件，缴费年限累计达到15年可以领取长期待遇。达到退休年龄但缴费年限累计不满15年，只发给个人账户储存额一次性待遇。

国家根据职工工资和物价变动等情况，适时调整基本养老金水平。

2. 公务员和事业单位工作人员另有一套养老保障政策，在养老金资金来源、计发办法、待遇领取条件方面都与企业养老保险有所差别。目前，公务员和事业单位工作人员的养老保险制度改革分别处于研究设计、试点之中。

3. 城市居民、农村的养老保险。在我国工业化、城镇化加速的情况下，新型农村社会养老保险已开展试点，城镇居民养老保险制度也在研究设计中。

另外，我国企业职工的企业年金制度已经启动，企业年金是企业及其职工在依法参加基本养老保险的基础上，自愿建立的补充养老保险制度，是多层次养老保障内容之一。事业单位职工年金制度正在研究中。

（二）基本医疗保险

目前，我国的基本医疗保险制度主要包括城镇职工基本医疗保险、城镇居民基本医疗保险、新型农村合作医疗。

① 1988年7月1日后参加工作的被保险人即“新人”，基本养老金由基础养老金和个人账户养老金组成；1998年6月30日前参加工作、2006年1月1日后退休的被保险人即“中人”，在发给基础养老金和个人账户养老金的基础上，还发给过渡性养老金。

1. 城镇职工基本医疗保险

覆盖城镇所有用人单位，包括企业、机关、事业单位、社会团体、民办非企业单位及其职工，都要参加城镇职工基本医疗保险。灵活就业人员、农民工、非公有制经济组织参保已有明确政策。目前，城镇职工基本医疗保险实际上覆盖了城镇全体从业人员。

医疗保险费由用人单位和职工共同缴纳。用人单位缴费率控制在职工工资总额的 6% 左右，在职职工缴费率为本人工资的 2%。退休人员个人不缴费。具体缴费比例由各统筹地区根据实际情况确定。

统筹层次原则上以地级以上行政区为统筹单位，也可以县（市）为统筹单位，北京、天津、上海原则上在全市范围内实行统筹。目前，全国多数地区为县级统筹。

城镇职工基本医疗保险基金由统筹基金和个人账户构成。个人账户主要支付门诊费用、住院费用中个人自付部分，以及在定点药店购药费用。统筹基金用于支付符合规定的住院医疗和部分门诊大病医疗费用。起付标准为当地职工年平均工资的 10%（实际为 5% 左右），最高支付限额（封顶线）为当地职工年平均工资的 4—6 倍。

2. 城镇居民基本医疗保险

2007 年我国开始开展城镇居民基本医疗保险试点，解决学生、少年儿童等城镇非从业居民的医疗保障问题，目前已在全国全面推开。在筹资方面，政府对所有参保居民给予不少于人均 80 元／年的补助，对城镇特殊困难群体再给予一定的参保缴费补助，这一补助标准随着经济发展水平的提高也逐步增长。到 2010 年，政府对城镇居民医保的人均补助标准已提高到 120 元。中央财政对中西部地区补助一半，对东部地区，参照新型农村合作医疗补助办法给予适当补助。

3. 新型农村合作医疗

新型农村合作医疗是以政府资助为主、针对农村居民的一项基本医疗保险制度。2003 年，我国开始启动新型农村合作医疗试点工作。所有农村居民以家庭为单位自愿参加。政府对参合农民给予补助，其中，中央财政对中西部除市区以外参加新农合的农民每人每年补助20元，地方财政的资助额不低于20元，个人缴费10元，政府补助标准也将随着经济社会发展逐步提高。目前，中央财政和地方财政对参加新农合的农民人均补贴标准已分别提高到60元，农民个人缴费标准也提高到20元。中央财政对东部省份也按中西部地区一定比例给予补助。

（三）失业保险

我国失业保险覆盖城镇的国有企业、集体企业、外商投资企业、港澳台投资企业、私营企业等各类企业，以及事业单位。

参保单位都必须按规定缴纳失业保险费。失业保险费由城镇企业事业单位按照本单位工资总额的2%缴纳，城镇企业事业单位职工按照本人工资的1%缴纳。城镇企业事业单位招用的农民合同制工人本人不缴纳失业保险费。

失业保险待遇包括按月领取的失业保险金，领取失业保险金期间的医疗补助金，领取失业保险金期间死亡的失业人员的丧葬补助金及其供养的配偶、直系亲属的抚恤金。失业保险金的领取时间，由失业人员失业前所在单位和本人按照规定累计缴费时间决定：满1年不足5年的，最长不超过12个月；满5年不足10年的，最长不超过18个月；10年以上的，最长不超过24个月。

（四）工伤保险

我国目前的工伤保险制度适用的主体包括：企业和有雇工的个体工商户，所有企业和有雇工的个体工商户都应当参加工伤保险，为职工缴纳工伤保险费。

国家机关还未完全纳入目前的工伤保险制度，国家机关的工作人员受到事故伤害或者患职业病的，其工伤待遇由所在单位支付。事业单位工伤问题分为两类，一类是非财政经常性拨款的事业单位，按照目前的工伤保险制度执行；另一类是财政经常性拨款的事业单位，将按照将来出台的国家机关工作人员的工伤办法执行。社会团体和民办非企业单位都纳入了现行工伤保险制度范围，都应当参加工伤保险，为职工缴纳工伤保险费。

（五）生育保险

生育保险是我国社会保险的重要内容之一，是妇女劳动者因生育而暂时丧失劳动能力时，从社会获得必要物质帮助的一种保险制度。

城镇职工生育保险制度的覆盖包括国有、集体、私营、合资、合作、独资、股份制等企业及其职工。生育保险基金征缴根据“以支定收，收支基本平衡”的原则筹集。最高不得超过职工工资总额的1%。生育保险待遇主要由生育津贴和医疗费用组成。

二、现代社会保险体系初步形成

改革开放以来，党和政府适应我国经济、产业、社会结构发生的巨大变化，进行了大量的现代社会保险体系建设的实践和探索，为国有企业改革和整个经济体制转轨创造了有利条件。社会保险的保障方式走向社会统筹，资金来源走向多元化，管理服务走向社会化。适应社会主义市场经济体制的现代社会保险制度框架已经初步形成。

（一）社会保险正在覆盖更多的劳动者和居民

截至2009年底，全国城镇基本养老保险的覆盖人数达到了23550万人，城镇基本医疗保险的覆盖人数为40147万人，失业保险、工伤保险、生育保险的覆盖人数分别为：12715万人、14896万人、10876万人；农村社会养老保险覆盖8691万人（见表4-1）。

表4-1　全国社会保险覆盖现状（2009年底数据）

项　目	参保人数（万人）	所占比例（%）
城镇基本养老保险	23550	76（占城镇就业人数31120万人）
城镇基本医疗保险	40147	65（占城镇户籍人口数62198.8万人）
城镇失业保险	12715	41（占城镇就业人数31120万人）
城镇工伤保险	14896	48（占城镇就业人数31120万人）
城镇生育保险	10876	35（占城镇就业人数31120万人）
农村养老保险	8691	19（占农村劳动总人口46875万人）

数据来源：依据中华人民共和国国家统计局2009年统计公报数据、2009年度人力资源和社会保障事业发展统计公报计算。

2009年底，参加城镇基本养老保险、城镇基本医疗保险，失业保险、工伤保险的农民工分别达到2647万人、4335万人、1643万人、5587万人。

（二）社会保险筹资规模日益扩大，支撑能力显著增强

五项社会保险基金总收入从1998年的1623亿元增加到2009年的16115亿元，增长8.93倍；总支出从1998年的1637亿元增加到2009年的12302亿元，增长6.52倍（见表4-2）。

表4-2　五项社会保险收支情况（2009年数据）

项　目	基金总收入（亿元）	基金总支出（亿元）	累计结存（亿元）
养老保险	11491	8894	12526
医疗保险	3672	2797	4276（含个人账户）
失业保险	580	367	1524
工伤保险	240	156	404
生育保险	132	88	212
合　计	16115	12302	18942

数据来源：依据人力资源和社会保障部2009年统计公报计算。

（三）社会保险财政投入力度加大，渠道更加规范

随着我国政府职能更加注重公共服务和社会管理，国家财政对社会保障的资金投入不断增加。2009年，中央财政对五项社会保险基金的补贴为1803.37亿元。同时，国家已经建立起战略储备性的全国社会保障基金，应对未来我国人口老龄化对社会保障的巨大需求，2009年末全国社会保障基金积累总额已达7766多亿元。为了使我国的公共财政预算制度不断地完善，国务院决定从2010年开始试编社会保险基金预算，首先将城镇的养老、医疗、失业、工伤、生育五项社会保险基金统一编制预算。

（四）社会保险待遇水平不断提高

相关统计数据显示，在养老金方面，国家多次调整了企业退休人员的基本养老金待遇，使基本养老金水平稳步提高，由1998年的月人均413元，提高到2009年的1200元左右。国家还多次提高了失业、工伤保险待

遇标准，使广大群众，特别是低收入群众基本生活得到有效保障。

（五）社会保险管理服务能力加快提升

我国社会保险的管理服务主体和基本职能正在发生根本性的转变，社会保险的管理服务从主要由用人单位承担，转变为由依法设立的各级社会保险经办机构承担。养老金发放工作已经于2001年基本实现社会化发放。截至2009年年末，已经有3879万企业退休人员纳入社区管理，占企业退休人员总数的75.2%。在加强社会保险经办能力建设方面，各级政府正在通过社会保险信息化建设、“金保工程”、社保卡等，探索社会保险业务处理的信息化手段和方法，打造和拓展社会保险业务信息化公共服务系统。

三、社会保险发展的主要任务

在全面建设小康社会的历史进程中，社会保障肩负着重要的使命。未来十几年我国社会保障体系建设，既有难得的机遇，又面临巨大的挑战。

（一）面临的挑战

工业化加速发展，城乡结构急剧变化，人口老龄化来势迅猛，构成了未来社会保障发展的客观背景。地域广阔，人口众多、体制转轨遗留的诸多历史问题，导致巨大的地区差别，对以追求公平为要旨的社会保险体系形成巨大挑战。一是我国人口迅速老化，老年人口的基数大，养老基金中远期压力巨大；二是国有企业转轨遗留下诸多的社会保险问题，使现阶段社会保险改革调整的任务仍然十分繁重；三是市场经济条件下的劳动者流动性增加，对社会保险制度的模式、政策设计、管理方式等都提出更高的要求，需要进行更多的探索和制度性建设；四是我国东、中、西部经济较发达和经济欠发达地区之间的经济发展差异，增加了解决问题和构造适合中国国情社会保险制度体系的难度；五是中国大量的农业人口，使得构筑统筹城乡社会保障体系的难度很大，特别是解决农村人口社会保险的财政压力和转移支付成本很大。

（二）主要任务

进入21世纪以来，我国按照科学发展观和构建社会主义和谐社会战略思想的要求，致力于社会保险向规范化、城乡一体化、社会化方向发展。加速构建统筹城乡劳动者和社会成员抵御各种社会风险的现代社会保险制度，将是我国各级政府的一项重要历史使命。今后一个时期我国社会保险发展的主要任务是：

——增强制度的公平性。一是尽快弥补城乡无保障人群的基本保障制度缺失问题，构建完善的社会保险体系。二是扩大各项社会保险制度的覆盖面，使更多的人群进入到社会保险安全网的保护之中。三是逐步提高基本保险的整体保障水平，合理界定各类人员的待遇差距，增强制度保障水平的公平性。

——解决制度对劳动力流动的适应性。一是提高社会保险统筹层次，更好地发挥社会保险的功能。二是做好同类制度之间的政策衔接，以适应市场经济条件下劳动力流动性的需求。

——保证制度的可持续性。合理地确定待遇水平和筹资水平。国家财政对社会保障支出的变化，体现了我国政府职能正在向公共服务型转变。随着各级财政对社会保障的投入进一步增加，社会保险制度发展的可持续性将进一步增强。

案例 17　基本养老金计发怎样才合理？

江西省新余钢铁厂职工张顺志 1989 年退休时算过一笔账：他参加工作 37 年，退休时是八级工，退休当年的绩效工资是 382.4 元，但标准工资只有 91 元，这在当时还算是比较高的标准工资。如果按照当时的政策规定，按其标准工资计算的退休金只有 68.25 元，即使加上所有的津贴、补贴也不到 80 元，还不到绩效工资的 1/5，这种计算办法计发的养老金根本无法保障退休后的各类日常开支。张顺志想不通，曾多次向上级有关部门反映情况，并有过一些过激的行为，与经办机构工作人员发生冲突，并损毁了部分办公设备，为此他受到了行政拘留的处分。

一、原计发办法的缺陷

新余钢铁厂是江西省的一家大型国有企业，在职职工 1.6 万人，在 20 世纪 80 年代末就开始了岗位技能工资制度改革试点，也是较早参加退休费用社会统筹的国有企业。由于经济效益好、工资总额高（月工资总额 361 万元）、退休人员少（仅有 2648 人）、负担轻（月发放退休金 26.4 万元），统筹时全厂养老保险的统筹费缴得就多（月缴费 83.4 万元），是个明显的“贡献户”，但发退休费时又是按标准工资计算，和本企业职工利益并无联系，不能多发，企业感到出了冤枉钱。所以，企业千方百计少缴、拖缴基本养老保险费，职工也没有参加基本养老保险费的积极性，退休人员对当时的养老金计发办法意见非常大，抵触情绪十分强烈。

基本养老金计发办法，是职工退休时依照规定计算和领取国家法定的基本养老金的方法，包括计算基本养老金的基数、比例或系数，以及计算公式等基本内容。由于中国国情的复杂性和对中国国情认识的必然过程，20 世纪 80 年代以来，城镇职工基本养老保险改革是采取渐进式、双轨并行、试点先行的改革方式，但由此也形成了体系不统一、制度不兼容、基本养老保险金计发办法不一致等问题。

江西省是从1986年开始进行国有企业退休费社会统筹工作的。此后，分别在1988年、1989年、1990年，逐年将城镇集体企业职工、非全民所有制职工和非财政拨款事业单位职工纳入了退休费社会统筹范围。随着不同所有制职工不断纳入养老保险实施范围，原养老金计发办法的局限性和缺陷凸显出来。

养老保险的原计发办法是按照职工退休时标准工资或档案工资的一定比例计算。随着国有企业工资制度改革，打破了原有的等级工资制度，国家不再对企业调整工资作统一规定，而是鼓励企业实行以岗位技能工资为主的多种工资制度。由于标准工资在职工工资收入中所占比重明显下降，若按照国家规定的计发养老金标准计算，职工退休后的养老金实际上出现了两次“打折”的情况，与在职时相比收入减少幅度大，有的已经影响了基本生活。另外，新成立的国有企业和大量涌现的非国有企业没有标准工资或档案工资，无法按照原有的养老金计发办法进入社会统筹体系。

二、分步改进

养老保险计发办法的合理与否，与计发标准、计发项目有很大的关系，为了实现计发标准统一、计发项目相同、社会统筹与个人账户相结合、既注意维护公平又充分调动参保缴费积极性，自1991年至2006年，江西省改革养老金计发办法经历了几个阶段：

◆改变依靠档案工资和标准工资的计发办法

1991年底，江西省南昌市作为改革基本养老金计发办法试点城市之一，经过10个月，于1992年8月推出新的计发办法，即将基本养老金计发办法按职工退休时基本工资的一定比例计算，改为由社会性养老金、缴费性养老金和各种补贴三部分组成。实行基本养老金与在职期间缴纳基本养老保险费的缴费工资和缴费年限挂钩，与社会平均工资挂钩，并且随物价变动而调整的计发办法。这就形成了一个自然增长的机制，改变了退休待遇与档案工资和标准工资挂钩的弊病。

◆实行社会统筹和个人账户相结合的计发办法

1995 年 8 月，在南昌市试点基础上，江西省出台《江西省城镇企业职工养老保险制度改革实施方案》，对养老保险待遇计发办法进行了全面改革，实施社会统筹和个人账户相结合的养老保险制度模式。依据这一模式，单位按上年度在职职工工资总额的 23%（以后逐步下降到 21%）缴纳社会统筹基金；职工个人按本人上年度工资的 3%（以后逐步提高到 8%）缴纳个人账户养老金。职工退休时，基本养老金分为两个部分：第一部分称为“社会性养老金”，缴费满 15 年以上的，按职工退休时本地区上年度社会平均工资的 25% 计发；缴费满 10 年不满 15 年的，按 20% 计发；缴费不满 10 年的，不享受社会性养老金。第二部分称为“缴费性养老金”，以职工本人指数化月平均工资为基数，缴费每满 1 年，发给职工本人指数化平均工资的 1%。

改革后的养老金计发办法，按照职工个人账户储存额的多少来确定其退休后的基本养老保险待遇，有利于激发职工参保缴费的热情和积极性。

◆建立与全国统一并轨的养老金计发办法

根据国务院《关于建立统一的企业职工基本养老保险制度的决定》精神，江西省于 1999 年再次对基本养老金计发办法进行改革。

一是与全国保持一致，个人账户规模由原来的“11%+6%”调整为职工个人缴费工资的 11%。

二是职工退休后的基本养老金调整为由基础养老金和个人账户养老金两部分组成。基础养老金月标准为职工退休时所在地市上年度职工月平均工资的 20%，个人账户养老金月标准为本人个人账户储存额除以 120。

三是对于 1995 年 9 月 30 日前参加工作、1995 年 10 月 1 日以后达到退休年龄的这部分人员，由于在建立个人账户前没有个人账户积累，规定对这部分人员在其达到退休年龄时，在发给基础养老金和个人账户养老金的基础上再增发过渡性养老金。过渡性养老金按 1995 年 9 月 30 日前的本人工龄每满一年发给本人指数化月平均工资的 1.2%。

新的基本养老金计发办法与全国一致，统一了“社会统筹与个人账户相结合”的制度框架，从而为制度的定型和立法奠定了基础。

◆针对缺陷，进一步修正

随着全国养老保险的推进与实践，这一计发办法暴露出其缺陷：

——职工缴费与待遇水平挂钩的激励机制不足。由于职工退休时，其基础养老金都是按照所在地市上一年度职工月平均工资的 20% 计发，与缴费年限和缴费水平无关，起不到激励职工多缴费、高缴费、晚退休的作用。

——个人账户养老金的计发是个人账户储存额除以 120，即只能计发 10 年，但随着人均预期寿命提高，退休人员的平均余命[①]高达 22 年多，制度设计不具有可持续性。

——过渡性养老金的设计不尽合理。按照江西省当时的政策规定，过渡性养老金的高低只与 1995 年至 1999 年间的缴费工资指数有关，而与其后的缴费工资水平没有任何关联，起不到鼓励多缴费、长期缴费的作用。

针对这些缺陷，江西省在 2005 年，对过渡性养老金的计发办法进行了修正，将缴费工资平均指数由按参保职工 1995 年到 1999 年的五年缴费指数的算术平均值计算确定，改为按参保职工的全程缴费指数的算术平均值进行计算确定，从而一定程度上解决了过渡性养老金计发办法不合理的问题。

● 江西省推动改革基本养老金计发办法

① “平均余命”又称“生命周期期望寿命”或“平均期限寿命”，是对人的生命一种有根据的预测，即预测年龄某岁的人今后尚能生存的平均寿命。

◆以可持续性为目标进行完善

根据国务院《关于完善企业职工基本养老保险制度的决定》精神，2006年4月，江西省颁布了完善企业职工基本养老保险制度的实施意见，对基本养老金的计发办法进一步进行了调整：

一是个人账户规模进一步缩小为参保职工缴费工资的8%，完全由个人缴纳。二是个人账户养老金由原来的职工个人账户储存额除以120，调整为动态地依据职工退休时城镇人口平均预期寿命、本人退休年龄、利息等因素确定不同月数。例如，男职工若60岁退休是除以139；女职工若55岁退休是除以170。三是进一步确立了基础养老金缴费激励机制，每多缴满一年增发1%的养老金，形成养老保险缴费激励的长效机制。

三、新计发办法的效果

新办法鼓励提高缴费基数。以江西省耐火材料厂退休人员余某和肖某为例：两人均在2007年5月退休，工龄均为31.7年，所不同的是前者的年平均缴费工资为当地社会平均工资的1.4倍，后者则为0.7倍，结果前者退休时的养老金为1024.4元/月，比计发办法改革之前的养老金水平多了68.3元/月；而后者则只有669.4元/月，比计发办法改革前的养老金水平仅多了10.2元/月，而且前者比后者每月多了355元。

新办法鼓励延长缴费年限。在基础养老金的计发比例上，缴费年限全部予以认可，突破了老办法20年的封顶线，在同等条件下，当缴费超过20年时，则所得高于老办法。新办法也考虑到退休年龄的因素，而不是千篇一律用120做分母，在同等条件下，退休时间晚的人，个人账户养老金高于退休时间早的人。

2006年是新的基本养老金计发办法在全省正式实施的第一年，江西省基本养老保险参保职工人数达到303.34万人，比上年增加近20万人，这个增长率达到了此前的最高水平；参保职工月平均缴费工资从2005年的765元提高到892元，增长率达到16.6%，比在岗职工平均工资增长率的13.8%高出近3个百分点；基本养老保险基金征缴额从2005年的58.5亿元提高到 73.8 亿元，增长率为 26.2%，位居当时全国前列。

新办法提高了基础养老金比重。根据测算分析，江西省按老办法计算的平均养老金，基础养老金占全部养老金的 37.7%、个人账户养老金占 13.7%、过渡性养老金占 48.6%。实行新的计发办法后，基础养老金占 56% 左右、个人账户养老金占 7% 左右、过渡性养老金占 37% 左右。新的计发办法由于基础养老金占基本养老金的比重提高，可以在更高层次上体现社会公平。

新办法并没有大幅度增加制度转轨成本。由于对在过渡期内退休人员的待遇支付比例差距的控制合理，最大限度地降低了制度的转轨成本。经测算，在过渡期内，江西省由于新办法高于老办法导致增加的基本养老金支出，五年累计仅为 2.5 亿元；由于老办法高于新办法实行待遇补差，增加的基本养老金支出五年累计 2076 万元。两项合计，因实行新的基本养老金计发办法增加的基本养老保险基金支出，五年累计不足 3 亿元，降低了江西省改革计发办法的转轨成本。

四、探索带来的启示

江西省改革城镇职工基本养老金计发办法，增加养老金制度的积极机制，保护退休人员的利益，力图实现改革目标和职工利益的统一，在推进养老保险改革和维护社会稳定方面进行了有益探索。

启示一：制度需要不断修正，不断完善

江西省改革基本养老金计发办法的经历和几大步实践说明，任何一项政策的制定与实施都是一个不断修正和完善的过程，问题的关键是对所要解决问题的准确界定，对所要实现目标的正确把握，并针对发展中出现的新问题、新情况对制度和政策不断进行调整。江西省根据改革中出现的问题，坚持不断地对基本养老金计发办法修正和完善，受到广大职工的肯定和支持。

启示二：既要算经济账，也要算社会账

所谓经济账，就是政府的投入能力；所谓社会账，就是居民的切身利

益、社会的和谐稳定。如果只算经济账，那么在过渡期内，对于经济并不发达的江西省而言，就极有可能将按老办法计算的养老金计发基数予以封顶，这样做，虽然可以减少财政支出压力，但却无法保障参保职工待遇不降低，也不利于政策的顺利执行。江西省权衡多方需求制定的基本养老金计发办法，既最大限度地维护了参保职工的利益，又尽可能降低了制度转轨过程中负担过大的支付风险。

思考题

1. 以改革基本养老金计发办法为例，谈谈这项改革对政府政策设计有什么借鉴意义？

2. 为什么说完善养老保险制度既要符合社会保险的发展方向，又要保障职工的切身利益？

案例 18　农民能和城里人一样看病吗?

63 岁的蒋得刚是成都市温江区柳城镇的农村居民，在 2009 年以前，他们家的五口人分属四种不同的医疗保险系统。蒋得刚参加了温江区新型农村合作医疗，住院费用要到温江区新农合管理中心报销；老伴张玉华是成都某国有企业退休职工，参加了成都市城镇职工基本医疗保险，医疗费用由成都市医疗保险管理局报销；儿子和儿媳在 2004 年土地被征用后，办理了失地农民养老保险和温江区城镇职工基本医疗保险；孙子在柳城镇一所幼儿园上学，从出生那年就参加了成都市中小学生、婴幼儿住院医疗互助金。

一、制度缺失与碎片化

成都市总面积 1.24 万平方公里，下辖 9 区 4 市 6 县，人口 1112.3 万人，其中农业人口 512.89 万。作为全国统筹城乡综合配套改革试验区，成都市在基本医疗保险事业发展上，基本实现了全覆盖，但同时也面临制度碎片化的问题。

从 2001 年起至 2007 年 9 月，成都市政府根据不同人群、不同医疗保障需求，一共用七种基本医疗保险制度分别对城乡常住人口和暂住人口，包括城镇职工、城镇居民、农村居民、农民工、失地农民、学生儿童、市属高校大学生等城乡各类人群进行了全覆盖，但也出现了新的问题和矛盾。

保险关系转移接续难。随着经济社会的发展，人员身份转移和工作的流动日趋频繁，但由于七种制度均是以人员身份设计，而且在区县之间、险种之间的政策差异均较大，同一城市的基本医疗保险却不能实现有序的转移和对接。

城乡差距进一步扩大。2008 年的新农合筹资水平仅为城镇职工的

1/10，是城镇居民的1/3，待遇水平也相应低于城镇职工、城镇居民。同时，由于新农合、城镇职工、城镇居民三项制度的政策制定是各区（市、县）根据自身经济发展水平而定，所以导致区（市、县）之间的基本医疗保险待遇也不尽一致，进一步加剧了医疗保障的城乡差距。

多层统筹，基金管理矛盾突出。以城镇职工基本医疗保险为例，在成都市行政区域内，既有省级统筹又有行业统筹，既有市本级统筹又有区（市、县）统筹，统筹单位达23个。多层统筹的最大缺陷是造成多头管理，基金分散，抗风险能力弱。

政出多门，医疗保障资源短缺与浪费并存。由于不同人群的医疗保障由各级政府不同部门分别推进，城镇职工基本医疗保险由原劳动保障部门主管，新农合由卫生部门主管，制度设计各自为政，医疗保障资源配置城乡分割，过度拥挤和闲置浪费现象并存。同时，七种医疗保险制度有各自的一套信息系统，而且经办管理流程也不尽一致，导致经办程序繁琐，给医院和参保人员都带来不便。

二、从全覆盖迈向“一体化”

从2007年开始，成都市开始解决制度碎片化问题，推动城乡基本医疗保险的一体化。

◆突破体制限制，在制度构架上实现城乡统筹

将农民工和失地农民的医疗保障待遇全部与城镇职工基本医疗保险统一，同时，将原城镇居民基本医疗保险制度、新型农村合作医疗和大学生基本医疗保险归并为城乡居民基本医疗保险制度，并在制度设计中用三个档次的缴费标准和报销待遇标准，解决农村和城镇经济水平的差距矛盾。

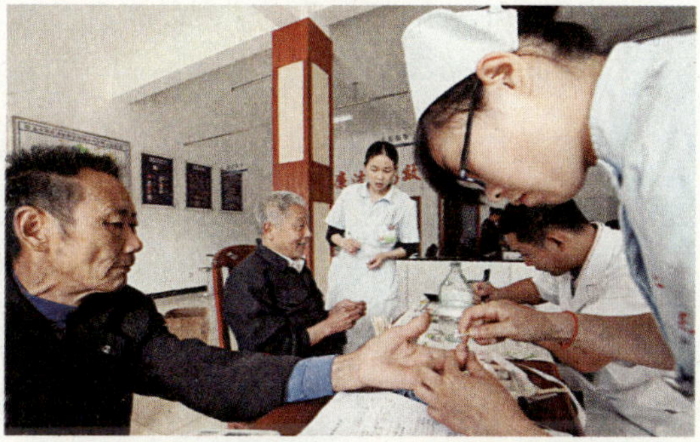

成都市实施全民免费义诊民生工程

统一全市医疗保险政策，实现全市基本医疗保险的参保范围、缴费标准、待遇水平、管理办法全部统一，区（市、县）不再另行制定相关规定，全市参保信息和报销待遇数据也全部集中进行管理，即城镇职工和城乡居民虽然是两种制度，但制度框架完全一致，只有参保范围、缴费标准、待遇水平的区别。

全面实行基本医疗保险基金市级统筹，解决过去统筹层次不一、统筹层次较低导致的全市基本医疗保险政策不一、管理多头和基金分散、抗风险能力较弱等问题。

◆规范管理，在经办操作上实现城乡一致

在 2007 年以前，成都市的各项医疗保障制度均有各自的信息系统，经办管理流程不尽一致。针对原城镇职工基本医疗保险、新型农村合作医疗、少儿互助金、城镇居民基本医疗保险政策、管理等不一致的问题，成都市实施了“四统一”，即统一管理办法、统一经办流程、统一计算机信息系统、统一设定点医疗机构和“三个目录”。

具体工作措施，一是在全市范围内统一了政策，实现政策依据的统一。二是建立开通了全市统一的“成都市城乡基本医疗保险信息系统”，住院医疗费用实现了网上结算，参保职工购药实现了“一卡通”。三是将不同险种和市、县两级的定点医疗机构和定点零售药店进行整合，实行统一管理，将原来不同险种和市、县两级的药品、诊疗、服务设施目录（简称“三个目录”）也进行整合，实行统一管理。四是在基金筹集、监督管理、结算拨付等方面，明确了部门责任，实行统一管理。

◆兼顾公平，在待遇标准上实现城乡衔接

基本医疗保险的长期发展目标是，缩小城乡差距，兼顾公平与效率。成都市 2008 年制定《成都市城镇职工基本医疗保险办法》、《成都市城乡居民基本医疗保险暂行办法》，实现了全市农村和城镇居民参保人员医疗保障水平的一致；降低缴费标准，提高报销待遇，不论是城镇职工，还是城乡居民的医疗保险待遇水平都有较大的提升，在一定程度上再次缩小了城镇职工和城乡居民的差距。

◆整合资源，实现机构设置上的城乡统一

成都市将新型农村合作医疗和中小学生、婴幼儿住院医疗机构进行整合。2007 年又将市医疗、工伤、生育保险与市新型农村合作医疗和市中小学生、婴幼儿住院医疗管理业务合并。在机构上，成立成都市医疗保险管理局，统一管理、指导全市城镇职工基本医疗保险、城镇居民基本医疗保险、新型农村合作医疗等覆盖城乡的所有医疗保险和工伤保险、生育保险经办工作。到 2008 年，各区（市、县）按照市政府要求，也相继筹建成立医疗保险管理局，全市城乡医疗保险经办工作全部实现了统一归口管理。

三、城乡全民医保体系初步形成

随着城乡统筹、覆盖不同人群、兼顾不同层次医疗需求的医疗保险政策不断完善，成都市基本实现了基本医疗保险城乡统筹一体化。

事例：蒋得刚一家五口人，老伴和儿子、儿媳继续参加城镇职工基本医疗保险，他和孙子参加了城乡居民基本医疗保险，家里五口人持的都是“成都市医疗保险卡”，无论他们在哪里（成都市范围内）都可以刷卡住院看病买药了。从没有基本医疗保险到有基本医疗保险，又从参加的四个险种简便到两个险种，住院报销不必再到参保地。

同时，城镇职工和城乡居民的医疗保障水平的差距也在逐步缩小，城乡居民医疗负担明显减轻。

事例：2004 年 8 月 26 日，都江堰市灌口镇居民苏治平的儿子因患“格淋巴利综合征”住进四川大学华西二院。如果在医院做康复治疗，每天需花费 280 元。因家庭经济困难，苏治平难以承受如此高额的医疗费用，一家人陷入一筹莫展之中。危难之时，他想到自己 2003 年曾参加了新型农村合作医疗，便找出《新型农村合作医疗证》，找到了都江堰市第二人民医院。令他没有想到的是，不久就收到了 1.2 万元的住院报销金，这是当时都江堰市新农合医疗制度规定的年最高封顶报销金。2005 年 1 月，都江堰市重新调整、完善新农合医疗制度试点工作方案，建立“特助补偿基金”。

成都市率先建立城乡一体化医疗保障体系

参加新农合医疗制度的农民患大病、重病住院的，在按规定获得补偿后，如治疗总费用超过6万元，还可从“特助补偿基金”中获得第二次补偿。其中，治疗总费用在15万—20万元之间的，将再补偿4万元。2005年1月20日，都江堰市向苏治平发放特殊大病补偿金4万元和医疗救助金5000元。这样，交了30元新农合医疗费的苏治平一家，共获得5.7万元的医疗补助。

成都市基本医疗保险系统经过信息系统、管理办法、经办流程的统一，全市医疗保险制度的管理水平和效率大幅提升。

四、对城乡全民医保的思考

构建城乡统筹、一体化发展的全民医疗保障体系，是我国各级政府完善社会保障制度，加大民生保障与公共服务建设的重要目标之一，也是一个长远的任务。成都市在统筹城乡医疗保险，构建全民医疗保障体系方面的探索和实践，可以引起几方面的思考：

思考一：建立全民医保体系必须以城乡统筹发展为前提

成都的实践表明，建立全民医保体系，并不是简单地对原有制度进行归并，必须站在社会进步与城乡一体化发展的高度上，科学设计，合理整合，促进制度创新发展。成都市在实现全覆盖的基础上，致力于解决二元化区别问题，敢于打破城乡身份、户籍限制，将城镇居民基本医疗保险和农村居民的新型农村合作医疗合并为城乡居民基本医疗保险，这是医疗保险制度改革的重大进步。

思考二：社会保险的公平性要以公共财政体系为支撑

为推进城乡一体化，打破城乡分治的制度性约束，成都市在改革之初，将重点放在长期以来医疗保障最薄弱的农村，力求逐步消除城镇、农村在医疗保障方面的分割和不平等局面。同时，不断加大公共财政对经济不发达地区支持的力度，重点对低保、五保对象、残疾人、老年人实行人保补贴，各方筹措救助基金，建立医疗救助体系，对贫困家庭实行医疗救助，补充基本医疗保险的不足等。公共财政体系的支撑举措加快了成都市城乡基本医疗保障公平性的实现。

思考三：公共财政体系支撑要有长远考虑

目前，成都市的城乡基本医疗保险在缴费标准、保障水平上还存在差距，还需有更大的突破，而更大程度上的突破则需要进一步完善筹资体制和管理体制，除政府进一步加大投入外，居民个人也应相应逐步适当提高缴费水平。

思考题

1. 构建城乡一体化的全民医疗保险体系，对于改变“二元结构”有哪些实际意义？

2. 你认为在本地区构建城乡一体化的全民医疗保险体系，工作重点和难点是什么？

案例 19　种田的也领上了养老金

2007 年 11 月 25 日，在马鞍山市新农保养老金发放仪式上，花山区霍里镇双板村 60 岁的农民殷水根拿到了自己的养老金领取存折，他也成为安徽省领到新农保养老金的第一位农民。殷水根高兴地说："从现在开始，我就能够和城里人一样，每个月都能够领到养老金，生活不用愁了，老年生活安心了，我多年的梦想实现了。"

一、调查·研究·设计

马鞍山市总面积 1686 平方公里，城乡居民 128 万，其中农民 66 万，占全市总人口的 52%。在经历了从 20 世纪 90 年代开始的 10 余年农村养老保险试点后，农村社会养老保险正面临向何处去的方向选择。马鞍山市地处中西部地区，经济还欠发达，地方转移支付的财力有限，如何以这样的基础条件，利用有限的财力，为农民建立养老保险制度是一项很有挑战性的工作。

自 2006 年初，马鞍山市组织专人深入农村，对养老保障问题进行实地调研。2006 年年底召开新农保调研座谈会，进一步听取意见，分析情况。2007 年 3 月，为进一步摸清农民对养老保险的认识、农村人员结构和各乡镇、村近年来的收入情况，马鞍山市组成 7 个调研小组，分赴全市 19 个乡镇，调查农村社会保障一线情况。还组织调研组赴北京市大兴区、江苏省常熟市和广东省珠海市等地，考察学习外省市新农保的实践经验。

2007 年 6 月，马鞍山市通过了《马鞍山市新型农村社会养老保险暂行办法》，并于当年 7 月 1 日实施。

以实现全覆盖为目标。规定本市男 16 周岁至 60 周岁、女 16 周岁至 55 周岁的农民（不包括在校学生），都可以参加新农保。对办法实施时已满 60 周岁的男性、已满 55 周岁的女性及其以上年龄的老年农民，实行老年津贴制度。

从低水平起步。在新农保制度设计过程中，考虑到政府和农民的承受能力，按照农民年人均纯收入的8%—18%设置了四个缴费标准，养老金补贴和老年津贴标准设置每月50元，做到农民能够缴得起、政府能够负担得起。

政府投入引导农民参保。老农保农民参保不积极的重要原因是政府没有投入。在新农保基金筹集上，政府不仅对每位参保农民给予缴费补贴，同时也对领取养老金人员给予补贴，发放基础养老金和老年津贴，实行“进出口”双补贴。

新农保制度设立了400元、600元、800元、1000元四个年缴费档次，由参保人选择其中一个标准缴纳。对享受农村最低生活保障的人员和重症残疾人参保，本人只需缴纳最低缴费标准的40%。村、乡镇、区政府按个人缴费额的25%给予“进口”补贴。对于达到领取养老待遇人员发放养老金补贴和老年津贴，给予“出口”补贴。市政府每年按参保人缴费总额的15%安排新农保专项资金，并将老年津贴实际发放资金列入当年市级财政预算安排。

事例：以某参保人为例，他选择年缴费标准1000元，连续缴纳15年保险费后退休，个人缴费总额15000元，集体和政府按个人缴费额25%补助3750元，预计15年个人账户滚存利息约4600元，他的个人账户积累合计为23350元，那么他退休时的月个人账户养老金为195元（23350÷120），再加上月养老金补贴50元，他退休后养老金每月为245元。

注重新农保与其他社会养老保险的衔接。考虑到农民就业形式的多样化，他们可能同时参加了不同种类的养老保险，必须要建立不同险种之间转移衔接制度。马鞍山市建立了新农保与被征地农民基本养老保障和企业职工基本养老保险相互衔接机制。

二、宣传·实施·调整

马鞍山市将宣传发动作为基础工作来抓，做到政策家喻户晓。举办新农保业务培训班，先后对乡镇、村干部及劳动保障专管员进行集中培训638人次；在市新闻媒体开辟新农保宣传专栏11次；通过政风行风广播热线，为参保农民解疑答惑2次；组织新闻媒体深入乡村跟踪报道工作进展状况，

马鞍山市引导农民加入新型农村养老保险

开展典型事例宣传23次。各乡镇在主要街道设立政策咨询点，安置户外大型宣传广告，制作政策宣传车巡回播送新农保政策；各村都张贴宣传标语、悬挂横幅，组织党员、村民组长到田间地头讲解政策，深入农户发放宣传手册3万多本；在春节农民工返乡期间，还给每一农户发放了《致农民朋友的一封信》，引导返乡农民参保。由于政策宣传到位，许多农民由以前的不愿参保到后来的主动参保。

发挥乡村党员干部示范带头作用。马鞍山市要求各区县、乡镇、村的主要领导亲自抓，村干部、村党员、村民组长带头参保，并积极动员亲属参保。各村都采取了不同的推进措施。比如，有的村实行“三个必须参保”，即：村干部、村工作人员必须参保，年轻党员、入党积极分子必须参保，村民组长、保洁员及聘用人员必须参保。对缴费困难的农户，村委会用年底村困难补贴资金为其缴纳保险费。据统计，市区农村2万多名党员干部基本参加了新农保。

实行保险费银行代扣代缴。在缴费方式上，马鞍山采取了银行代扣代缴保险费方法，方便了农民缴费。农民申请参保后，新农保业务经办银行，为每个参保农民发放一本银行缴费存折和一本对账簿。农民根据自身的经济条件选择按年或半年缴费形式，在规定的时间内将保险费存入缴费存折即可完成当年缴费。

相关部门协调配合。新农保实施涉及部门多，情况复杂。在制度实施过程中，公安部门提供全市农民基本信息，民政部门提供全市享受农村最低生活保障人员名单，市残联组织开展残疾人身份认定，业务经办银行保证保险费收缴和待遇发放。市劳动和社会保障局对公安部门提供的人员信息进行统一编号，录入计算机系统，建立新农保信息库。各区劳动保障部门组织人员核对辖区内农民的基本信息，保证建档登记人员姓名、身份证号码、性别、家庭成员关系、享受农村低保和重症残疾人员身份等信息准确。

加强基金监管。马鞍山市新农保基金实行财政专户、收支两条线管理，接受市社会保险基金管理委员会和审计部门监督，保证新农保基金的安全完整和有效运行。参保农民个人缴费实行银行代扣代缴，代扣的保险费直接转入新农保基金收入户，集体、政府的补助补贴资金，每年年底前及时转入新农保财政专户，做实新农保个人账户。

根据新情况及时进行政策调整。2008 年，马鞍山市先后出台了《关于新型农村社会养老保险与城镇职工基本养老保险相互转移的意见》、《关于调整新型农村社会养老保险制度意见的通知》等，解决同时参加新农保、被征地农民养老保障和企业职工基本养老保险人员的保险关系转移问题；将新农保中“村集体给予 10% 的补助”全部改由乡镇和区政府承担。2009 年 8 月，又将新农保的基础养老金由原来的每月 50 元提至 109 元，并且建立了新农保的待遇调整机制、缴费激励机制和丧葬补助费制度，同时，新农保基础养老金将随全市农民人均纯收入的变化而相应调整，保障农民的养老待遇水平能稳步提高。

2009 年 9 月，国务院《关于开展新型农村社会养老保险试点的指导意见》出台，12 月，马鞍山市下辖的当涂县被列入国家第一批新农保试点县，根据国家和安徽省政府新农保试点政策，当涂县及时调整新农保政策，将缴费档次调整为 100 元、200 元、300 元、400 元、500 元、600 元、700 元和 800 元八个档次，重症残疾人参保由县政府按最低缴费档次代缴保险费，并将个人账户养老金计发办法调整至与国家试点指导意见统一。

三、新农保圆了农民的梦

截至 2010 年 11 月底，市辖区参保人数达到 6.62 万人，参保率达到 80.05%，在许多行政村，参保率甚至高达 96% 以上；有 1.92 万老年农民正在按月领取养老金，占全市老龄农民的 92.5%。当涂县参保人数达到 34 万人，参保率达到 81.8%，有 8.2 万老年农民正在按月领取养老金，占全县老龄农民的 99.1%。

事例：马鞍山市佳山乡芦场村七队顾善德，1950 年 11 月出生，2007 年 7 月，该市新农保政策实施不久，他一家四口都参了保。他本人按每年 400 元缴费，村集体和政府补贴 100 元；儿子、儿媳妇每人按 1000 元标准缴费，政府各补贴 250 元，远远超过银行存款利息所带来的收益；老伴 57 岁，按照政策规定只要一次性缴纳 1300 元，每月就能领取 50 元基础养老金，老年生活有了保障。“为什么儿子、儿媳妇这么年轻都参了保？”对这个问题，顾善德想得很清楚：“谁没有老的时候，早参保好，将来拿到的养老金也多。”

在芦场村，像顾善德这样全家参保的农民还有很多。据该村村委会主任介绍，全村应参保 2744 人，已有 1920 人参加了新农保，享受基础养老金 536 人。

四、对新农保制度的思考

解决制度从无到有的问题，改变千百年来农村养儿防老的传统习俗，引领农村居民进入现代社会养老保障体系，是统筹城乡发展的重要工作。马鞍山市推进农村社会养老保险仅仅是农村社会进步的开始，需要探索的问题还有许多，需要走的路仍然很长。

思考一：必须用政府投入点燃新农保的“星星之火”

有没有政府的财政投入作引导，是“老农保”与“新农保”最根本的区别。作为一项惠农新政，马鞍山市在财力有限的情况下，每年拿出可观的财政资金用于新农保，市财政每年按照参保人缴费总额的 15% 和基础养老金实际发放额，安排农保专项资金给予保证。2007 年、2008 年，马鞍山市及下辖各县（区）政府用于支付新农保的专项资金和补贴资金，分别达 1410 万元和 3155 万元，并全部转入市财政专户，专款专用。这说明推进新农保，政府必须要在财政投入上下很大的决心。

思考二：必须对财政风险有清晰的判断

推进新农保必然要受到财政能力的制约。马鞍山市按照现行制度预测了未来新农保资金运行情况。预测显示，财政补贴资金逐年增加，压力逐年加大。因而，在财政困难的地区发展新农保，一要仔细斟酌、量力而行，选择适宜的发展速度、缴费、待遇标准等，防止超过实际能力的冒进。二要得到上级财政转移支付的支持，才能较快发展并逐步提高统筹层次和保障水平。

思考三：需要充分考虑农民承受能力，把好事办好办实

马鞍山新农保制度受到全市农民的欢迎，最根本的原因是设计合理、贴近实际。一是设置了四档缴费标准，让不同收入水平的农民都能够缴得起费。二是对农村困难家庭实行政策倾斜，农村低保人员和重症残疾人员参保，本人只需缴纳最低缴费标准的40%，其余的由乡镇政府和区政府全额补齐。同时，对实际缴费有困难的参保农户，采取必要的帮扶措施，如由村委会用年底村困难补贴资金，为困难农民缴纳保险费等。

思考四：惠民政策要宣传到位，农民才会放心参保

尽管马鞍山新农保制度是一项惠农的好制度，但在实施过程中，也不是一帆风顺。一方面，少部分农民受传统观念影响，不愿参保缴费。另一方面，此前推进多年的“老农保”，农民普遍不太欢迎；新农保刚推出时，一些农民担心又走到“老农保”的路上去了，对新农保心存疑虑。马鞍山市组织乡村干部进村入户，向农民讲清政策，为农民算“明白”账：以年缴费400元为例，政府每年拿出25%予以补贴，这样，参保农民的年收益，将远远超过银行利息。待其退休领取待遇时，个人账户积累领取完后，其余养老金则全部由政府承担。通过算“明白”账，让农民看到了新农保带来的实惠和保障。

思考题

1. 为什么说推进新型农村社会养老保险制度对建设社会主义新农村有重大意义？

2. 为什么说政府在引导建立新型农村社会养老保险制度中的作用十分关键？

案例 20 工伤风险应由谁来担当?

工伤保险是社会保险的重要险种之一，可以为遭受工伤和患职业病的劳动者或其遗属提供一系列的医疗救治、经济补偿、生活保障、职业康复等，从而化解劳动者和企业的工伤风险，也对维护社会稳定、保持正常的社会经济秩序有着举足轻重的意义。

一、一样的工伤，不同的结局

◆工伤赔偿纠纷酿惨案

2008 年 9 月 22 日，贵州籍农民工刘福元进入东莞某五金公司工作，签了一年劳动合同，但公司并没有为他办理工伤保险。2008 年 9 月 28 日，他在操作冲床时右手掌被机器压伤，右手从手腕处被截掉。

由于没有参加工伤保险，所有的工伤赔偿都由工厂承担。2009 年 3 月，东莞市法院判决工厂赔偿刘福元 17.52 万元。工厂对一审判决不服并提出上诉，拒绝向刘福元支付工伤赔偿。当地劳动部门多次协调无果。

2009 年 6 月，刘福元与公司负责人林某某、邵某某、赖某某等商谈工伤赔偿事宜，双方未能达成协议，并发生激烈争吵。情绪激动的刘福元突然用仅存的左手掏出弹簧刀，将林某某、邵某某捅死，将赖某某捅伤。目前，刘福元故意杀人案还在审理之中。

◆工伤保险提供生活保障

四川籍农民工李水根于 2008 年 8 月 15 日进入东莞某电脑公司从事冲压工作，工厂在李水根入职后即为其上了工伤保险。2008 年 9 月 12 日，李水根的双手被压在冲压机中，其中左手从腕关节、右手从手掌处被冲压机严重压伤，经当地社保部门认定为工伤。

工厂及时在医院为李水根办理了工伤保险在院结算登记，住院产生的工伤医疗费 56263 元，其中 54142 元符合规定的费用由社保部门与医院直接进行结算。李水根出院后转入东莞市工伤康复协议机构，进行了一个月的康复治疗，右手功能得到了明显改善，康复费由社保部门直接结算。

2008 年 12 月 15 日，李水根被鉴定为四级伤残，并安装了价值 1.8 万元的左手假肢。东莞市虎门社会保障分局为其办理了工伤保险待遇申领手续，领取了一次性伤残补助金 32400 元，并选择了按月领取伤残津贴。目前，李水根已经回到四川老家定期领取 1350 元 / 月的伤残津贴，基本生活获得了可靠的保障。

两个类似的案件，却得到不同的结果，李水根要比刘福元幸运得多。关键就在于工厂依法为李水根上了工伤保险，工伤赔偿有了工伤保险基金的坚强保障，使其不幸受伤后仍然能稳定生活。

二、“世界工厂”，亟须现代工伤保险

20 世纪 80 年代以来，珠三角地区成为世界制造业的重要基地，被誉为“世界工厂”。常年约有 2600 万省内外农民工到广东就业，其中外省籍工人约有 1900 万。由于民营企业多数是中小型企业，淘汰转型很快，平均寿命在 3—4 年，工伤农民工不可能依靠企业给予长期保障。市场经济形势下，企业自我保障方式已经名存实亡，无法给农民工稳定的工伤保障。相关统计显示，广东省每年工伤事故的伤亡人数约有 16 万人，工伤致残人数有 6 万人，工业伤害给企业与职工带来了极大的经济损失，也给社会稳定带来隐患。

◆试点，工伤保险逐步成形

1990 年 8 月，深圳市通过了《深圳经济特区工伤保险暂行规定》，实行社会化工伤保险制度，向企业统一征收工伤保险费，建立了政府部门管理的工伤保险基金，由工伤保险基金向工伤职工支付待遇。但是，还存在覆盖范围比较窄（仅限于特区关内企业）、待遇水平偏低、工伤人员流动难的问题。

此后，广东省陆续扩大工伤保险试点范围。经过国内外专家、学者和

有关部门反复研究讨论，广东省以政府法规的形式于1992年1月颁布了《广东省企业职工社会工伤保险规定》，在全省范围内推行工伤保险制度。

对原有的企业保障进行重大改革，扩大了制度覆盖范围，打破了过去只在国营企业、集体企业实行工伤保险的局限性，建立不分企业所有制性质、不分用工形式、全省统一的社会工伤保险制度。

建立了社会工伤保险基金制度，按照"以收定支，略有节余"的原则，统一征集工伤保险费用，改变了过去由企业直接支付、不设统筹基金的模式，发挥了社会调剂保障功能，分散了企业的工伤风险。

规定了更加清晰的工伤认定情形和工伤鉴定程序，工伤情形从3种扩展到了12种，伤残等级划分为10个等级，作为计发待遇标准依据。

设定了更加合理的待遇结构，增加了一次性伤残补偿金与工亡抚恤金，伤残退休金改为按工资收入一定比例发放，护理费从定额发放改为按当地职工平均工资一定比例发放，形成了待遇随工资增长相应调整的机制。

但是，上述改革只是初步解决了企业工伤保障问题，仍未解决覆盖所有用人单位、单位自行认定工伤、工伤职工流动等问题。

◆立法，提升工伤保险强制力

由于规章制度强制力不足，广东省自1994年将工伤保险列入了地方立法计划。经过多次研讨、多次修改，形成了立法的基本思路，即：工伤保险制度应该覆盖城镇全体劳动者，通过实施基金和单位共担工伤医疗费、行业差别费率和单位浮动费率等措施，促使单位加强安全生产，建立基金市级统筹、省级调剂制度来平衡工伤风险。允许重度伤残职工选择一次性领取全部补助金，伤残职工可领取工伤辞退费，以解决工伤职工流动问题等。1998年9月18日，广东省人大常委会审议通过了《广东省社会工伤保险条例》，在六个方面取得突破：

——扩大了工伤保险覆盖范围。在原有的企业、城镇个体工商户基础上，将党政机关、社会团体和事业单位也纳入制度，实现了全面覆盖，有利于各类人员的流动就业。

——明确工伤认定和工伤鉴定程序。将企业自行认定工伤改由社会保险机构认定，实行县（区）、市、省三级工伤鉴定程序，保证了公正客观。

——实行行业差别费率和单位浮动费率。根据不同行业的危险程度划分单位缴费档次，并根据单位工伤事故发生率和工伤保险费使用率定期调整其缴费费率。工伤保险基金实行地市级核算，并建立省、市调剂金制度，提高基金抗风险能力。

——提高工伤保险待遇标准。工伤医疗费调整为基金和单位分别承担70%、30%，一次性伤残补偿金标准提高了40%，一次性工亡抚恤金从20个月的当地社会平均工资，提高到48—60个月的当地社会平均工资。

——设置工伤保险关系终结办法。1—4级（需长期供养）伤残职工回原籍安置的，可自愿选择一次性领取10年补偿金并发放6个月工资标准的安家费；5—10级伤残的，劳动合同期内单位不能辞退，如果工伤职工要求辞职，或劳动合同期满终止合同的，由单位计发一次性工伤辞退费，并终结工伤保险关系。

——确立工伤预防优先、工伤康复并重的思路。确定可以从工伤保险基金提取不超过5%比例的工伤预防费，专项用于安全生产奖励、工伤预防宣传培训、补助职工职业健康体检、企业工伤风险评估等；确定工伤康复费属于基金法定支出项目，可以按照不超过当年结余的工伤保险基金1/3比例预算安排使用。

◆修订，依据国务院条例结合广东实际进一步完善

2003年4月27日，国务院颁布了《工伤保险条例》，决定于2004年1月1日起在全国范围实施工伤保险制度。国务院条例为广东省推行工伤保险提供了法律依据，创造了进一步完善的条件。2004年1月14日广东省通过了《广东省工伤保险条例》修订稿，并于当年2月1日实施。

与国务院《工伤保险条例》相比，修订后的《广东省工伤保险条例》保留了原有基本框架，又具有广东地方特色：一是制度覆盖范围更宽，除了国务院条例规定的各类企业以外，继续将个体工商户、事业单位、社会团体、国家机关等单位纳入了制度范围；二是扩大了认定工伤的条件，将在单位食堂就餐发生食物中毒住院，以及在疫区工作感染疫病（比如非典）也纳入了工伤保障范围；三是规定单位应在生产经营所在地而不是注册地参加工伤保险，由生产经营地劳动保障部门负责工伤认定、工伤鉴定；四是实行市级两次工伤鉴定、省级最终鉴定的两级三次鉴定程序，比国家条例多了一次市级复查鉴定；五是保留了1至4级伤残职工可选择一次性领取长期待遇方式，与社会保险机构签订协议后，按照标准一次性计发10年，并终结工伤保险关系；六是保留了基金市级统筹、省市两级储备金制度，市级储备金可以平衡不同年度之间收支，省级储备金可以平衡不同地区之间收支，确保了工伤保险基金稳健运行；七是保留了工伤保险基金可以提取工伤预防费与安排工伤康复费的规定。

至此，广东省基本建立了适应市场经济体制和广东实际的现代工伤保险制度。目前，广东省已经启动了《广东省工伤保险条例》的再次修订工作。

三、工伤保险惠及千万职工

经过多次改革和完善制度，目前广东省的工伤保险制度已经比较完备，2009年底，全省工伤保险参保人数突破了2435.5万人。工伤保险正发挥越来越重要的作用。

◆有助于维护职工合法权益，解除职工后顾之忧

在工业化加速发展的广东省，工伤事故的发生难以完全避免，但一旦发生工伤事故，对工伤职工及其家庭生活造成的伤害，可以通过工伤保险有效缓解。

广东省建立了工伤康复管理制度和配套标准体系，建立了省、市两级工伤康复服务网络，目前全省共有19家工伤康复协议机构，每年工伤康复人数超过6000人，有效降低了因工伤致残率。

◆有助于化解企业工伤风险，营造公平竞争环境

通过企业按照一定费率缴纳费用（广东省平均费率约为0.8%，大约为

每人 10 元 / 月），建立工伤保险基金，用以支付工伤事故各项费用，有效化解了企业工伤事故风险，减轻了企业工伤负担，为竞争激烈的市场经济条件下企业的生存、发展创造了公平竞争环境，保证了经济活动正常有序。

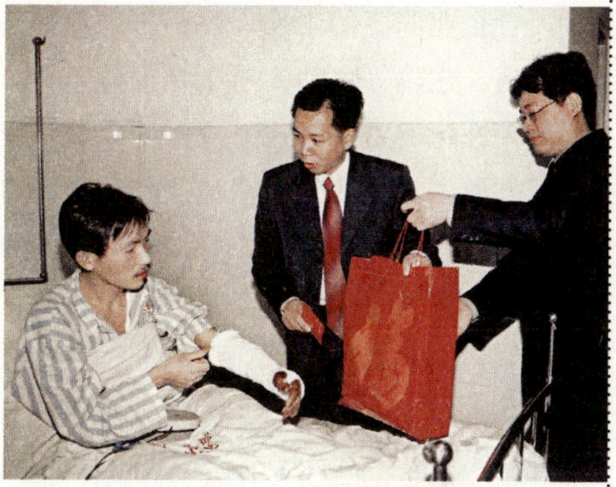
广东省工伤保险工作人员看望工伤职工

◆有助于减少特大工伤事故冲击，排解政府忧难

1994 年珠海市某纺织厂发生火灾塌楼的特大工伤事故，死亡职工数十人，受伤职工 100 多人，社会保险部门参与市政府的善后处理方案，启动工伤保险绿色通道，不到一个月就偿付到位医疗救治费和工亡抚恤金 300 多万元，支持企业恢复生产，维护了社会稳定。特大工伤事故的发生，不但影响企业的正常生产经营，影响工伤员工的生活，也给各级政府造成冲击、带来压力。工伤保险的实施，及时有效处理群发工伤事故，对于安抚民心、平息情绪，为政府分忧解难起到了有效的缓冲作用，是维护社会稳定不可或缺的“安全网”与“减震器”。

四、广东省工伤保险的启示

广东省针对农民工数量巨大，又是苦、脏、累就业岗位主力军的特点，结合广东实际情况，大力推进和完善工伤保险制度，使现代工伤社会保险制度成为保护工人利益、维护社会稳定、促进经济发展的有效保障，成为千百万劳动者的一把保护伞。

启示一：以需求为导向，工伤保险才能最大限度惠及劳动者

广东省工伤保险的实施能得到社会各界的拥护，关键在于适应了当地的社会保障需求。广东省工伤保险在参保缴费、工伤认定、工伤鉴定、待遇领取等制度环节上，都充分考虑了企业人员流动大的省情特点。结合企业职工的工伤保障需求，广东省将因在单位食堂进餐食物中毒而患病、住院等也纳入了工伤保障范围。在服务工伤职工方面，也作了更为人性化的安排，比如规定对工伤鉴定不服者，先在市级复查一次，大大方便了工伤职工，避免工伤职工动辄到省里奔波劳苦，也更好地保证了工伤鉴定客观公正，将鉴定争议尽量化解在市级，也适应了广东省工伤鉴定量大的特点。

启示二：顺应现代工伤保险新理念，从消极赔偿转向积极保障

在很多人眼里，工伤保险就是出事以后赔偿的事情。这种“消极赔偿”观念，已经不适应“积极保障”的要求。现代工伤保险制度讲求工伤预防、补偿、康复相结合的整体保障能力。工伤预防能够减少工伤事故发生，工伤康复能够降低工伤后的因伤致残率，良好的工伤预防和工伤康复不仅能够提升工伤保险制度整体保障功能，还能促进安全生产。广东省就是通过建立工伤预防、工伤补偿、工伤康复“三位一体”有机结合的工伤保险体系，使工伤事故发生率不断降低，2006年至2009年分别下降7.43‰、6.56‰、5.80‰、5.72‰，比全国平均低20%左右。

思考题

1. 从本地实际情况出发，工伤保险制度建设的工作重点是什么？
2. 工伤保险体系建设如何体现人性化服务理念？

第五章
社会救助

PART 5

概　述

社会救助是社会保障体系的重要组成部分，具有最后一道社会安全网的作用。党和政府高度重视困难群众的生活安排，先后出台了一系列社会救助政策，近年来，在全国基本建立起覆盖城乡的社会救助体系，较好地保障了困难群众的基本生活，维护了社会稳定，促进了社会和谐。

一、社会救助概念及特征

社会救助是国家对依靠自身努力难以维持基本生活的公民提供物质帮助和服务的制度。作为保障困难群众基本生活的制度性安排，社会救助是社会保障体系的重要组成部分，具有最后一道社会安全网的作用。与其他社会保障制度比，社会救助制度有三个主要特征：

（一）社会救助对象为特定困难公民

社会救助有其特定的对象，也就是只有符合救助条件的公民才能获得救助，法人或其他社会组织不能申请社会救助。从实践来看，救助对象多为遭受自然灾害、急难事故的公民，以及城乡“三无”人员①，下岗失业

① 指无生活来源、无劳动能力和无法定赡养人或抚养人或扶养人的人员。

人员和因疾病、残疾、丧失劳动能力或自然条件恶劣等导致生活困难的人员。

（二）社会救助无需救助对象个人缴费

符合条件的公民，都可以申请享受社会救助，而无需缴纳相关费用。根据宪法和有关法律规定，救助对象获得救助是在行使其基本权利，救助对象没有缴费义务。这是社会救助制度与社会保险制度最主要的区别。

（三）社会救助立足于保障救助对象基本生活

社会救助的内容包括货币、实物以及其他形式的利益和服务，符合条件的救助对象可以按规定享受不同的社会救助待遇，但社会救助的标准或额度主要是保证救助对象的吃饭、穿衣、看病等基本生活需要。

二、当前我国的社会救助工作

改革开放以来，随着经济体制改革的推进，单位、集体的社会保障功能逐渐剥离或弱化，政府在保障困难群众基本生活方面的责任越来越强化，我国社会救济制度不断改革与创新，传统的单一生活救济逐渐发展为现代的综合性社会救助，逐步形成生活救助与教育、医疗、住房等专项救助相互衔接、互为补充，与经济社会发展相适应的新型社会救助体系，实现了困难群众救助工作的四个重大转变：

一是从资金渠道看，逐步实现由单位集体投入为主，转变为政府财政投入为主，而且投入力度逐年加大，初步建立起较为稳定的资金筹措机制。仅就困难群众基本生活救助（含最低生活保障和农村五保供养）资金而言，2009 年达 932 亿元，是 1979 年改革开放之初的 170 多倍。

二是从救助方式看，逐步实现由临时性零散式救助为主，转变为经常性制度化救助为主，而且各项社会救助制度的操作管理不断完善，初步建立起较为规范科学的管理模式。社会救助范围由孤、老、残、幼等传统特困群体，拓展为面向全体城乡困难居民并逐步向低收入人群延伸。截至 2009 年底，全国得到经常性生活救助的困难群众已达 7600 多万人，是 1979 年全国救助 304 万人的 25 倍。同时，救助标准和水平的确定方式更趋科学、合理，实现了从静态粗放式管理向动态精细化管理的转变。

三是从救助内容看，逐步实现由单一的生活救助转变为多样化的综合救助，形成保障城乡困难群众基本生活的全方位、多层次的安全网。改革开放以来，国家先后创建了城市低保、农村低保、城市医疗救助、农村医疗救助等制度，先后改革了农村五保供养、城市流浪乞讨人员救助等制度，先后完善了自然灾害救助、临时救助等制度。同时，教育、住房、司法等专项救助制度逐步建立，覆盖城乡困难群众的救助制度体系基本形成。

四是从救助管理看，逐步实现由城乡分割的“碎片化”管理状态，转变为城乡统筹的“一体化”管理模式，基本实现了社会救助制度的城乡覆盖与协调发展。最低生活保障、医疗救助、住房救助、教育救助等制度基本实现城乡全覆盖，城乡困难群众的基本权利都能得到尊重和维护，有力地推进了我国公共服务均等化的进程。

就社会救助项目而言，当前我国社会救助制度主要包括：最低生活保障、农村五保供养、医疗救助、自然灾害救助、城市生活无着的流浪乞讨人员救助、临时救助，以及教育救助、住房救助、法律救助等。

（一）最低生活保障

最低生活保障（以下简称低保）是指对家庭人均收入低于当地低保标准的贫困人口，按当地低保标准给予适当补助的社会救助制度。20 世纪 90 年代，我国部分地区就开始探索建立低保制度。随着改革的推进，低保制度先后在我国城乡全面建立起来。

1. 城市低保

1997 年 9 月，国务院下发《关于在全国建立城市居民最低生活保障制度的通知》，部署建立城市低保制度；1999 年 9 月，国务院颁布《城市居民最低生活保障条例》，城市低保迈入法制化轨道。上述法规文件规定，城市低保对象为共同生活的家庭成员人均收入低于当地城市低保标准的持有非农业户口的城市居民；低保标准按照当地维持城市居民基本生活所必需的衣、食、住费用，并适当考虑水电燃煤（燃气）费用以及未成年人的义务教育费用确定；对无生活来源、无劳动能力又无法定赡养人、扶养人或者抚养人的城市居民，批准其按照当地城市低保标准全额享受；对尚有一定收入的城市居民，批准其按照家庭人均收入低于当地城市低保的差额享受。随着资金投入的增加和工作力度的加大，2003 年以来，我国城市低保对象稳定在 2300 多万人，基本实现了应保尽保。截至 2009 年底，全国有城市低保对象 2345.6 万人，平均低保标准为每人每月 228 元，平均补助水平为每人每月 172 元，全年各级财政累计支出低保金 482 亿元。

2. 农村低保

2007 年 7 月，国务院下发《关于在全国建立农村最低生活保障制度的通知》，部署全面建立农村低保制度。根据通知规定，农村低保对象是家庭年人均纯收入低于当地低保标准的农村居民，主要是因病残、年老体弱、丧失劳动能力以及生存条件恶劣等原因造成生活常年困难的农村居民；农村低保金原则上按照申请人家庭年人均纯收入与当地低保标准的差额发放，也可以在核查申请人家庭收入的基础上，按照其家庭的困难程度和类别，分档发放。通知下发后，各地积极推进农村低保工作，取得了显著成效。截至 2009 年底，全国农村低保对象达 4759.3 万人，平均低保标准为每人每年 1210 元，平均补助水平为每人每年 64 元，全年各级财政累计支出低保金 363 亿元。

（二）农村五保供养

20 世纪 50 年代，我国就依托农村集体经济建立和实施了农村五保供养制度。1994 年 1 月，国务院颁布《农村五保供养工作条例》，规定五保供养是农村的集体福利事业，农村集体经济组织负责提供五保供养所需的经费和实物。2006 年 1 月，国务院修订《农村五保供养工作条例》，规定农村五保供养资金在地方人民政府财政预算中安排，中央财政对财政困难地区给予适当补助；农村五保供养对象为无劳动能力、无生活来源又无法定赡养、抚养、扶养义务人，或者其法定赡养、抚养、扶养义务人无赡养、抚养、扶养能力的老年、残疾或者未满 16 周岁的村民。五保供养内容为：一是供给粮油、副食品和生活用燃料；二是供给服装、被褥等生活用品和零用钱；三是提供符合基本居住条件的住房；四是提供疾病治疗，对生活不能自理的给予照料；五是办理丧葬事宜。农村五保供养对象未满 16 周岁或者已满 16 周岁仍在接受义务教育的，应当保障他们依法接受义务教育所需费用。五保供养标准为：不低于当地村民的平均生活水平，并根据当地村民平均生活水平的提高适时调整。五保供养方式为：可以自行选择在当地的农村五保供养服务机构（敬老院）集中供养，也可以在家分散供养。截至 2009 年底，全国农村五保供养对象 553.4 万人，其中在敬老院集中供养 171.8 万人。全年各级财政累计支出五保供养资金 87.2 亿元，分散供养标准每人每年 1842.7 元，集中供养标准每人每年 2587.5 元。

（三）医疗救助

医疗救助制度是解决城乡贫困人口就医看病难的重要举措，是我国医疗保障体系的重要组成部分。

1. 农村医疗救助

2003 年 11 月，民政部、卫生部、财政部印发《关于实施农村医疗救助的意见》，部署建立农村医疗救助制度。到 2005 年底，农村医疗救助制度全面建立和实施。根据规定，农村医疗救助对象为：农村五保户，农村贫困户家庭成员；地方政府规定的其他符合条件的农村贫困居民。医疗救助方式为：开展新型农村合作医疗的地区，资助医学救助对象缴纳个人应负担的全部或部分资金，参加当地合作医疗，享受合作医疗待遇。因患大病经合作医疗补助后个人负担医疗费用过高，影响家庭基本生活的，再给予适当的医疗救助；尚未开展新型农村合作医疗的地区，对因患大病个人负担费用难以承担，影响家庭基本生活的，给予适当医疗救助；国家规定的特种传染病救治费用，按有关规定给予补助。医疗救助对象全年个人累计享受医疗救助金额原则上不超过当地规定的医疗救助标准。对于特殊困难人员，可适当提高医疗救助水平。

2. 城市医疗救助

2005 年 3 月，国务院办公厅转发了民政部等部门《关于建立城市医疗救助制度试点工作的意见》，城市医疗救助全面开展。城市医疗救助对象主要是城市低保对象中未参加城镇职工基本医疗保险人员、已参加城镇职工基本医疗保险但个人负担仍然较重的人员和其他特殊困难群众；医疗救助方式为：资助城市困难群众参加城镇居民医疗保险，并对其享受医疗保险待遇后个人难以负担的医疗费用再给予补助；对于没有参加居民医保的困难群众，则对其发生的医药费用给予直接补助。

2009 年 6 月，民政部与有关部门联合下发《关于进一步完善城乡医疗救助制度的意见》，要求简化医疗救助操作程序，鼓励和推行定点医疗机构即时结算医疗救助费用的办法，由医疗救助基金先行垫付医疗费用，充分发挥医疗救助的便民救急作用；加强医疗救助和城镇职工基本医疗保险、城镇居民基本医疗保险、新型农村合作医疗在经办管理方面的衔接，改进各项制度的结算办法，探索实行"一站式"管理服务，逐步实现不同医疗保障制度间人员信息、就医信息和医疗费用信息的共享，提高管理服务效率，方便困难群众。2009 年，全国城乡医疗救助对象达 7253 万人次，其中，资助城乡困难群众参加新农合或城镇居民医保 5650 万人，民政部门直接救助 1603 万人次；全年累计支出医疗救助金 117.3 亿元，人次均住院医疗救助 1564 元。

（四）自然灾害救助

我国是世界上自然灾害最严重的少数国家之一，灾害种类多、发生频率高、分布地域广、造成损失大。自然灾害救助是指对因气象、地质、地震、海洋、生物等自然灾害导致基本生活受到严重影响的人员，由各级人民政府为其提供的吃、穿、住、医等应急性基本生活救助。各级政府通过财政预算安排救灾资金，主要用于：受灾人员紧急转移安置，受灾人员口粮、饮用水、衣被、取暖等基本生活救助，受灾人员住房恢复重建，受灾人员伤病救治，抚慰因灾遇难人员亲属等。此外，国家建立救灾物资储备制度，设区的市级以上人民政府民政部门和灾害多发、易发地区的县级人民政府民政部门根据本地区灾害特点、人口分布等实际情况，建设救灾物资储备库。

（五）城市生活无着流浪乞讨人员救助

2003年，我国建立城市生活无着的流浪乞讨人员救助制度，实现了对流浪乞讨人员从强制收容遣送向自愿受助、无偿救助的根本转变。根据国务院《城市生活无着的流浪乞讨人员救助管理办法》和民政部《城市生活无着的流浪乞讨人员救助管理办法实施细则》，城市生活无着的流浪乞讨人员是指因自身无力解决食宿，无亲友投靠，又不享受城市最低生活保障或者农村五保供养，正在城市流浪乞讨度日的人员。救助方式为：一是提供符合食品卫生要求的食物；二是提供符合基本条件的住处；三是对在站内突发急病的，及时送医院救治；四是帮助与其亲属或者所在单位联系；五是对没有交通费返回其住所地或者所在单位的，提供乘车凭证。流浪乞讨救助坚持自愿受助、无偿救助的原则，救助站可劝导受助人员返回其住所地或者所在单位，不得限制受助人员离开救助站。救助站对受助的残疾人、未成年人、老年人应当给予照顾；对查明住址的，及时通知其亲属或者所在单位领回；对无家可归的，由其户籍所在地政府妥善安置。

（六）临时救助

临时救助主要是指对基本生活出现临时性重大困难的家庭，由地方政府给予的一次性生活救助。其对象主要包括：（1）在低保和其他专项社会救助制度覆盖范围之外，由于特殊原因造成基本生活出现暂时困难的低收入家庭，重点是低保边缘家庭；（2）虽然已纳入低保和其他专项社会救助制度覆盖范围，但由于特殊原因仍导致基本生活暂时出现较大困难的家庭；（3）当地政府认定的其他特殊困难人员。与低保制度不同，临时救助对象是基本生活出现暂时困难的家庭和人员，而非长期生活困难的家庭和人员；采取的方式是非定期或一次性救助，与低保制度的定期救助方式不同。

（七）教育救助

在义务教育阶段，主要是执行“两免一补”政策，在免除学生学费和杂费的基础上，由县级以上人民政府按照国家有关规定，对家庭经济困难学生提供必要的学习、生活补助，对寄宿学校的家庭经济困难学生补助生活费。

2007 年 5 月，国务院下发《关于建立健全普通本科高校高等职业学校和中等职业学校家庭经济困难学生资助政策体系的意见》，明确提出建立健全家庭经济困难学生资助政策体系，通过设立国家奖学金、国家励志奖学金、国家助学金、国家助学贷款、师范生免费教育，以及就读学校的学费减免、勤工助学、校内奖助学金和特殊困难补助等方式，解决家庭经济困难学生的就学问题。

（八）住房救助

住房救助依据城乡住房制度的差异，对符合当地住房救助对象低收入标准和住房困难标准的城市和农村家庭，分别采取针对性措施，帮助其解决住房困难。

根据《廉租住房保障办法》，城镇住房救助实行租赁补贴和实物配租相结合的廉租住房制度。由设区的市级或者县级人民政府按照城镇住房救助对象现有住房面积与救助面积的差额，以当地住房市场平均租金为租赁补贴标准向其发放租赁补贴，或者进行实物配租并免收住房救助面积标准内的租金。

农村贫困家庭的住房救助主要是资助农户搬迁、修缮和新建住房。由地方政府结合国家扶贫工程、农村危房改造、移民和生态建设等工程建设项目，通过向农村困难人员发放新建住房补贴、危房改造补贴、提供建房技术服务等方式，逐步改善农村困难人员的住房状况。2008 年，国家支持贵州省率先启动农村危房改造试点，2009 年、2010 年进一步扩大试点范围，对农村分散供养五保户、低保户和其他贫困家庭改造危房予以补助。

（九）法律救助

法律救助制度包括司法救助和法律援助。

最高人民法院《诉讼费用交纳办法》规定，城乡贫困人口等向人民法院提起民事诉讼、行政诉讼，可以向法院申请司法救助，即免交、减交或缓交诉讼费用。

国务院《法律援助条例》规定，城乡贫困人口等提起要求支付国家赔偿、赡养费、抚养费等诉讼，或者在刑事案件中没有委托代理人或辩护人的，可以向法律援助机构申请法律援助，获得法律咨询、代理、刑事辩护等无偿法律服务。

此外，很多地方还出台了一系列面向城乡困难群众的优惠政策，由供暖、供电、广播电视、自来水、燃气、公园等公共服务部门，对低保对象等困难群众需交纳的相关费用予以减免。

上述政策措施为困难群众提供了全方位、多层次的保障，形成保障困难群众基本生活的社会救助体系，有效缓解城乡困难群众在吃饭穿衣、就医看病、子女上学、住房、打官司等方面的实际困难。

三、推进社会救助工作的主要思路

虽然我国社会救助工作取得了显著成效，困难群众的基本生活得到了一定保障，但由于我国社会救助工作还处于发展完善阶段，仍面临着不少困难和问题，突出表现在地区间发展不平衡，一些地方社会救助制度尚不健全；一些地方社会救助工作能力薄弱，操作管理的科学化、规范化程度亟待提高；一些地方救助资金投入力度不够，还难以满足困难群众的救助需求等。下一步，推进社会救助的主要思路是：

（一）加快社会救助法制化进程

加快立法工作步伐，推动出台《中华人民共和国社会救助法》，及早将社会救助纳入法制化轨道，确保社会救助工作有法可依；进一步完善城乡低保制度，健全临时救助制度，规范完善医疗救助、住房救助、教育救助等专项救助制度，实现各项制度的均等覆盖、有效衔接。理顺基本生活救助和其他专项救助之间的关系，将低保制度定位为基础性保障，合理解决最低收入家庭的温饱问题；将专项救助制度在覆盖低保对象的基础上向低收入家庭延伸，重点解决低保家庭及其他低收入家庭医疗、教育、住房、应对突发事件等困难，以防低收入家庭因上述原因而返贫。实现各项社会救助制度城乡统筹、协调发展、互联互补、衔接配套、均等覆盖、监管有力的目标。

（二）建立多部门沟通协调机制

进一步加大对社会救助工作的领导力度，将健全城乡社会救助体系、提高救助水平、实现应保尽保等工作要求，列为各级党委政府贯彻落实科学发展观的刚性要求和领导干部政绩考察的重要内容。建立社会救助部门联席会议制度，搭建起统筹社会救助规划、协调社会救助政策、沟通社会救助信息、研究解决问题的协调机制，构建多部门信息资源共享平台，并以此为基础，建立城乡低保标准、临时物价补贴与物价指数相协调的动态调整机制，健全城乡居民基本生活消费品价格变动应急救助预案，启动跨部门的低收入家庭收入状况信息收集及核对工作。健全政府主导、民政牵头、部门尽责、社会参与、责任明确、运转协调的社会救助工作体制机制。

（三）强化社会救助能力建设

采取切实措施，加强基层社会救助工作能力建设，探索采取政府购买服务、公开招聘人员等方式，落实工作人员；推行以奖代补等方式，按实际工作量或资金支出量的一定比例安排工作经费，保证基层救助工作运转，做到责任明确、监管到位，确保社会救助制度在基层公开、公平、公正地落实；大力推进信息化建设，开发社会救助管理信息系统软件，用信息化手段规范申请、审核、审批程序，提高管理效率与水平；探索建立低收入家庭经济状况核定信息系统，实现与相关部门收入信息的互通、共享，破解社会救助对象“家庭收入核实难”难题，提高救助管理的科学化和精细化水平。建立起一支机构健全、手段先进、保障有力、爱岗敬业的社会救助工作队伍，夯实基层社会救助工作的组织保障。

（四）健全救助资金筹集机制

进一步研究探索财政管理体制创新，明确各级政府在社会救助工作中的责任。加大中央和省级财政对社会救助的投入，建立资金投入随经济社会发展和基本消费品价格指数提高而增加的自然增长机制；尽快理顺五保供养资金管理渠道，实行专项管理、专账核算，确保资金运行安全，杜绝挤占挪用，实现“应保尽保，按标施保”。建立起社会救助资金落实、管理规范、运行安全、社会发放的工作格局，切实保障好城乡困难群众的基本生活。

案例21 救穷还是解困？

长沙市开福区湘雅路社区城市低保对象胡小华身有残疾，1996年从企业下岗后，每月靠140元生活费养活全家四口人。1998年，所在企业破产，胡小华和儿子申请了城市低保，由于妻子和母亲仍是农村户口，没有低保，全家只能靠父子俩的低保金度日。当时，儿子读高中、老母亲常年要看病，胡小华只好向亲朋好友四处借债。为了还债，胡小华经常拖着残腿到处捡废品，傍晚去菜市场捡些菜叶回家吃，日子过得紧巴巴的。

一、领了低保还困难

长沙市的综合实力居全国省会城市第11位，总面积1.18万平方公里，总人口642万人，其中有近40万城乡居民生活困难。

城市低保制度建立的头几年，低保标准和补助金额都较低，低保对象往往每月只能领到六七十元的补助金。像胡小华这样领了低保还困难的人群在低保对象中大有人在。由于米、油、肉等生活必需品物价上涨，医疗、住房、子女就学等支出日益增加，许多低保家庭不堪重负。子女上高中、大学的低保家庭，面对高昂的学费束手无策；没有住房的低保家庭无钱租房，更不用说购买商品房；得了疾病，低保对象往往只能选择拖、忍，无钱去医院诊治。

据长沙市有关部门2004年8月的调查，全市5.2万户11.6万名城市低保对象中，需要两种以上救助的对象占全市低保对象总人数的94.6%。显然，当时的城市低保制度解决不了低保家庭的生活困难，数十元的低保金难以维持低保家庭的生活。甚至有群众认为，政府发这么一点低保金纯粹是作秀。

更突出的问题是，低保金很少，但争着要吃低保的群众却很多。一些人想方设法找关系，搞“人情保”、“关系保”；一些人挖空心思钻政策空子，要保、骗保；还有一些基层工作人员搞暗箱操作、优亲厚友；加之当时没有专门工作机构、工作手段落后、家庭收入核实难等，出现了错保、漏保现象。坊间经常有当了老板吃低保、基层干部家庭和亲朋吃低保等传闻，低保“养懒汉”的争论也时常见诸报端。

二、救穷，更要解困

城市低保制度建立以来，长沙市先后六次提高低保标准，并在2005年建立了农村低保制度。按理说，提高城市低保标准可以在一定程度上缓解保障水平偏低、保障力度不大这一难题。但是政府的财力有限，如果提高保障标准，势必增加保障人口，从而进一步加大保障资金支付压力。如果不提高低保标准，低保补助金低，难以解决低保家庭的实际困难。面对群众的困难和社会的疑问，长沙市开始对社会救助制度进行改革。

◆提高低保“含金量”

长沙市有关部门调研时发现，与困难群众生活密切相关的衣、食、住、医、教、水、电、收视等方面的费用，是家庭支出的重点，一般占到了低保家庭实际支出的95%以上。能不能在这些方面做文章呢？

长沙市从“一方有难、八方支援”中悟出了提高低保“含金量”的新点子，那就是动员教育、卫生、房产、广播电视、自来水、燃气等部门和单位，对低保家庭的相关费用予以优惠。

2002年长沙市决定从当年8月1日起，对城市低保对象的医疗、自来水、住房及其子女教育费用进行优惠和减免。低保对象子女的义务教育阶段学杂费全免；就医免挂号费、床位费减免30%、检查费用减免20%；低保户每户每月减免4吨水、8度电收费；租住廉租房减免租金的50%，低保对象中的无房户每人每月发50元租金补助。之后，长沙市又对城市低保户的收视费、燃气费进行减免。

◆重构社会救助体系

2002年，长沙市规定对在该市公办小学、中学就读的城乡低保对象子女的学杂费全免。每年约有3.5万名农村学生享受到救助政策，3000名考入高校的贫困家庭学生分别获得2000—3000元资助，圆了大学梦。

事例：浏阳市淮川中学初一学生肖伟6岁时就失去了父母亲，是体弱多病的爷爷奶奶养活了他。他说："以前，放假到开学这段时间最难熬，整天发愁筹不到学费。要是没有低保户子女免费就学政策，我早就失学了。"

2005年，长沙市建立城乡一体的医疗救助制度。对农村五保对象住院医疗费实行实报实销，全额资助城乡低保对象、农村五保对象参加基本医疗保险或新型农村合作医疗，还对患有尿毒症、白血病、癌症等重大疾病的对象给予3000—5000元的医疗救助。2006年6月又推出社会精神病人药物救助，通过政府购买医疗服务，为社会精神病人免费提供治疗服务和基本药品。

对城市低保和低收入家庭且无住房的，实施以发放住房补贴为主、实物配租和租金核减为辅的住房保障制度。在农村推行"安居工程"，解决农村"三无"人员和其他特困户的无房、危房问题。城市低收入无房家庭还可以申请经济适用住房补贴8万元。

随后，长沙市进一步完善了灾害救助、五保供养、流浪乞讨人员救助、扶贫开发、司法援助、再就业援助，以及水、电、燃气、收视等费用减免制度；临时救助、慈善救助、科技援助、殡葬补助、旅游门票减免等相关救助政策也相继出台。截至目前，长沙市共建立了23项救助制度。

事例：芙蓉区德政园社区低保对象李文民算了一笔账，全家三口人领到手的低保金每月510元（每人每月170元），全年为6120元；孩子读初一，每学期免除学杂费360元（一学年为720元），妻子住院费用减免748元，还获得医疗救助2500元，全家水电、收视费每年减免256元，租房补助1800元，全年总计减免6024元。"这是一个不小的数字。"李文民说，"有了社会救助，省了好大一笔钱，得了大实惠；如果没有社会救助，那就变成一个好大的经济负担啊！"

三、众誉寡毁的社会救助

长沙市有数十万群众从社会救助中得到了实惠。截至2008年底，城市常年保障的低保对象11.2万人、农村低保对象18.3万人，农村五保供

长沙市城市低保对象普查出发仪式

养对象3.9万，均实现了应保尽保。精神病人药物救助4.7万余人次；住房保障制度年救助1万余户；教育救助50万余人；水、电和收视费减免100%落实；工商、税务和劳动保障等部门落实下岗失业人员再就业优惠政策，免收费用；法院免收城市低保户、五保户的诉讼费。此外，教育、卫生、科技、残联等部门也在各自职责范围内开展救助活动，从不同方面为困难群众排忧解难，基本实现了“有求必助”、“按需施救”。

然而，同所有的政策一样，长沙市的社会救助也遇到了不少新问题：如低保对象享受到了多种救助待遇，而家庭收入稍高于低保标准的低保边缘户、低收入户却很难享受到救助，实际生活状况反而更困难；在救助对象中，交通便利、能说会道的往往得到更多走访慰问等临时性救助，而居住在偏远山村的困难对象得到这类救助的机会就很少，造成了新的不公平。

2008年，长沙市修订《长沙市城市居民最低生活保障办法》，对城市低保申请人进行规范，以防止“错保”现象。针对社会救助申请人的家庭收入核实难问题，长沙推进建立跨部门的低收入家庭收入信息共享和比对系统，通过与税务、房产、车管、工商、金融、社会保险等部门互通信息，来核对申请人家庭经济状况，以杜绝部分申请人虚报、瞒报家庭收入，骗取救助待遇。据2008年长沙市民政局3600份社会救助调查问卷显示，市民对社会救助满意率高达98.5%，“关系保”、“人情保”等现象日趋减少。

四、对救穷和解困的思考

我国目前仍有数千万的城乡贫困人口。这些人群生活负担重；受教育程度普遍较低，缺乏自我发展的能力；收入水平低、消费结构单一，基本上处于入不敷出的状态；贫困的代际传递较为普遍。保障好这些人的基本生存和发展权，需要进一步完善社会救助制度。

思考一：社会救助应以温饱优先，重在发展

千头万绪，温饱第一。解决贫困问题，首先需要解决的是贫困人口的吃饭问题。但是也要看到，城乡困难家庭的致贫原因存在着多样性、复杂性，在温饱存在困难的同时，他们也同时面临医疗、子女就学、住房等方面的困难。因此，一个完善的救助制度体系，应该是以城乡低保制度为基础，其他专项制度与之相配套，特别要重视“授人以渔”，扶持贫困家庭的发展。

思考二：社会救助政策应重视家庭功能

“家和万事兴。”家庭是组成社会的细胞，是社会的缩影，只有家庭和谐了，社会才会和谐，才能健康有序发展。可以说，“发展是硬道理”同样适用于家庭，各项惠民政策应以家庭为单位，支持家庭的发展，尤其是支持困难家庭的发展。当前，一些地方在实施社会救助制度的过程中“保人不保户”，搞平均分配，值得相关政策决策者和执行者认真思索。

思考三：社会救助应当创新管理机制

救助体系是一项社会系统工程，民政、人力资源和社会保障、卫生、教育、工会、妇联等部门及企业、事业单位、慈善组织，都具有各自的社会救助职能。各级政府应当加强领导，统筹安排，按照社会救助的职能分工，逐步地使各项救助制度互通、互联、互补，广覆盖、高效能，构成一个有机的制度体系，并在具体运作上各司其职，各负其责，形成合力，杜绝“错救”、“漏救”，以及各部门“你救你的、我管我的”等现象。

思考题

1. 在当前城乡二元体制下，如何推进社会救助制度的城乡统筹协调发展？

2. 在目前各个部门各个单位“各自为战”开展救助活动的体制下，如何避免重复救助或救助遗漏，提高社会救助效果？

案例22 好事更要办好

辽宁省本溪满族自治县同江峪村孙连发年届五旬，左腿残疾，妻子也体弱多病，且患有轻度精神病，两个儿子都在上学。由于缺乏劳动力，并且没有稳定的收入来源，孙家一贫如洗，房屋破烂不堪。全家四口人一年所得低保金为260元，根本不能维持基本生活，孙家在村里到处借债，村民都躲着孙家人。

一、农村低保十年探索，难得百姓认可

本溪满族自治县地处辽宁省东部山区，素有"八山一水一分田"之称，人均耕地仅有一亩多，且多为贫瘠的山坡地。全县总人口30万，农业人口19万人，其中贫困人口约占农业总人口的3.5%。这些人多居住在自然条件相对恶劣且交通不便的山区，就业机会少，土地贫瘠，且残疾人，患各种慢性病、老年病及严重疾病的占绝大多数，他们很难抵御各种自然的、经济的和社会的风险，摆脱贫困。

20世纪90年代中期以来，本溪满族自治县在原来的农村特困户救济制度的基础上，建立了农村最低生活保障制度（以下简称农村低保）。当时，农村低保的资金来源为乡统筹和村提留。在对象的确定上，没有明确的界定条件，随意性很大。在操作过程中一看家境，二看家里有没有残疾人和重病人；乡镇直接审批，县级民政部门只将救助对象的名单进行备案，未形成相应的文字及电子档案材料，管理不规范；在救助水平上，因基层财政紧张，只能"看钱吃饭"，即根据救助资金数额确定救助对象的多少，一般每人每年平均救助不到300元，群众意见较大。

2004年10月，辽宁省印发了《辽宁省农村居民最低生活保障办法》，成为全国第八个建立农村低保制度的省份。同年底，本溪市政府办公厅出台了《本溪市农村居民最低生活保障实施细则（暂行）》。2005年1月，

本溪满族自治县正式建立实施以财政预算为主的农村低保制度。新的农村低保制度规定，“家庭年人均收入低于本县农村低保标准的”，都可以申请享受农村低保，打破了传统的“保人不保户”、标准偏低的定期定量救济模式。

然而，这项制度实行的初期，一些老百姓甚至包括部分乡镇干部和村干部都不理解，他们认为把一个家庭里的重病人或残疾人列为保障对象，大家都能接受，如果把家里其他有劳动能力的人一起保进来，实在让人想不通。一些乡镇农村低保还不同程度地存在着“分户保”、“按人保”等现象。

二、农村低保政策如何落实

老百姓对老的农村低保制度不满意，对新的农村低保制度不理解。新的农村低保制度这个好事如何不折不扣落到实处，真正办成好事呢？

◆低保标准要合理

2005 年春节，孙连发对前来慰问的一位县领导说，我家里老弱病残，啥人都有，政府给的低保金太少，不够生活开销，请求政府多发些低保金。其他县领导也碰到过类似情况。

制定合理的低保标准，是实施农村低保制度的核心环节。本溪满族自治县政府农村低保标准制定工作小组对全县农村贫困人口数量、比例、农村居民家庭的收入水平和生活状况、人均生活消费支出水平等情况认真调查，经反复分析和研究，测算出当地农村居民人均维持最低生活水平所必需的费用为每人每年 650 元。

本溪满族自治县最后决定 2005 年的农村低保标准为每人每年 650 元，之后要逐年提高；在上级财政投入的支持下，县财政 2005 年安排 100 万元农村低保专项资金，实行专户管理；对高中大学在读学生、完全丧失劳动能力人员、69 周岁以上的老年人及部分优抚对象等人群，给予重点照顾，提高补助金额。

2007 年，本溪满族自治县将农村低保标准调整为每人每年 1000 元；2009 年进一步提高到 1300 元，县配套农村低保资金 150 万元，占当年全县农村低保资金支出的25%。低保对象中丧失劳动能力、在校学生等人群，分别按照不同的标准获得了额外的补助（见表5-1）。

表5-1　本溪满族自治县农村低保分类救助提标情况

（单位：元/人·月）

低保对象	完全丧失劳力	丧失部分劳力	69周岁以上老人	部分优抚对象	高中学生	大学学生	单亲未成年子女	患重大疾病	集中供养五保对象	未成年孤儿	成年就学未就业孤儿
提高标准	50	30	50	60	40	60	40	40	15	150	350

注：本表提高标准是指符合条件的低保对象在享受按低保标准核定的补助金的基础上，额外增发的补助金。

◆不错保一人，不漏保一人

2005年，燕东镇赵卜村几户村民写举报信称，该村低保不公平，与举报人家庭条件相近的农民都办了低保，所以举报人也要求办低保。经调查核实，由于乡镇只有一名民政助理员，除负担所有民政工作外，还要负责残疾人工作、养老保险，以及乡镇部署的中心工作，工作任务十分繁重，只好将农村低保工作托付给村委会，但村委会无专人负责，“多一事不如少一事”，对入户调查或民主评议，只是走个过场，老百姓意见比较大。

本溪满族自治县出台了《农村居民最低生活保障工作制度》，要求乡镇政府或村委会接到村民的低保申请后，由乡镇干部和村主任、会计组成调查小组，采取“一看、二问、三访、四查、五记录”的方法，到申请人家中进行调查，然后由村民代表对申请人的家庭情况和调查结果进行民主评议。由于村民代表对各户的情况比较了解，所以有的家庭的隐形收入往往在评议过程中就暴露出来。

事例：收入调查核实小组在燕东镇赵卜村胡某家调查中发现，胡某62岁且视力残疾，老伴58岁，儿子因肢体残疾未成家。通过计算其家庭收入，他家三口人均收入低于农村低保标准，被提交到村民代表大会评议。

但在评议过程中，村民代表说出了这样一个事实：胡某家除了承包田外，自己还开荒种了10多亩旱田，而且收成很好。得知这一情况，调查核实小组对他家的情况又进一步进行核实。经核实，他家的人均收入已经高于农村低保标准，因此取消胡某家的申请资格。

享受低保待遇不是一成不变的。有些低保家庭孩子毕业工作，有的家庭的病人经过治疗痊愈，有的非低保家庭因为突发事件失去生活来源。为使符合条件的家庭能及时纳入农村低保，将家庭收入发生变化已不符合条件的低保对象及时进行清退，本溪满族自治县将低保对象按无劳动能力、丧失部分劳动能力、有劳动能力划分为三类。对无劳动能力、家庭情况变化不大的低保对象每年核查一次，对丧失部分劳动能力的低保对象每半年核查一次，对有劳动能力的低保对象每季度核查一次。低保对象按季续保，年度审查。同时，村低保专管员将低保户家庭成员及收入变化情况及时告知乡镇低保工作人员。2009年全县共退出农村低保219户444人，新增255户607人，净增加36户163人，做到了低保对象能进能出、保障金额能升能降，提高了低保对象的准确率。

◆监督考核：在“阳光下”操作

2006年，有村民向县里举报称，该村低保专干与某乡领导合伙，将乡领导的两户亲戚纳入低保，这两户人家经济条件不算差，根本不符合低保条件。县工作人员进村后，首先对在册所有低保对象进行家庭收入入户核查，然后召开村民代表评议会议。会上，工作人员发现该村村民代表不敢仗义执言，怕得罪人。工作人员就采取“背靠背”的方式分别谈话和投票，重新进行民主评议。根据入户调查和评议结果，县民政局取消了这两户家庭的低保待遇。

执行农村低保政策，监督考核是必不可少的环节。2007年，本溪满族自治县将农村低保工作纳入对各乡镇“千分考核”责任状中，与乡镇领导的政绩和奖金直接挂钩。具体的考核指标包括：是否认真履行审批程序，是否实行动态管理制度，家庭经济状况核查是否准确，分类救助是否适当，档案管理是否规范精细，统计报表是否及时准确，资金是否实行专户管理、专款专用等。有关农村低保考核指标的分值占乡镇民政工作考核分值的1/3。同时，乡镇政府也把农村低保工作作为考核各村工作和村干部的重要指标。

本溪满族自治县建立了定期抽查检查、举报等制度。民政局在乡镇、村设立并公开举报电话，还经常深入乡镇、村，采取“一问、二看、三入户”的方式，定期或不定期地对各乡镇、村的农村低保工作进行检查。“一问”即针对要了解的情况进行询问，“二看”即看档案、记录及需公开公示的内容，“三入户”即拿着低保户花名册随机入户抽查检查，及时发现和解决低保工作中出现的问题。对于群众举报的事项，无论是署名还是匿名一律进行查处；对于群众意见比较大、反映强烈的，民政局直接进驻乡镇、村开展工作。同时，县里抽调乡镇（街道）低保工作人员开展乡镇（街道）间相互检查。

本溪满族自治县还加强对农村低保专管员的监管。民政局与每个村的低保专管员都签订《农村低保专管员聘任协议书》，明确他们的职责主要是帮助村民提出书面申请，配合乡镇（街道）进行调查核实，负责民主评议并公示，上报相关材料，对审批结果进行公示，对低保对象定期复核，提供政策咨询服务。协议还明确规定，低保专管员玩忽职守、徇私舞弊、出具假证等违反农村低保工作纪律的，解除聘用关系，并交由乡镇党委、政府给予批评教育或党纪政纪处分。

三、低保政策真正惠及贫困农民

新的农村低保制度实施后，孙连发家每人每月可获补助70元，全家每月可领取280元。按照分类救助政策，孙连发因肢体三级残疾每月增加30元，妻子因患精神病丧失劳动能力每月增加50元，大儿子上大学每月增加60元，孙连发家每月共领到420元。2008年初，民政局出资为孙家办理了新型农村合作医疗，并出具证明协助孙家大儿子办理助学贷款，给小儿子发放800元的生活补助。此外，县政府还拨付5000元资助孙家建房，县残联也为孙家补助3000元。在本溪满族自治县2009年开展的对口帮扶活动中，包扶单位和包扶人扶持孙家20只山羊，并帮他盖起了

60 平方米的羊圈。

当地政府援助贫困农民修建住房

孙家的生活大有好转，村民们说：“是农村低保救了他们一家，不然这个家老的老、小的小、病的病、残的残，日子早就没法过了！”村干部感受更深，从前孙连发经常找村干部要求救济，把村干部弄得焦头烂额。自从享受低保待遇后，孙连发每季度拿着存折到信用社领低保金，也不用总麻烦村干部了。

本溪满族自治县像孙连发这样的困难家庭全部纳入了农村低保范围，全县农村低保对象为 3287 户 6818 人，实现了应保尽保。低保对象月人均补助 78 元。低保对象中享受分类救助的农村低保对象达到 2607 人，占农村低保对象总人数的 38.2%。

四、本溪满族自治县农村低保制度的启示

按照财权与事权划分的原则，社会救助属于地方事务，由地方政府负责。地方政府，尤其是县级政府如何将各项社会救助制度准确落实到位呢？本溪满族自治县农村低保制度的有效实施提供了启示。

启示一：落实社会政策需有明确细致的政策目标

社会救助是由若干制度组成的完整的体系。这些制度要得到有效落实，一方面，应当有明确细致的政策目标，对政策涉及的有关内容或细节有详细的规定，不留政策盲点；另一方面，制定政策更不能图省事，盲目不加限制地向下级授权，由下级机构规范政策目标或细节。如案例中本溪满族自治县对农村低保制度的标准、资金、分类救助、申办程序等关键细节作出了明确的规定和要求，如果这些关键细节不甚明确或不具有可操作性，低保制度将无从落实。

启示二：落实社会政策需提高基层政府的政策执行力

在社会救助等各项涉及民生保障的制度中，县级人民政府的职责最为特殊：既是决策者，又是执行者，还是监督者。因此，县级人民政府在履职过程中，应制定出相关政策在本地区的实施办法或细则，提供必需的人力物力支持，保证“有人办事、有钱办事”；要建立和完善政府绩效评估机制，通过科学、量化的指标，对有关部门或乡镇人民政府的政策决策、执行等进行评估。此外，还要建立完善的监督、考核和纠错机制，确保政策落实到位。乡镇人民政府应当重点强化社会管理和社会救助的功能，在全力履行好本级政府监管职责时，对村（居）民委员会的社会救助工作给予指导、支持和帮助，防止村（居）民委员会不作为或乱作为。村（居）民委员会应当根据有关部门的授权或委托，按照政策要求，安排专人，实行精细化管理，将社会救助政策贯彻落实到位，让老百姓满意。

思考题

1. 如何强化基层政府的公共服务职能？
2. 提高基层政府社会政策执行力，你有什么好办法？

案例 23　回归医疗救助的本义

重庆市渝北区原王家镇村民李韶海一家四口都是农村低保对象。李韶海 1997 年患布卡氏综合征、肝硬化等多种疾病，虽然 2003 年农村合作医疗制度建立后共报销了 4.5 万元，但由于自负金额大，仍花光了所有积蓄，并向亲戚朋友借了 16 万多元，不但病没治好，还严重影响了家庭基本生活。李韶海和家属多次向镇政府和区政府有关部门请求救助，但由于没有建立医疗救助制度，没有经费来源，得到的答复总是暂时“无法解决”。

一、不堪重负的医疗费用

在重庆市渝北区，类似李韶海这样无力负担大额医疗费用的城乡贫困群众不是个别，仅城乡低保对象和农村五保对象中，就有约 54% 的家庭需要负担大额医疗费用。高昂的医疗费用使这些群众不敢看病，他们“小病不愿看，大病没钱看”。有的群众形象又无奈地说：“救护车一响，几头猪白养”；“脱贫三五年，一病回从前”。

由于受经济条件的限制，大多贫困群众无力参加医疗保险，即使参加了医疗保险，由于各种保障制度均有报销门槛和报销比例限制，个人仍需负担相当的费用，一些贫困群众不得不“小病拖、大病挨、重病才往医院抬”。以渝北区新型农村合作医疗为例，2006 年区级和镇（街）级医疗机构的次均住院费用分别为 4035 元、2013 元，报销比例分别为 45%、50%。也就是说，即使困难群众参加新型农村合作医疗，他们仍需负担 55%—50% 的医疗费用，造成巨大的经济负担。大额医疗费用负担是很多农民致贫的主要原因，疾病与贫困像两个孪生兄弟，形成疾病—贫困—疾病的恶性循环。

不仅贫困群众对大额医疗费用怨气多，社会反响也很强烈。有社会舆论指出，贫困人口无钱看病，政府不能见死不救。

如何破解贫困群众看病难题呢？重庆市把渝北区作为城乡医疗救助试

点区，要求其探索出一条统筹城乡医疗救助制度的路子，确保城乡贫困家庭能看病、看得起病。

二、争论

渝北区在建立城乡医疗救助制度过程中，存在不同的意见。

争论一：医疗救助是不是只救助民政对象？

部分同志认为，医疗救助范围应界定在城乡低保、农村五保、重点优抚等特定的民政对象。主要理由是：如果将民政对象以外的人群也纳入到医疗救助制度中来，就与医疗救助制度“扶弱济贫”的宗旨相违背，医疗救助制度将“变味走样”，变成众人都可享受的福利，就不该称其为救助制度了。

另一部分同志则认为，应当把民政对象以外的其他低收入群体也纳入医疗救助范围。原因是，低保边缘群体的收入仅能满足基本生活需求，抵抗疾病风险的能力依然相当脆弱，生病后可能会因高额的治疗费用而致贫。晚救不如早救，将他们纳入医疗救助范围，可以在一定程度上提高他们抵抗疾病风险的能力，防止其因病致贫。

争论二：医疗救助是只救大病还是同时兼顾门诊？

部分同志认为：医疗救助只能救助大病，因为政府的救助资金有限，应把有限的资金用于解决困难群众当前最迫切需要解决的问题，如果将门诊纳入救助范围，势必影响资金的使用效果。

另一部分同志则认为，医疗救助制度不但应解决困难群众最迫切的问题，还应该考虑门诊统筹救助，关键是要防止困难群众小病拖成大病。

争论三：医疗救助应该救助什么样的“大病”？

部分同志认为，卫生部门、人力资源和社会保障部门以及商业保险机构对大病病种已有明确的界定，且长期执行，有科学依据和实践经验。为便于操作，避免引起不必要的争论，建议医疗救助参照相关规定以病种来界定大病。

另一部分同志则认为，应把所有需要住院治疗的疾病都作为大病予以救助，因为如果把医疗救助限定在部分病种救助上，医疗救助政策的受益率将非常低，甚至会出现更多的城乡困难群众因病致贫，因病返贫。

争论四：救助对象享受全部医疗救助政策后仍未治愈的，其后续治疗问题如何解决？

部分同志认为，既然救助对象已经享受完了政府医疗救助政策，其后续治疗费用应由救助对象自行负责。因为医疗救助制度终究是一项“以个人负担为主、政府给予适当救助”的救济型制度，不是免费医疗，“一包到底”。

另一部分同志则强调，一些救助对象经医疗救助后，仅需要少部分资金即可治愈，应该给他们再开通一条援助渠道，帮助他们彻底治愈疾病，恢复生产生活能力。如果这部分人的病不能彻底治愈，又无钱看病，小病又会拖成大病，陷进因病致贫、因病返贫的困境。

争论五：救助标准如何确定？

部分同志认为，医疗救助作为一种全新的救助制度，尚处在探索阶段，制度还不成熟，财政的承受能力也有限，因此，应设定一定的门槛，标准也不宜太高，可从低标准起步，视情况逐年提高。

另一部分同志坚持说，当前医疗费用普遍偏高，动辄几千上万，连机关干部都难以承受，更不要说困难群众。救助标准过低，解决不了贫困群众的医疗负担，还容易给社会造成假象和误判，说政府带头作秀。所以，医疗救助应该适当提高救助标准，确保救助对象有病能治。

三、决策

经过广泛讨论，渝北区认为医疗救助应当是“困难群众小病即治、大病能救、病后可助”；医疗救助制度在实施过程中应当便民、快捷、高效；医疗救助对象应当实现城乡困难群体“全覆盖”，不再实行城乡分割。

决策一：“五位一体”

“五位一体”，就是医疗救助包括五项救助内容。

——资助参加合作医疗保险。资助城乡低保对象、农村五保对象、重点优抚对象、重残人员以及60周岁以上的低收入老年人参加城乡居民合作医疗保险。

——门诊救助。对救助对象在门诊就诊的费用，在合作医疗保险门诊统筹报销的基础上再按比例给予适当救助。同时，针对救助对象中的特殊困难群众，如“三无”人员、重残重病和80岁以上老人等长期患病又无须住院治疗的对象，每年发放一定额度的医疗救助卡，用于就医、买药。

——住院救助。救助对象患病住院就医，医疗救助首先帮助其垫付合作医疗保险的门槛费用，确保其能享受到合作医疗保险政策。经合作医疗保险报销后，剩余自付部分给予救助。

——临时医疗救助。低保对象以外的其他低收入群体，因患病难以支付高额医疗费用的，给予一定的医疗救助，帮助其渡过难关，防止因病致贫。

——慈善医疗援助。困难群众在享受医疗保险和政府救助后，对还需少量资金即可治愈的，通过慈善援助再给其一定的资金，确保受助对象后续治疗顺利进行。

决策二：“五个机制”

“五个机制”，就是医疗救助制度在实施过程中，建立制度衔接、资源共用、信息同享、结算同步、监管统一的管理机制，医疗救助与其他医保制度密切配合，互联互补，提高救助效率。

——制度衔接。在制度设计上，医疗救助与城乡合作医疗保险、城镇职工基本医疗保险实现无缝衔接、互联互补，使困难群众得到更大的实惠。

——资源共用。将城乡合作医疗保险定点的医疗服务机构全部纳入城乡医疗救助服务机构，为困难群众搭建方便快捷的医疗服务网络。

——信息同享。城乡医疗救助管理信息系统与城乡合作医疗保险信息管理平台实现对接，建立完整的医疗保障信息系统，管理部门通过终端可以随时监控救助对象就医情况和各医疗服务机构实施的诊疗情况，适时对救助基金的运行情况进行风险分析和评估。

——结算同步。医疗救助管理系统将医疗费用自动生成合作医疗保险报销金额、民政救助金额、救助对象自付金额三个部分，救助对象在医院结算费用仅需交纳自付金额部分，医疗救助部分由医疗机构垫支，民政部门按月与医疗机构结账。

——监管统一。民政部门与卫生部门加强跨系统协调，建立统一的监管体系，成立由专业医务人员组成的监察工作组，定期或不定期对医疗机构服务质量和诊疗行为进行检查，保证救助资金的合理使用。

决策三：调整

渝北区医疗救助制度运行一段时间后，发现医疗救助基金尚有大量节余。老百姓也普遍反映，一些困难家庭，比如患大病的低保边缘家庭、重度残疾人家庭等，他们进不了医疗救助门槛，无法享受救助；一些家庭虽然获得医疗救助，但由于救助标准低，这些家庭的医疗费用负担仍然比较重，影响到他们的基本生活。

重庆市渝北区城乡医疗救助政策流程图

为此，渝北区调整医疗救助政策，新政策从 2010 年开始实施。

——扩大救助范围。具体包括：资助重度（一、二级）残疾人参加城乡合作医疗保险；经区级及其以上医疗机构确诊为重大疾病，需继续治疗的城乡其他贫困人员，资助他们参加城乡合作医疗保险，并对其住院治疗费用予以补助；资助家庭经济困难的大学生参加城乡合作医疗保险，并对其住院治疗费用予以补助。

——提高救助标准。具体包括：将“共付”门诊救助年最高救助额由 80 元提高到 120 元；将定额门诊救助额由 300 元提高到 400 元。

——对特殊病种和特殊群体给予重点救助。对区级及以上医疗机构确诊为恶性肿瘤、尿毒症肾透析等疾病的救助对象，年享受救助限额 6000 元；对城乡低保对象中的“三无”人员和农村五保对象，在普通疾病和重大疾病住院救助标准基础上，年最高救助金额分别提高 1000 元，救助比例提高 10%。

四、效果

渝北区探索建立的“五位一体”的城乡医疗救助制度及“制度衔接、资源共用、信息共享、结算同步、监管统一”的运行机制，简称为“渝北模式”。重庆市于2008年在所辖区县推广了“渝北模式”。

城乡医疗救助制度实施以后，困难群众看病的自付比例趋于下降。以2008年农村医疗救助为例，渝北区全区共救助36345人次，共支出救助金额516.18万元。其中，大病医疗救助共5540人次，总医疗费用1062.22万元，通过合作医疗保险报销495.59万元，民政救助378.54万元，困难群众自己只支付188.1万元，人均自付比例为17.7%。

事例：渝北区石船镇关心村重点优抚对象桂礼兵，生于1935年，是一个老病号，他的四个子女均务农，家庭经济条件一般。2009年10月，桂礼兵因患肺气肿在石船镇中心医院住院治疗，医疗费用为3015元，城乡居民合作医疗保险报销了1843元，医疗救助596元，自付了576元，自付费用占全部医疗费用的19%。2010年3月，桂礼兵再次到石船镇中心医院住院治疗，医疗费用为5726元，城乡居民合作医疗保险报销3678元。由于提高了报销比例，医疗救助补助他1174元，自付费用为874元，自付费用仅为医疗费的15%，比上一次减少了4%。

也有人对渝北区的医疗救助制度提出了不同的看法，认为渝北区医疗救助政策规定的医疗机构是镇街和区级医院，没有规定市里的大医院。但渝北区远离重庆主城区，区内医疗机构的医疗技术还不够高、医疗设备相对落后，对一些疾病的检查、治疗受到制约。如果救助对象到重庆主城区的大医院治疗，就难以从医疗救助制度中受惠。

也有的农村低保对象反映：医疗救助政策很好，我们有病也敢去医院看了；但有的医生知道我们是救助对象后，在开药时会选一些能报销的、比较贵的药，医疗费用就水涨船高。这样既浪费国家的钱，我们自己负担的医疗费也会多起来，到头来还是看病贵。

五、启示

近年来，看病贵、看病难一直是困扰广大人民群众的一个难题，如何有效解决城乡居民特别是城乡困难群众的医疗保障问题，提高他们抵御疾病风险的能力、降低其治疗疾病的经济负担，成为当前一个十分迫切的民生保障课题。重庆市渝北区医疗救助制度提供了一些借鉴和启示。

启示一：为困难群众提供的医疗救助水平要适当

在我国，因病致贫、因病返贫的现象较为严重。根据调查，贫困户中41%的家庭的致贫原因为疾病，其中东部地区50%左右，中西部地区38%—39%。各地在推进医疗救助等医疗保障制度建设过程中，应根据当地的经济发展水平和医疗费用支出水平，突破大病住院救助形式，实施“预防保健+门诊+住院”的多层次、一揽子的救助服务模式，合理确定救助标准，在不降低医疗服务内容和标准的前提下，让贫困群众都能够看得起病。

启示二：为困难群众提供的医疗保障服务要简便易行

目前，各地医疗保障制度体系点多面宽，有城镇职工基本医疗保险、城镇居民医疗保险、新型农村合作医疗保险、医疗救助等。各地在推进这些医疗保障制度建设过程中，应当坚持便民利民、快捷高效的原则，做好制度之间的相互衔接，把政策“断层”变为政策“斜坡”，实现对各类人群的全覆盖，把“该不该救”变为“救多救少”。衔接的方式是多种多样的，包括信息平台及信息资源的共享、报销比例的相互衔接等。此外，各地可充分利用高度发达的信息化技术，建立行之有效、资源共享的信息平台，以简便流程，简化程序和环节，减少审批手续，让广大群众能够更好地享受医疗服务。

思考题

1. 如何更好地实现医疗救助与其他医疗保障制度的有效衔接？

2. 在目前条件下，推进医疗救助制度的城乡统筹是否可行？有何具体理由及措施？

案例 24　真穷　假穷

2009 年，"上海杜绝开着宝马吃低保"、"打破信息壁垒挡住'扮贫'李鬼"、"个人信用档案扩容，申请廉租房有了信用戒尺"、"用数据堵住骗低保漏洞"等报道，不断出现在《解放日报》、《新民晚报》、上海电视台、"中国之声"、东方网、新浪网等各大媒体，上海市的家庭经济状况核对机制引起了社会各界的广泛关注。

一、经济状况核对是老大难问题

家庭经济状况核查是社会救助的核心环节，也是确定救助对象获得救助待遇的主要依据。据不完全统计，上海市每年仅廉租住房、经济适用房、最低生活保障、医疗救助和教育救助五个项目，需要进行家庭经济状况核查的就有 123.5 万户。而传统的家庭经济状况核查方法主要是采取入户调查、邻里访问或村（居）委会民主评议等方式，但这种方法已不能满足实际需要。

一方面，调查内容和项目日益复杂，街道或乡镇的工作人员由于缺乏准确信息和调查手段，往往以看、听、估等粗放方式进行调查，主观性较强，"自由裁量权"过大，调查结果不准确，还容易滋生"人情保"、"关系保"等不正之风。

另一方面，基层工作人员也呼吁，家庭经济状况核查的工作负担过重、压力很大。有的基层干部直言，现在国家对老百姓的照顾政策很多，需要进行家庭经济状况核查的家庭越来越多，但是核查的难度越来越大，老百姓不是很配合，而非专业化核算出来的收入也往往不能被申请人接受，容易产生纠纷和矛盾。

如何准确核查社会救助申请人的家庭收入，帮助那些真正需要帮助的家庭，杜绝"搭便车"、错保、漏保、虚报、冒领、诈取社会救助等政府补助金的行为呢?

二、在探索中前行

"家庭经济状况核对难"是社会救助工作的瓶颈,是一件必须突破的事情。2006年7月,上海市正式启动居民经济状况核对工作,并由市民政局负责核对工作的方案研究。

方案设计:居民经济状况核对工作怎么做

核对的范围和内容是什么?居民经济状况核对系统是一个为各类公共政策提供经济状况权威核对信息的支持性政务平台,核对范围不仅限于低收入人群,还涉及中收入人群;不只服务于廉租住房项目,还将服务于公租房、经济适用房、最低生活保障、医疗救助、教育救助等其他公共政策。核对工作不仅要进行收入信息的比对,还要进行财产状况核对,以及支出情况的核对。另外,居民经济状况核对系统应具备为公共政策的研究决策提供数据分析的功能;在核对过程中,要对有关申请人的基本信息和经济状况信息等数据,进行挖掘、整理和分析。

如何开展核对工作?目标就是"三个一",即:"一个平台",建立一个面向全市居民的经济状况核对综合信息处理平台,把原本分散在各部门的相关经济状况信息进行最大效率的整合和利用;"一个办法",制定一套本市居民经济状况核对办法,完善申请、审核、流转、比对、核实等一整套特定的流程和有关政策;"一个机构",创设一个专业的权威机构,专职对申请政府保障的家庭的经济状况进行核对,为政府相关部门进行审批时提供客观依据。

核对工作以申请人书面委托授权为前提,在入户调查、邻里访问等传统方式的基础上,实行"以部门比对相关政务信息为主、以个案抽样调查为辅"的方式开展收入核查,也就是通过电子比对专线,与政府相关部门进行经济状况信息的交换,运用核对原理,比对分析个人申报与相关部门反馈信息后得出结果;对个别的案件,可辅之进行抽样调查。

系统研发：解决关键技术问题

市民个人经济状况信息分散在政府或社会的各个部门，如社会保险金缴纳信息、纳税信息、存款证券等金融信息等分别在社会保障、税务和银行证券等部门，而各部门之间的业务信息和数据又缺乏有效整合。如何收集这些数据信息并进行比对呢？上海市通过确定核对要素、建立比对专线和确定核对原理等步骤，来解决居民经济状况核对系统的技术问题。

——确定核对要素。上海市根据申请人的收入特点，如工资性收入、经营性收入、财产性收入、转移性收入等，确定不同的核对要素。核对要素分成“基本核对要素”和“补充核对要素”。“基本核对要素”包括社保金缴纳金额、公积金缴纳金额、税额等；“补充核对要素”包括是否在居住地拥有房产，是否有机动车辆、股票、债券、存款等。

——建设电子比对专线。居民经济状况核对系统能否成为为各类公共政策提供经济状况权威核对信息的平台，电子比对专线是关键。经过论证，上海市规划建立多条电子比对专线，涵盖上海市民政局、税务局、人力资源和社会保障局、公积金中心、公安局、交通港口局、经济信息委、统计局、工商局、人民银行上海分行、证监局、银监局、保监局等 14 个部门和单位。

然而，电子比对专线的建设困难重重，不仅需要打破信息壁垒，还需实现技术对接。上海实行“两步走”策略，即在未开通电子比对的情况下，先开展手工比对。2007 年，上海市民政局与市公积金中心建成电子比对专线，实现网上批量电子交换，主要比对公积金缴纳和提取信息；与市人力资源和社会保障局和市税务局开展手工比对，主要比对社会保险金缴纳信息和纳税信息。2008 年，劳动和税务电子比对专线建成，并与上海市公安局和上海市交通局开展手工比对，主要是比对车辆信息和出租车司机收入信息。此外，与公安和交通部门实现加密数据交换；公安、房产电子比对专线等也正在建立和商谈中。

——确定核对原理——数字模拟推算规则。居民经济状况核对系统的工作原理，主要是通过电子比对专线从相关部门获得相应的核对要素信息，按照数字模拟推算规则，在系统中直接生成该申请人的收入或财产数额。此数额再与申请人申报的数额或政策规定的数额进行比对得出偏差值。偏差值小于或等于零的，出具标准线内的核对报告；大于零的进入重新确认程序，根据重新确认的情况，对于仍大于零的，或主动退出终止核对的，出具标准线外的核对报告，并将申请人载入不良诚信记录。

试点实施：实现“三个一”的目标

2007 年 3 月，上海市首先在浦东新区潍坊街道和南码头街道、卢湾区五里桥街道和打浦桥街道 4 个街道开展扩大廉租住房受益面经济状况核对试点工作。同年 9 月，经济状况核对试点范围推广至上海全市 61 个街镇，其中，浦东新区和卢湾区全区推开，其他区县各选取 2 个街镇试点。2008 年上半年，上海市组建全市经济状况核对基层工作队伍；6 月，上海市开始在中心城区全区、郊区县各 2 个街镇，全市共计 126 个街镇开展扩大廉租住房受益面经济状况核对试点工作。到 2008 年底，上海市居民经济状况核对系统已稳定上线，中心城区 74 个街镇实现电子审批和电子比对。目前，中心城区街镇已基本实现电子审批和比对功能，郊区县各街镇正在与市居民经济状况核对系统进行联通。

2009 年 6 月 30 日，上海市居民经济状况核对中心正式揭牌成立，人员编制 30 名。同时，上海市积极组建各区（县）核对中心。

2009 年 7 月 22 日，上海市颁布《上海市居民经济状况核对办法》，对核对内容、核对方式、核对途径、书面报告的出具、核对对象的义务及核对工作规范等进行了规定，为开展核对工作提供法律依据。

为方便群众，上海市将核对系统的申请受理环节纳入到街镇、社区“一门式”服务范围之中，实行“小金三角”运行模式：即前台窗口一口受理、信息录入，相关部门进行业务审查后，委托民政部门进行经济状况核对。然后，经“小金三角”受理审核后的申报信息实时上传到“上海市居民经济状况核对系统”，由市核对中心通过核对系统向相关委办局发出比对请求，再对反馈信息进行模拟推算汇总，审核并出具核对报告。在发

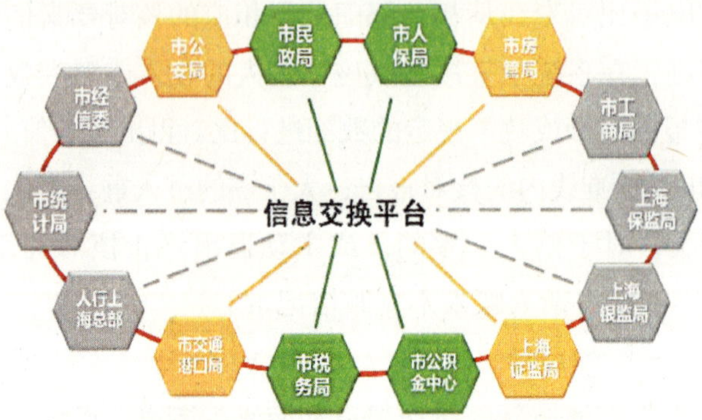

上海市居民经济状况核对系统电子比对专线系统

现申请家庭申报和实际收入存在较大差异时，上海市没有简单地认定申请家庭虚假申报，而是提供一次重新确认的机会，并同时向申请人重申相关诚信规定以及违反该规定的后果。

上海市还从三个方面着手，保证信息的安全。首先，核对机构与提供数据的有关部门和单位签订保密协议，规范权利义务，消除对方的担心和顾虑。其次，在核对信息系统中加强信息安全的设计，通过加密技术实现数据传输高可靠性，通过数字签名与电子签章建立起可信度高的数字审批流程，通过应用审计、电子监察系统保障数据合法化使用。最后，要求核对工作人员具备高素质，拥有优秀的职业道德，签订保密协议，并定期接受保密教育，强化保密意识。

经过两年多的试点，上海市居民经济状况核对工作实现了当初提出的“三个一”的目标。

三、真假贫困，核对见分晓

截至2010年5月底，上海市居民经济状况核对中心共出具了14625份廉租住房核对报告，房管部门以此作为审批廉租住房申请的重要依据。在完成核对工作的申请家庭中，发现4777户家庭申报与实际情况存在较大差异，由此共节省财政资金约3550万元。

事例：某街道申请人华某，申报无金融资产。通过信息比对，发现华某于申请前一年内获得一次性补偿10余万元。经重新确认，申请人承认其金融资产超过申请条件，自愿退出廉租住房申请。再如，某街道申请人诸某，承诺无机动车辆。通过信息比对，查证申请人诸某拥有一辆奔驰轿车。经重新确认时，申请人提出自愿退出廉租住房申请。某街道申请人敌某，承诺无机动车辆。通过信息比对，查证申请人敌某拥有一辆宝马轿车。经重新确认时，敌某自愿退出廉租住房的申请。

同期，上海市居民经济状况核对中心还出具了2214份经济适用住房试点核对报告，另有201户家庭经核对发现不符合申请条件而自愿退出申请，为公共财政节省资金约6600万元。

另据不完全统计，到2009年底，上海市居民经济状况核对中心在对廉租房的申报核查中发现，701户申请家庭串通单位共同造假，112家申请者所在企业借用申请人或其家庭成员的名义向税务部门虚报个税等。

如果采取传统的家庭收入核查办法，上述大部分问题都很难被发现。

然而，也有人对居民经济状况核对这一新生事物提出了不同的看法。有的人认为，经济状况核对有侵犯申请人隐私权的嫌疑，在当前政府部门与公民所占有的信息不对等的情况下，核对工作如何把握好尺度，如何保护公民隐私权是个棘手的问题。有关部门的工作人员认为，公民经济状况数据是秘密，替公民保护好这些数据是他们的基本职责，他们没有义务也没有必要向非经国家法律授权的机构提供公民的经济状况数据。

四、启示和思考

上海市利用现代信息技术，建立了一个为各类公共政策提供经济状况权威信息的支持性政务平台，对申请享受政府社会保障项目者的家庭经济状况进行比对，识别真假贫困，对于如何找准救助对象，提供了可借鉴的做法。

启示一：社会救助需要把好“入口”关，从细节上维护公平

当前，我国城乡居民收入构成更加隐蔽、复杂，家庭经济状况核查更加困难。上海市居民经济状况核对试点工作，不仅找准了救助对象，而且精确核实了救助对象的经济状况，以此确定救助内容或补助水平，杜绝了

"人情保"、"关系保"等不正之风，以及虚报、冒领、诈取低保金等福利欺诈现象，增进了社会公正。建立适合城乡贫困人口、具有可操作性的家庭经济状况核查制度，有助于提高社会救助的准确率，保证应该获得救助的公民能够及时获得适当的救助。

启示二：社会救助需要整合多部门资源，提高行政效率

当前，公民经济状况数据分布在民政、社会保障、银行、证券、保险、公安，以及就业单位等部门。这些数据涉及公民的隐私，保密性要求高，提供数据的相关部门也担心信息泄露。事实上，信息保密是基于一定范围的，政府部门间的数据交换并不是泄密，是信息互通、资源共享，是为了更好地服务群众。随着大规模的人口流动，以及社会救助的日益完善和救助水平的日益提高，家庭经济状况核查迫切需要各相关部门和单位的大力协助，相互间建立良好的业务协同关系，建立起安全、高效、通畅的信息交换渠道。这不仅方便各部门找准救助或服务对象，而且可以破除部门间的信息壁垒，极大提高工作效率，避免行政资源浪费。

思考题

1. 如何提高所在地区社会救助政策的"瞄准率"，进一步提高社会救助政策的社会效果？

2. 如何更有效地利用现有资源，降低社会救助核对的成本？

案例 25　让孤老更幸福

安徽省铜陵县五松镇管有福夫妇是一对五保老人，生活在一间用救灾款盖的小屋内。管有福的老伴 70 多岁，患有高血压、脉管炎等多种疾病，因无力治病，长年卧病在床。两人仅靠每月 300 多元的五保供养金维持生活，管有福老人还要每天捡卖废品来贴补家用。这是 2006 年铜陵市开展困难群众生活调研时遇到的一个实例。

一、调研的"意外"发现

安徽省铜陵市辖三区一县，总人口 73 万。全市农村五保对象和城市孤老共 2398 人，占全市人口的 3.3‰。2006 年，全市集中供养农村五保对象年人均供养标准已超过 3200 元，分散供养标准年人均达到 2200 元，城市"三无"人员全额享受城市低保，年人均补助近 4000 元。有了生活保障的孤老还会有什么问题吗？

2006 年，铜陵市将社会救助列为市政府为民办实事项目，要求开展困难群众生活调研。七个调研小组调查的结果让人出乎意料，被认为已经得到基本保障的城乡"三无"对象存在的问题最为突出。

铜陵县钟鸣镇的散居五保对象崔云高，右眼深度失明，双脚行动不便，月保障资金 185 元。因为无人照料，往往是上半个月买些食品，还能正常生活，下半个月只能拄着拐杖，沿街到处乞讨。

在顺安敬老院，调研组发现，五保老人集中在活动室看电视，当时正在播放《安徽新闻联播》。有的老人说，不要看新闻了，要看别的台播放的武打片，有的老人同时附和。最后大家表决，多数人同意继续看《安徽新闻联播》。那几个想看武打片的老人只好作罢。调查组经向工作人员了解，此类"抢台看"的现象经常发生。

调查组还发现，上述情况并非个案，在各区县不同程度存在。如何真正使城乡孤寡老人过上“有尊严”的晚年生活，让他们融入到社会大家庭中来？

二、动员全民，认助孤老

2006年城乡孤老基本生活调研结束后，市相关部门围绕城乡孤老“保障资金足不足”、“居住条件好不好”、“社会关爱有没有”等问题展开了讨论。大家一致认为，解决民生问题，应该优先解决贫困人群的温饱问题。城乡孤老是最困难的群体，需要最特别的关爱，他们不仅需要政府的救助，更需要社会方方面面的共同关心，尤其是爱心人士的关怀和帮助。为此，铜陵市决定开展城乡孤老爱心认助活动，动员一些有能力有爱心的人去帮助孤老人群。

◆爱心认助，助什么？

开展爱心认助活动在全市展开，要最大限度地激发全社会的热情，达到让社会力量积极参与的目标。铜陵市据此制定了爱心认助活动的基本方案。

爱心认助范围：包括全市农村五保户、城市“三无”人员、孤残儿童以及农村敬老院、社会福利院、老年公寓等社会福利机构。

爱心认助志愿者范围：各级党政机关、企事业单位、社会团体以及慈善协会、红十字协会等社会各界组织，全市党政干部、工人、农民、知识分子、军人、大中学生、个体工商户等社会各界人士。

爱心认助形式：对于各地散居的“三无”人员、五保对象的认助，原则上以现金为主。对农村敬老院、福利院、老年公寓等社会福利机构的认助，既可以是现金，也可以是实物，同时也可以是援助工程项目或公用设施，以及扶持敬老院发展院办经济。个人和单位既可以认助一名和多名“三无”人员、五保对象，也可以认助一所和多所农村敬老院或其他社会福利机构。

爱心认助资金的数量：对散居“三无”人员、五保对象的认助标准不低于年人均100元现金；企事业单位及团体对敬老院或其他福利机构的认助，每年至少应办一至两件实事。

◆爱心认助，如何长久?

爱心认助不是一时的应景活动，而是要建立长效机制。如何确保认助活动的生命力，使爱心认助活动长久地开展下去?

铜陵市城乡孤老爱心认助实施方案，明确了认助活动的基本原则，规范了登记、审核、公示等认助程序，确定了认助标准和期限。同时，市民政局还制定了《铜陵市城乡孤老爱心认助活动实施方案》，进一步明确各部门在认助活动中的职责，确保认助活动有人抓、有人管；印制了《认助志愿者申报书》、《认助证书》、《认助登记表》，规范认助档案管理；制作公布“城乡孤老爱心认助榜”，在媒体上公布认助志愿者及受助对象名单。这些措施将爱心认助活动制度化。

铜陵市在推进爱心认助活动中，把认助形式由单一的爱心捐助，拓展为爱心认养、认助、认建的“三认”活动，进一步丰富了爱心认助的形式和内容。

所谓认养，就是针对散居五保对象和城市“三无”人员，建立长期结对帮扶的关系。认助志愿者在捐款捐物为孤寡老人提供物质帮助的同时，还开展节日慰问、定期走访等活动，给孤寡老人带去精神上的抚慰。所谓认助，就是对全市的“三无”人员、五保对象，以及全市的福利机构，通过捐助现金和实物给予帮扶。企事业单位的认助志愿者与县区民政部门建立联系，由县区民政部门根据认助情况确定认助对象，建立认助关系。所谓认建，就是支持福利机构建设，实施援建工程项目或公共设施，以及扶持敬老院发展院办经济。“认养、认助、认建”活动的开展，推进了爱心认助形式多样化。

铜陵市公布了一县三区及相关部门、企事业单位爱心认助活动的固定联系人和联系电话，做到平时认助有人管、有人办。同时，明确每年“重阳节”前后作为“城乡孤老爱心认助周”，使集中认助走访的气氛更加浓厚。

2007年，铜陵市下发《关于集中开展2007年度城乡孤老爱心认助活

企业向敬老院捐赠洗衣机

动的通知》，进一步拓展认助志愿者范围，使认助内容更加丰富、认助程序更加规范、认助方式更加便捷，爱心认助活动常态化。

在爱心认助过程中，铜陵市组织召开新闻发布会，扩大社会对爱心认助活动的认知度和参与度。媒体号召，“众人拾柴火焰高”，给孤寡老人多一分关爱，社会就多一分温暖、多一张笑脸，这世界就会变得和谐美好。同时，铜陵市对认助活动中涌现出的先进单位和先进个人，通过新闻媒体广泛宣传报道。

三、爱心认助结硕果

管有福夫妇和崔云高如今的生活过得有条有理。志愿者每月都会到他们的家里，帮助他们料理家务，陪他们聊天，还经常带些吃的东西给他们。

顺安敬老院的59名五保老人都得到了帮助，人均获得现金300元。敬老院还收到羽绒服100件、洗衣机1台，收到捐款近25万元。特别值得一提的是，敬老院还收到捐赠的电视机70台，每个五保老人都能有一台电视机，可以随意收看自己喜欢的节目。

爱心认助活动启动实施以来，全市机关事业单位，国有、私营企业，学校、医院、军营、社区，以及各界群众积极参与，到目前为止，全市16所社会福利机构都有少则两到三家，多则五到七家爱心单位，2398位孤寡老人都有一个以上爱心志愿者对子。某私营企业老板长期认助顺安镇敬老院，每月带领员工看望老人并送上自己企业饲养的猪肉120斤、水果200多斤。铜陵市一中200多名教职工每人认助一名或多名孤寡老人。铜陵市二中、十七中、十八中等学校教师也纷纷加入到认助活动中来。消防部队官兵不仅捐钱捐物，在中秋节带着月饼到敬老院和五保老人共度佳节，还经常帮助敬老院锄草、打扫卫生。

敬老院设施在爱心认助活动中得到改善，社会各界向敬老院捐赠床铺、彩电、衣柜、空调等，为敬老院修建道路、洗澡间、厕所，接通自来水，改善了敬老院设施条件。西湖镇跃进村一位汪姓村民与西湖敬老院建立认建关系，为该敬老院建设厨房和餐厅，并经常看望或照料老人。钟鸣镇敬老院地理位置偏僻，交通局免费为敬老院修了一条通往集镇的公路。院内 102 名五保老人人均获得认助现金 400 元，敬老院收到的现金捐赠近 18 万元，电视机 100 台。

四、铜陵市爱心认助活动的启示

目前，我国城乡孤老分别纳入城市最低生活保障和农村五保供养制度，基本生活得到了保障，但他们的精神慰藉、照料护理等服务需求，还不能得到有效满足。铜陵市的爱心认助活动，提高了孤寡老人的生活质量，丰富了社会救助事业的内容和形式，为拓展社会救助渠道、提高社会救助水平提供了有益的借鉴。

启示一：敬老爱老助老应当动员社会力量广泛参与

随着我国经济的发展和社会管理的进步，社会救助等公共福利政策逐步由“国家福利”转变为“多元福利”。铜陵市开展城乡孤老爱心认助活动正是坚持了孤寡老人供养服务的社会化思路，参与者几乎囊括了各行各业，弥补了政府和集体投入的不足。

启示二：社会敬老爱老需要政府积极引导

铜陵市在开展爱心救助活动过程中，政府机关打头阵，但企业的捐赠远远超过了政府有关部门的捐赠数额，个人的积极性以及敬老爱老的形式多样性也远超出倡导者的预期。正是在政府积极引导下，社会参与的热情才被广泛激发出来，铜陵市的爱心认助活动才取得成功。可以说，社会上、群众中的慈善资源和敬老爱心是尚待开发的“富矿”，需要政府用敏锐的目光去探寻，用积极的方法去挖掘。

启示三：敬老爱老还需要常态化

铜陵市爱心救助活动在赢得赞誉的同时，也存在不同的声音。有的人认为，帮助城乡孤老是政府的责任，政府应当解决好孤老们的温饱问题，不能把这个责任分摊给社会。还有的人认为，爱心认助不能只是一时热闹，政府不可能每年都花费巨大的人力、物力和财力来组织认助活动，需要建立完善的机制和制度，将爱心认助变成机关、企事业单位和老百姓的自觉行为，让这个活动能够持久运行下去。由此看来，建立政府和社会责任共担的常态化的救助机制，是今后需要重点解决的问题。

思考题

1. 应当如何为城乡孤老及其他老年人提供有效的护理照料、精神慰藉等养老服务？

2. 结合所在地区实际，思考如何建立社会力量参与社会救助的长效机制。

第六章 住房保障

PART 6

概述

住房是家庭的基本需求。住房保障制度是各国公共政策的重要组成部分，一般是指政府通过政策扶持、货币补贴或者直接组织建设住房，对依靠自身努力难以解决住房困难的家庭提供基本住房保障等相关制度安排。

一、住房保障制度的主要内容与地方实践

为满足我国城镇化发展需要、根据城镇居民的住房现状，在充分考虑各级财政保障能力的基础上，我国正在加快构筑和完善具有中国特色的住房保障制度。

廉租住房制度以满足城镇低收入家庭基本居住需求为目标，是我国改革开放后在停止福利分房、推行住房商品化的背景下，为重构城镇住房保障体系最先推出的一项制度安排。2007 年《国务院关于解决城市低收入家庭住房困难的若干意见》提出，要加快建立健全以廉租住房制度为重点、多渠道解决城市低收入家庭住房困难的政策体系。“十一五”期末，全国廉租住房制度保障范围，要由城市最低收入住房困难家庭扩大到低收入住房困难家庭。

经济适用住房在我国住房制度改革的不同阶段承担了不同的任务，对扩大居民住房消费、完善住房供应结构、改善居民住房条件起到一定的积极作用。按照政策规定，经济适用住房是“面向城市低收入住房困难家庭供应的保障性住房”。

从2009年开始，为应对国际金融危机、保持国民经济平稳较快发展，党中央、国务院将解决低收入家庭住房困难的保障性安居工程建设作为扩大内需、促进经济增长的重要措施之一，加大财政投入力度，加快廉租住房等保障性住房建设，支持城市和国有工矿棚户区及国有林区、垦区、煤矿棚户区改造和农村危房改造，实施游牧民定居工程。

在实践过程中，住房保障对象范围逐步清晰，保障方式日趋规范。由于经济适用房实质上具有普通商品房的性质，存在将保障基本居住权与获得住房产权混同的缺陷，导致在经济适用房分配中出现一些寻租腐败问题，而廉租房的保障面又过于狭窄，针对城市居民“夹心层”的公共租赁房从一些地方的试点逐步推行于全国，日渐成为保障性住房的基本方式。这样，我国已经形成了三大类保障性安居工程：第一类是城市保障性住房，包括廉租住房、经济适用住房、公共租赁住房和限价商品房；第二类是各类棚户区改造，包括林区、垦区、煤矿、城市和国有工矿棚户区改造；第三类是农村危房改造和游牧民族定居工程。

二、加强住房保障的主要任务

我国住房保障制度建设总体上还处于起步阶段，低收入住房困难家庭数量较大。截至2008年年底，全国仍有超过5亿平方米的城市棚户区和林区、垦区、煤矿及工矿区等各类棚户区，居住着约1200万户家庭，占城镇家庭户数的6%左右。还有500多万户低收入家庭居住在零星分布的“筒子楼”等设施不全的房屋，占城镇家庭户数的2.5%左右。近几年来部分城市商品住房价格上涨过快，使得中等收入家庭以及新就业的职工、流动人口以购买商品房方式解决基本住房的难度加大，从农村转移到城镇就业的农民工及其随行家人更无力买房。“房奴”、“蜗居”、“蚁族”成为社会舆论和媒体热议的现象。此外，还有“城中村”居民约3000万户，占城镇家庭户数的15%左右。在坚持抑制房价过快上涨的同时，加快基本住房保障体系建设势在必行。

住房是重要的民生问题，也是当前人民群众十分关注的问题，应当把解决群众住房问题摆在重要位置，加快建立适应全体居民需要的多层次住房保障体系，满足不同收入家庭合理需要。今后几年，住房保障的任务目标是，通过保障性安居工程建设，包括廉租住房、公租房、城市和国有工矿棚户区改造、经济适用住房等各类安居工程，力争到2012年末，基本解决1540万户低收入住房困难家庭的住房问题。

按照住房和城乡建设部等三部委《2009—2011年廉租住房保障规划》，要经过三年的努力，基本解决747万户现有城市低收入住房困难家庭的住房问题。其中，2009年新增廉租住房177万套，发放租赁补贴83万户；2010年新增廉租住房180万套，发放租赁补贴65万户；2011年新增廉租住房161万套，发放租赁补贴43万户。

城市和国有工矿棚户区改造是解决低收入家庭住房困难的有效途径。从2009年开始，将用五年左右时间基本完成集中成片棚户区改造，有条件的地区争取用三年时间基本完成。为此，国家有关部门提出了多项具体措施，包括：中央财政给予适当支持，省级、市县政府加大资金投入，鼓励金融机构向改造项目提供贷款，鼓励采取共建方式改造国有工矿棚户区，引导社会资金积极参与，免征改造项目的城市基础设施配套费等各种行政事业性收费和政府性基金，优先安排土地供应等。

通过改进和规范经济适用住房制度，使具有一定支付能力的中低收入家庭，在政府支持下（提供土地出让金）增加财产性积累。按照国务院加大保障性住房建设力度的要求，各地要加强经济适用住房建设，增加经济适用住房供应。从2009年到2011年，全国平均每年要新增130万套经济适用住房。为保证经济适用住房建设融资需求，允许在一些城市开展住房公积金用于住房建设的试点，可将50%以内的住房公积金结余资金贷款支持保障性住房建设。

公共租赁住房的供应对象主要是城市中等偏下收入住房困难家庭。有条件的地区，可以将新就业职工和有稳定职业并在城市居住一定年限的外来务工人员纳入供应范围。随着城镇化快速发展，公共租赁住房将成为大中城市解决中等偏下收入家庭，特别是解决新就业职工和外来务工人员住房问题的主要方式。“十二五”期间，将大规模建设公共租赁住房。

因地制宜、循序渐进地解决农民工等外来务工人员的住房问题。具体途径包括：用工单位向农民工提供满足基本居住需要的居住场所；在农民工集中的开发区和工业园区，按照集约用地原则，集中建设向农民工出租的集体宿舍；在城中村改造时，集中建设向农民工出租的集体宿舍。此外，有条件的地方也可比照经济适用住房建设的相关优惠政策，由政府引导，市场运作，建设符合农民工特点的住房，以合理租金向农民工出租。

对于房价较高、上涨比较快的地方，在增加廉租住房、经济适用住房、公共租赁住房等保障性住房的同时，还应建设一定数量的限价商品住房。城市政府以限定商品住房售价招标方式，向特定对象提供户型小、总价低的住房，一般在 90 平方米以下，缓解部分中低收入群体由于房价过快上涨、支付能力不足的问题，满足他们合理的自住性购房需求。

扩大农村危房改造试点范围。农村危房改造，以农民自筹资金为主，中央和地方政府适当补助。其中，低保户、特困户，改造资金大部分由政府补贴，每户住房面积应小于 40 平方米；一般贫困户，每户住房面积应小于 60 平方米。农房节能改造示范是农房改造扩大范围的主要内容，原则上每个县至少安排一个相对集中的示范点。2009 年改造约 80 万户，改造范围已扩展到陆地边境县、西部地区少数民族自治县、国家扶贫开发重点县、贵州省和新疆生产建设兵团的边境团场。

案例 26　矿山城市“后遗症”

住在辽宁省抚顺市莫地小区 68 岁的郭大妈，在迁入这间 65 平方米的安置房之前，在莫地沟棚户区 23 平方米的平房里住了 47 年，三个孩子都在那里出生。她家住的房子是用秸秆做的棚，外面下大雨时，里面就下小雨；屋外垃圾遍地，污水横流。得益于棚改政策，老人住进棚改安置房，花了 3.2 万元，而同地段、同面积的商品房至少需要 7 万元。

一、矿山城市的“后遗症”

辽宁省作为东北老工业基地之一，资源型城市多，“因矿而生，依矿而建”，“先生产后生活”是这类城市的突出特点。随着资源的日趋枯竭，资源型城市所面临的一系列经济社会问题日益凸显。棚户区，就是“矿城”的一个“后遗症”。

生活在集中连片棚户区里的居民主要由两部分组成：一部分是早年从事矿山采掘的工人。矿山开采初期，这些工人住在矿山附近的简易平房里，子女又在平房外搭建小屋，几代居住，逐渐演化为大面积的城市棚户区。随着资源的枯竭，许多工矿企业生产经营困难乃至关闭破产、债务负担沉重，职工的住房问题一直得不到改善，而很多职工也因年老离岗等原因而无力购买商品房，不得不继续居住在破旧的简易房中。另一部分是矿山的农民轮换工，作为临时矿工，住在自己搭建的简易居所中，至今身份不能转换，无法享受正式职工在住房等方面的优惠和补助，加之工资偏低，也只能蜗居在棚户区中。

到 2005 年，辽宁省大部分棚户区房龄超过 50 年，因处在煤矿开采塌陷区，屋内地面普遍低于屋外地面 20—40 厘米。由于年久失修，房屋破旧，阴暗狭小，冬天透风，夏天漏雨，很多已成为危房、险房。棚户区的基础设施也严重落后，行路难、吃水难、如厕难是普遍现象；房屋间距大多不足1米，火灾隐患严重；区域内照明、排水、供暖、供气等必要配套设施缺乏。

二、一项复杂的系统工程

2005年2月23日，辽宁省《政府工作报告》承诺："抓住民生之本"，"办好民心工程"。"用两至三年的时间基本完成800万平方米城市集中连片的棚户区改造任务。"同年3月16日，辽宁省下发了《全省城市集中连片棚户区改造实施方案》，此举标志着有"世纪大拆迁"之称的辽宁棚户区改造工程拉开帷幕。

棚户区改造涉及建设安置房、完善配套设施、解决子女上学以及促进居民就业等诸多问题，是一项综合性很强的系统工程。因此，辽宁省提出：棚户区改造要与推动城市发展和资源枯竭型城市转型相结合，与土地资源整合相结合，与促进就业、再就业相结合，与完善城市功能、提高城市综合竞争力相结合，与改善人民群众生活质量相结合。

◆分类保障

辽宁省在棚户区改造中，特别注意解决特困家庭住得起、住得稳的问题。省棚户区改造协调小组印发了《关于解决棚户区改造中困难家庭住房问题的指导意见》、《关于棚户区居民回迁小区管理的指导意见》等文件，根据家庭经济状况，分别采取了多项措施：

建设部分廉租住房，解决特困家庭的居住问题；建设部分小户型，为无力增加面积的困难家庭建设了35平方米左右的功能齐全的小户型回迁房；建设政府补贴房、政府限价房，解决其他低收入家庭的住房困难；实行社会救助，省委、省政府领导带头捐款，解决困难家庭居住问题；实行小额贷款，解决部分经济暂时困难家庭的资金问题；实行欠款入住，对一时交不起入住款的家庭，先入住，在规定的期限内交足欠款，再给产权；实行自助式小区管理，将小区管理与困难家庭就业相结合，既减少物业管理收费，又扩大了就业；保留部分经营用房，用其经营收入解决特困家庭廉租住房补贴、供暖补助、物业费补助以及水、电、气费等方面的补助；

组织市政、环卫、卫生、法律服务进社区，解决小区管理问题，减少居民支出；多渠道安置棚户区居民就业，各市政府利用棚户区改造腾迁的土地，建设就业基地，提供就业岗位；组织棚户区困难家庭有劳动能力的人员，进行就业培训，发展建筑业、建材业、服务业等劳动密集型产业，使他们的基本生活得到保障。

◆配套机制和措施

——前期工作

在棚户区改造启动之前，省里组织测绘人员和有关专家对全省城市棚户区进行了逐户调查，重点调查棚户区房屋的破损程度、低洼易涝程度、基础设施配套情况以及棚户区居民住房、人口、收入等情况。每个市都抽调近千人对棚户区进行摸底调查。在深入调查、摸清底数、精确测算的基础上，因地制宜地制定改造规划，确保规划的科学合理。

——运作机制

政府主导，即采取市区两级政府分级负责的办法，市政府作为投资主体，负责筹措资金、制定政策、编制规划、指挥协调和培训人员；各区政府作为责任主体，承担拆迁组织、工程建设和回迁安置任务。对没有商业价值的棚户区土地，由政府操盘，直接进行改造。特别是抚顺、本溪、阜新、朝阳等改造任务重的城市，由于大多数棚户区地处城市边缘和矿区周围，土地附加值低，不具备市场化运作条件，改造难度相当大，基本是由政府操盘进行改造，解决了开发商不愿干、不敢干的难题。据不完全统计，各区政府相继抽调了近2000人做拆迁动员工作，这是任何开发商都难以做到的。

市场运作，即在房地产市场活跃的城市，引入企业参与市场化运作。例如，营口市以开发商为承建主体，通过市场化运作与政府保障相结合的方式，对有商业价值的棚户区地块，采取招、拍、挂方式出让，成交土地11宗，占地面积157万平方米，拆迁建筑面积50万平方米，动迁居民1.6万户；丹东市通过吸引市内外8家开发企业，投资2亿多元，财政获得土地出让金收入7446万元；锦州市通过市场化运作，使改造面积增加了3倍；盘锦市政府投资1.2亿元，对6片棚户区进行基础设施与环境建设，为开发商营造了较好的市场投资环境，使后期的市场化运作得以顺利实施。

——资金筹措

资金到位是推进棚户区改造的重要保障。由于棚户区改造的面积大、涉及人口数量多，总量高达2000万平方米，涉及人口近200万，其中生活贫困者占到七成，所需资金数额巨大，单靠政府财力难以承担。辽宁省通过九个渠道筹集棚户区改造资金，即：政府补一块，政策减一块，企业筹一块，个人掏一块，市场挣一块，银行贷一块，社会捐一块，单位帮一块，工程省一块。

中央政府提供了一批补助资金，辽宁省政府筹集了30亿元资金下拨各市，并通过政府补贴、银行贷款、居民个人出资、土地出让金减免、税费减免、腾空土地转让、商业用地开发等途径解决了其余100多亿元的资金缺口。各个城市政府也千方百计筹措资金。例如，抚顺市通过多渠道筹措棚户区改造资金40多亿元；通过无偿划拨土地，减免行政事业收费等措施，降低成本折合约23亿元。一些地方还开展招商引资，积极筹措落实改造资金。

——政策扶持

辽宁省政府实施了比经济适用住房更加优惠的政策，减免了地方政府有权决定的工程定额编制费等34项行政事业性收费和部分经营性收费，从而降低了安置房的综合成本。在回迁安置过程中，对私有产权的原面积部分拆一还一，免缴产权调换差价；安置住房面积超出原住房产权面积的部分，本人未缴费的，确认为公有产权，实行廉租办法，对无力承担租金的，由房产管理部门记账，代缴租金。对1990年《中华人民共和国城市规划法》实施前建设的没有产权的唯一住房，给予适当补偿或者安置。各市政府结合实际，对省级政策进行了细化，制定了更加优惠的政策。例如，阜新市为了减轻棚户区居民负担，制定了一系列让利于民的优惠政策：一是新旧房屋差价每平方米减免30元；二是所有回迁居民共用部位公用设施维修基金按成本价每平方米 800 元的 1% 收取；三是棚户区居民在办理产权证时免收所有税费。这三项政策使棚户区居民每户享受了近 3000 元的优惠。

——资金监管

为了确保资金使用安全，各市制定了严格的资金使用管理制度。根据拆迁和工程进度，由项目单位向市棚户区改造领导小组办公室申请，经办公室审核同意后向市财政局申请，市财政局根据省里规定分批下拨。同时还建立了监督审核机制，财政、审计、纪检部门以及财政投资审核中心参与对资金申请、下拨、使用的全过程监督，具体监管到每一笔补偿协议。为了确保棚户区改造的工程质量，省棚户区改造协调小组除了明确要求各市必须严格执行法规和强制性标准，实行全员管理、全过程管理，严把各个环节的质量关外，还聘请动迁居民代表作为工程质量监督员，例如朝阳市加强甲方监管，在每个标段的施工现场都安排一名甲方代表，监管工程质量、施工进度、建筑材料和生产安全；抚顺等城市坚持每周对工程质量、安全情况检查评比一次，发现问题及时纠正，以保证棚改工程质量。

三、120万居民得安居

两年时间里，辽宁全省共拆除和改造 5 万平方米以上的城市集中连片棚户房 1212 万平方米，建设回迁楼房 1931.5 万平方米，改善了 120 万棚户区居民的住房条件。绝大多数依靠自身力量无法解决住房困难的群众，通过棚户区改造住上了新居。2007 年，辽宁省又启动了 5 万平方米以下、1 万

阜新市棚户区改造项目——城南街道馨城社区

平方米以上的城市连片棚户区的改造，加大力度解决城市低收入家庭的住房难题。

事例 1：抚顺市房产管理局算了一笔账，全市棚户区居民原来户均建筑面积 30 平方米，安置房的户均建筑面积是 50 平方米，棚户区居民平均只要拿 20 平方米的差价，即 20×600=1.2 万（元）就可以入住。而实际建造 50 平方米的保障性安置房综合成本需要 7.5 万元。

事例 2：搬进新居的阜新市的高大爷算了一笔账：他家原来住的棚户是 33 平方米，按照阜新市的规定，原面积部分按每平方米 120 元结算结构差价、合理超面积部分按每平方米 650 元购买；他要了 48 平方米的楼房，120×33=3960（元），超出面积是 48−33=15（平方米），要交 650×15=9750（元），就是说，他住进有产权的楼房交了 3960+9750=13710（元），而同地段商品房市场价约每平方米 1100 元，48 平方米的房子价值 52800 元。

四、跳出“棚改”看“棚改”

从辽宁棚户区改造实践中，可以得出如下启示：

◆将棚改作为“一号工程”，是解决重大难题的关键

辽宁省将棚改作为政府“一号工程”，并取得实效。这说明，只要把解决民生难题摆上政府的重要议事日程，作为头等大事来抓，即使像棚户区这样长期困扰百姓生活的老大难问题，也是可以解决的。

◆解决住房困难问题需要多措并举

棚户区也是低收入群体的聚居区，拆迁安置必须结合实际，针对不同类别、不同收入水平的住房困难人群，采取多种扶助方式，实行分类保障，避免简单机械地套用一项法规政策，搞“一刀切”式的保障模式，使各类保障方式与不同家庭住房支付能力和保障需求相适应。

◆应“放大”棚改政策体系，从多维度消除城市贫困

资源型城市棚户区改造中反映出来的更深层次的反贫困问题，表明构建与棚户区治理改造相结合的综合反贫困政策体系的重要性。只在社区层次上进行棚户区的物质条件改造，很难系统地、持续地消除城市贫

困，只有从贫困居民、贫困区、贫困城市等多个维度上构筑政策体系，才能统筹解决城市贫困问题。例如，帮助贫困居民提高人力资本投资能力，健全基本生活保障体系；采取廉价住房模式，使居民能够承担住房改造之后的居住和生活成本；支持住房区位条件的改善，增加居民的经商、就业机会等。

思考题

1. 棚户区改造对地方经济社会发展会产生哪些影响？

2. 应怎样根据当地实际建立有效的棚户区改造政策体系和运行机制？

案例 27 安家难

2008 年 3 月，58 岁的戴辛经过种种艰辛，终于住进了重庆九龙坡华龙家园廉租住房小区，圆了她和家人长久以来的住房梦。戴辛 1977 年下乡回城后当上了重庆市公交公司乘务员，1985 年被评为建设部全国先进个人，1986 年被评为重庆市劳动模范、“三八红旗手”。然而，戴辛的丈夫却因病下岗，基本丧失劳动能力，家境一落千丈。戴辛在 2005 年退休后，每月只有 700 元退休金，除维持一家三口人的生活，还要为丈夫支付养老和基本医疗保险金，困难重重。她家原住在公交公司一间只有 10 平方米的过渡房里，2002 年旧城改造后，她家只能租房居住，由于租金过高等原因，频繁搬家，最后，索性把家搬到当年下乡落户的江津农村，替举家外出打工的村民照看房屋，借以栖身。2007 年，她向户口所在地街道社区居委会提出申请。九龙坡区廉租住房办公室从解决实际问题出发，在降低“双困”标准、扩大廉租住房覆盖范围的过程中，根据戴辛住房的实际困难，批准了她的申请，并最终让她住上了套内面积 50 平方米的廉租新房。

一、民生疾苦与百姓需求

重庆改直辖市前在住房方面历史欠账严重，低收入家庭住房极其困难。根据 2001 年的调查，重庆市主城区有 8.16 万户、24.88 万人居住在危旧房屋中。其中绝大部分为房管局直管公房，土坯房、筒子楼、木结构房等简陋住房占很大比例。经过数十年使用，加之缺乏维修管理，房屋安全隐患严重。同时，住房成套率低，仅为 38%，居全国 35 个重点城市末位，相当一部分危旧房屋不仅不具备基本的生活配套设施，甚至不能满足居住者的最低生存需要。这些危旧房屋已成为侵蚀城市肌体的严重病灶。

重庆市九龙坡区对区内中梁山地区的杨家坪、谢家湾、石坪桥、黄桷坪四个街道住房困难和领取最低生活保障金的“双困”户家庭排查登记时发现，黄桷坪有的家庭连最起码的居住场所都不具备，只能蜗居在临时搭起的棚子里，晚上铺开被褥，白天还要收起。至2003年底，全区（尚不包括西部九镇）有1500多户低收入家庭需要廉租住房，其中无房户近400户。

二、让“漂泊”的“双困”家庭居有定所

2003年，九龙坡区成为重庆市廉租住房建设试点区，并成立了廉租住房保障试点工作领导小组，起草出台了《九龙坡区城镇廉租住房保障办法》等文件，主要采取以实物配租为主的保障方式。

2003年，重庆市的廉租住房保障工作在九龙坡区先行启动。3月，九龙坡区在杨家坪直港大道天宝支路调剂132套、面积为5985平方米的拆迁周转房，整修配套后作为廉租住房，优先解决4个街道132户“双困”家庭的住房问题，并于8月举行了重庆市首批廉租住房入住仪式。

从2004年开始，九龙坡区又先后规划和实施了华龙家园一二期工程，建设廉租住房1070套、面积58800平方米；原重庆市建材一厂生活区砖瓦村廉租住房工程，建设住房265套、面积14000多平方米。

截至2008年底，九龙坡区累计完成投资2亿多元，调剂和建设2440套，建成11.6万平方米廉租住房。正在建设中的华福家园廉租住房二期工程和华西家园廉租住房，总建筑面积约74785平方米，1416套。竣工后，将为人均住房面积不足10平方米的困难户，提供更多的廉租住房，并将形成完整的设施完备的生活小区，达到“标准不高水平高，造价不高质量好，面积不大功能全，占地不多环境美”的适用标准。

三、社区管理，安居又乐业

为进一步加强廉租住房保障工作，2006年9月，九龙坡区成立了廉租

住房管理中心，负责承担全区廉租住房保障管理工作。2008年，该中心变更为九龙坡区住房保障中心，负责具体承办全区城镇低收入家庭住房保障管理工作任务，努力为全区城镇低收入住房困难家庭排忧解难。

◆做法一：重视小区的选址与规划

九龙坡区早在集中建设成片廉租住房时，就非常重视在小区的选址与规划中兼顾为“双困”家庭创造便于就业的环境和条件，并提供教育、医疗卫生等基本公共服务。华龙家园小区内设置了警务室、托儿所、物业服务用房、医疗服务站、美容理发室，配备有体育健身器材和乒乓球、羽毛球等场地，建立了图书阅览室和劳动技能培训点，并开通了公交车，整体环境设施配套较为齐全。区政府还投资700万元建成了500多平方米的社区用房和1200平方米的农贸市场，完善了市政主干道、现代化垃圾中转站和公厕等功能配套，让困难群众可以就近入学、生活，并且不出社区就能获得就业机会。

◆做法二：做好社区就业服务

为帮助入住的被保障家庭更好地融入社会，经区政府相关部门批准，仅有1000余户的华龙家园小区特地成立了社区居委会。为帮助廉租住户家庭摆脱贫困，居委会与周边企业建立了广泛联系，结合企业需要及时为社区居民提供合适的工作岗位，每周还通过社区办事大厅的屏幕公布用工信息。同时，对社区失业人员进行了登记，建立就业跟踪制度，全程为就业人员提供服务。目前，华龙家园社区居委会每年安排就业的社区居民一直保持在百人左右，工作地点就在社区附近，几乎没有出行成本，有助于改善廉租

● 重庆市九龙坡区华龙家园

住户家庭的生活状况。

◆做法三：全方位提供社区公共服务

区房管局出面与区教委协商在华龙家园小区采取就近入学的原则，免去小区居民子女的择校费，保障每个居民子女都能方便、及时地接受教育。社区和物业服务中心还开展社区居民群众医疗服务，联系廉租住房所在地区医院到社区为居民进行健康检查，实现居民小病不出社区，方便居民群众就医。对空巢、孤寡老人及重度残疾人，注重搞好结对帮困工作，社区以志愿者服务的形式，对每位孤寡、空巢老人，生活不能自理的残疾人，建立一帮一结对帮扶。社区还成立了“恩泽爱心基金”，组织开展“一家有难千家助”活动，树立“人人慈善，终生慈善”的理念，发动居民参与奉献爱心捐助活动，为困难群体提供帮助。

四、收效

重庆市九龙坡区实物配租廉租住房保障政策的实施，为部分住房状况极度困难的低收入家庭解决了基本居住需求。不仅使他们在住房面积与环境上得到了改善，而且在精神面貌与生活追求上也获得了充实与提高。

廉租住房小区为改善城市社区状况、提升社区管理水平奠定了基础。一些居无定所的最低收入群体从违章建筑和占用的公共场所搬出，使得长期以来城市管理中一直无法解决的私搭乱建住房、占用公共厕所等公用设施等问题，得到了有效解决，社会治安状况明显改善。

在廉租住房的管理过程中，也存在着一些亟待解决的矛盾和问题。例如，廉租住房保障对象的前期审核难度较大。部分廉租保障户实际常住人员与户口人口不相符合；部分廉租保障户的直系亲属系农村户口，而廉租保障针对的却是城镇人口；还有些家庭为了增大廉租住房面积，往往采取分户、离婚、增加常住人口等方式，无形中扩大了保障面，给居委会、街道、廉租办的审核安置工作造成较大压力；后期管理存在困难。由于廉租保障以实物配租为主，客观上形成了廉租保障对象的相对集中居住。近两年来，廉租住房后期管理中的问题和困难逐步显现出来，不仅是社区内老弱病残人员较多，普遍学历低、无专长、年龄老化，就业问题难以解决。此外，保障对象中还有部分“两劳”释放人员，人员构成复杂，管理难度较大。

五、启示与思考

集中连片建设廉租住房，是近年来一些城市，尤其是老工业基地城市解决居民住房困难问题的一种重要方式。重庆市九龙坡区在廉租房建设中作出了自己的尝试。

◆廉租住房的实物配租应因时因地制宜，集中建设与分散安置相机择取

2009 年至 2011 年，是我国保障性住房建设的攻坚阶段，时间紧、任务重、资金压力大。集中成片建设廉租住房小区，或在经济适用住房和商品住房小区中插建、配建，是实物廉租住房建设的不同路径。加大财政投入，在短时间内集中建设一批廉租住房小区的做法，对那些住房保障需求量大、住房困难居民户居住地相对集中、适合保障家庭租住的中小户型紧缺的地方，更具有借鉴意义。总体来看，在保障性住房建设攻坚阶段任务完成之后，廉租住房的实物配租，应更多地采取以街道、社区为依托，以旧房调剂的方式为主，采取分散在各街道购置二手房、破产企业旧房的方式，进行分散安置，避免低收入人群居住过于集中而产生其他社会问题。

◆搞好廉租住房管理，形成住房保障的延伸服务

廉租住房建设难，管理更难。通过廉租住房小区管理，在解决低收入家庭居住困难的同时，通过社区服务平台，为部分低收入人群提供一些合适的就业岗位，形成住房保障的延伸服务，也是廉租住房政策取得良好效果不可缺少的重要一环。形成与廉租住房保障家庭特点相适合的服务与管理措施，减轻保障家庭的居住成本负担，缓解管理投入不足的压力，避免廉租住房小区出现“一年新、二年旧、三年丑”的现象。

◆**廉租住房保障建设与城市棚户区改造、危旧房改造相结合，可收到“一石二鸟”的效果**

低收入家庭中的大多数都聚居于老旧城区的危旧房屋内，其中一部分家庭住房极度狭小，经济收入非常低，生活十分困难，也是城市棚户区改造的重点对象，如果按照以往的拆迁政策进行补偿安置，一些低收入住房困难家庭所得拆迁补偿款很少，根本无力回购拆迁安置房。可以将廉租住房保障政策与城市棚户区改造政策结合起来，资金打捆使用。这样，既有利于推进旧城改造，又可以更好地解决城市低收入家庭住房困难。

思考题

1. 集中建设廉租住房小区的利弊何在？
2. 怎样认识廉租住房小区规划和选址的意义和作用？

案例 28　谁的房子？

原淮安市磷肥厂职工王保全，家里只有老旧平房 40 多平方米，若通过城市拆迁改善住房条件，按淮安市拆迁补偿标准，一共可得补偿款 8 万多元，由于他的家庭收入低，资金积累少，依靠自身能力难以通过房地产市场购买商品房改善住房条件。2007 年，他按照淮安市的共有产权住房政策，在“新新家园”小区购买了面积 77 平方米的新房。自己支付 12 万多元，拥有 70% 产权，其余的 30% 产权属政府。他表示，在淮安市共有产权住房政策规定可原价回购政府产权部分的 5 年期限内，一定争取购回政府的 30% 产权部分。

一、“夹心层”难题催生“共有产权”模式

传统的经济适用住房供应方式存在着诸多局限性：经济适用住房价格超出中低收入居民的住房支付能力，保障资源分配不公；开发建设、供应对象审批、销售价格、再上市交易管理漏洞较多；实现方式不能适应日益复杂的住房供求变化，等等。最为突出的问题表现在，随着房地产市场的发展，城市土地价值的提升，土地征收及搬迁成本的增加，实际供应量逐年减少，只能提高进入门槛，集中于低收入家庭。致使一部分中低收入居民既无力通过市场解决住房问题，又不能享受政府提供的住房保障，而有的低收入家庭又由于难以承受经济适用住房价格而放弃购房。

淮安市与全国大部分城市一样，在实施经济适用住房政策上面临着诸多困扰。在分析经济适用住房发展过程及其存在的问题后他们认识到，经济适用住房内在矛盾的关键是产权不明晰，要避免经济适用住房存在的诸多弊病，必须从产权明晰方面进行突破。

从 2007 年开始，淮安市开始探索通过出让土地供应“共有产权”住房，替代通过划拨土地建设经济适用住房的供应方式。简单讲就是，城市

中低收入住房困难家庭在政府支持下购买住房，购房人的出资与房价总额的差价为政府出资，并按出资比例形成住房的共有产权。运作模式是：政府变划拨土地为挂牌出让土地，开发建设单位竞标建设；房价参照商品住房，执行政府指导价；主要有 7∶3 和 5∶5 两种个人与政府的共有产权比例；在规定时间内购房人可购买政府产权形成完全产权，或与政府按产权比例分成转让收益。

二、"共有产权"住房模式

◆产权比例及价格

淮安市共有产权住房的产权比例主要为 7∶3（即个人拥有 70% 产权、政府拥有 30% 产权），也有少部分针对更低收入家庭的 5∶5（即个人、政府各占 50% 产权），其土地性质为与商品住房用地性质相同的出让土地，房屋价格为政府限价，一般比同区域、同时期、同档次楼盘市场销售价格低 5%—10%。

7∶3 共有产权比例是根据以往划拨土地经济适用住房的价格与同期、同类地段普通商品住房价格之比，选择多点计算，取平均值确定的。这一比例根据当年的具体情况测算确定，实行动态机制。一套 7∶3 共有产权住房的个人出资额相当于同面积的划拨土地经济适用住房的价格。而 5∶5 共有产权住房是为进一步减轻低收入购房人的负担而确定的，其个人出资额相当于一些城市对划拨土地的经济适用住房实施共有产权政策中的个人出资额。

◆退出机制

购买共有产权住房的家庭可以申请购买政府产权部分获得完全产权，5 年内购买的按原供应价格结算；5—8 年购买的，按原有供应价格加当期的银行贷款利息结算；8 年以后购买的按届时市场评估价格（不含房屋装饰装修费用）结算。当购买家庭收入高于政府规定标准时，政府也无需强制其搬出，而仅对政府产权部分收取市场租金。由于在 5 年（8 年）之内、之外购买政府产权的价格结算标准不同，多数中低收入购房家庭都争取在 5 年（8 年）内购买政府产权部分，取得个人完全产权。

◆建设方式

集中建设和分散建设相结合，以分散建设为主、集中建设为辅。分散建设是指，通过土地上市挂牌，分散安排在城市商品住宅开发项目中的共有产权住房，由政府统一回购后再供应。分布于地段优越、环境优美各小区内的共有产权住房，一般都是几十套，实现了一个住宅小区内各收入水平的家庭混合居住。对这种新的经济适用住房实现方式，中低收入居住家庭非常满意，因为他们不再有住划拨土地经济适用住房而加盖的"中低"等级印记了。

集中建设的共有产权住房项目，采取限房价、竞地价的方式公开出让，一般安排在地价较低的地段，以降低房价，并适当安排部分非中低收入拆迁安置家庭入住，改善集中居住区内的不同收入水平家庭的比例结构。

◆资金来源

淮安市共有产权住房的政府投资来源渠道明确且简便易行，由土地出让、规费优惠产生的收益和政府的直接投入共同构成。拆迁安置户购买共有产权住房的政府出资部分，属土地整理上市而拆迁的纳入土地成本；属公共事业拆迁的，纳入项目预算安排；非拆迁户购买共有产权住房的政府出资部分，由政府预算适当安排，并逐年增加。这样，占共有产权住房较大比例的拆迁安置户的政府出资部分，与项目配套落实，可以有效避免惯例做法中政府出资计划不周、预算不准造成的缺口以及为此消耗的人力、财力和效率不高问题。

◆配套措施

使低收入家庭不仅"住得进"，还要"住得起"，是保障性住房面临的一个重要问题。淮安市针对集中建设共有产权住房小区内低收入人群较多的实际，采取了"居民缴一点、财政补一点、共用设施收益贴一点"的物业管理经费多渠道筹集机制。为实现共有产权住房的长效管理机制，尽可能降低中低收入家庭居住支出，促进和谐社区建设，还建设了街道物业管理投诉调解工作站，化解物管纠纷；建设了街道物业应急维修服务站，解决群众应急维修难问题；建设了街道物业服务中心，接管无人管生活大院；建设了物业服务与社区服务综合平台，整合社区资源，形成综合优势，方便群众生活。

此外，为解决共有产权住房小区内居民的就业问题，在集中建设的共有产权住房项目区域内统筹建设标准厂房，选择无污染、劳动密集型企业入驻，鼓励优先录用小区内弱势群体，方便中低收入者就近就业。

三、实施效果

◆共有产权房受到被保障家庭的欢迎，有效帮助了支付能力不足的部分中低收入家庭购买住房

淮安市 2009 年再次降低申购共有产权房标准，收入线由 2008 年的家庭人均月收入 800 元以下放宽到 900 元以下（2009 年该市城镇居民人均月可支配收入为 1172 元，占比 77%），住房保障覆盖面进一步扩大。全市新增廉租住房 904 套，新建共有产权住房、经济适用住房 5284 套，并在拆迁安置户中实行灵活的共有产权比例，供应 8∶2 或 9∶1 共有产权住房。等以后政府财力许可，还可通过供应 8∶2 或 9∶1 共有产权住房，资助不同经济条件的中等收入家庭购买改善住房，包括新就业人员等住房困难家庭，从而实现住房保障各项制度设计的无缝衔接和广覆盖。形成廉租住房、共有产权住房和商品住房的有机衔接，避免了住房保障与市场供应之间产生“夹心层”。在 2007 年以来的两年时间内，淮安市区已有近 1000 个家庭通过共有产权住房解决了住房问题。

淮安市共有产权住房小区——新新家园

事例：淮安市居民陈某，父亲是原淮安矿务局职工，他本人 6 岁时得脑膜炎落下左半身瘫痪的后遗症，媳妇也是残疾人，两人拖着一个才 2 岁的孩子，住在从矿务局退休的父母家里吃低保。父母亲在住房拆迁后得到了安置住房，同时，陈某作为

特殊照顾对象，政府又给予其 4 万多元的补偿款，但仍不够他单独购房的费用。在实施了共有产权形式的经济适用住房政策后，陈某选择了更加优惠的 5∶5 比例共有产权方式，圆了自己长期难以实现的住房梦。

◆政府投资可以实现良性循环

淮安市通过调查发现，由于有 5—8 年原价购买的人性化操作，绝大部分购买共有产权房家庭都会想方设法创业增收，尽快购回政府产权部分。收回的政府投资再用于新的住房保障投入，这就形成了良性循环。当每年新增的共有产权户，经多年累计达到一定数量时，每年回购和新增的数额就有可能达到平衡。这实际上是公共财政中能够实现周转的"保障性住房基金"，与划拨土地经济适用住房"暗补"和一次性消费预算有本质的区别。

◆共有产权住房体现了以"出口"反制"入口"的优越性，是经济适用住房的改进形式

淮安市 2007 年 10 月又拿出 300 套共有产权住房供应非拆迁安置户，全价为 2300 元/平方米，比周边同类住房低 10%，7∶3 比例个人只需支付 1610 元/平方米的价钱。如果还是土地划拨性质的经济适用住房，供应量再增加数倍都可能一抢而空、一房难求。这次却在 1 个多月后才有 70 多户家庭申购。调查发现是共有产权住房机制反制住了申购中的弄虚作假现象，因为即使弄虚作假申购共有产权房成功，倒卖时还必须交出政府产权收益，5 年内原价购买，获取的也只是这部分的贷款利息。但同时又出现了符合条件的家庭买不起房的情况。后经放宽准入门槛后才全部申购完毕。同样价格的划拨土地经济适用住房，掩盖了经济适用住房将保障基本居住权与获得住房产权混同的内在矛盾，很高的供应门槛都能被一抢而空，不符合保障条件的家庭挤占着有限的保障资源。可见，共有产权房可以说是经济适用住房的改进形式，以明晰共有产权和退出机制，把属于公共品的保障基本居住权与属于私人物品的个人财产权区分开来。

四、启示与借鉴

淮安市出让土地共有产权房的模式，用明确的产权比例解决了划拨土

地经济适用住房“有限产权”带来的诸多问题，不仅体现了经济适用住房新的实现方式和产权管理方式，也为进一步解决和破解“夹心层”的住房问题提供了有效的途径，为在市场经济条件下做好民生保障提供了有益的启示。

◆ 要发挥市场机制在解决低收入家庭住房问题上的作用

如何针对不同水平的中低收入人群，供应更加适宜的、具有梯度保障内容的保障性或政策性住房，是现阶段住房保障制度建设中需要探索解决的一个突出问题。淮安市“共有产权”住房保障模式，尊重市场经济“产权清晰、自由流动”的内在要求，将保障性住房的建设、供应与市场接轨，为解决收入水平和购买力参差不齐、住房需求情况各异的“夹心层”的住房难题，提供了一条可行之路。

◆ 共有产权住房模式在更大范围内推广需要解决政府基金的来源渠道

借鉴推广淮安市共有产权住房模式，需要建立政府住房保障基金，专项用于共有产权住房的建设供应，主要是用于政府产权份额的货币补助。淮安市处在全国经济发展的平均水平上，它的住房模式的推广有一定的代表性。在目前地方的财权、事权现状下，要建立起足够数量的基金规模，需要国家、省级二级财政加以扶持，根据不同省份、地区的经济发展水平，确定上级政府对市、县建立保障基金的转移支付比例，比如，确定某一地区上级资金按基金规模的30%转移支付，地方拿出700万元，上级就转移300万元；地方拿出1400万元，上级就拿出600万元。这对规范转移支付方式、调动地方保障民生的积极性，都具有积极的作用。

思考题

1. 共有产权模式对完善住房保障制度的现实意义何在？

2. “市场不能自发解决住房保障问题，但解决住房问题应该充分利用市场规律”，对创新保障性住房制度建设的思路有何启发？

案例 29　补“砖头”　补“人头”

日照市塑料总厂的下岗女工李伟，靠领取城市最低生活保障金维持基本生活，一家三口住在一间仅有 10 平方米的平房里。作为经济适用住房货币直补对象，她在市区买了一套 54.22 平方米、价格 7 万多元的二手房，政府补贴了 5 万多元，自己只出了 2 万元。她说：“如果没有直接补贴，买楼房的事想都不敢想。有了直补，买什么房子还可以自己做主，政府的好处明明白白、实实在在，这个办法确实好。”

一、“货币直补”的动因

在日照这样一个市区人口 60 万人、商品住房和经济适用住房差价不大，且房价变动相对平稳的地级市，“补砖头”式的经济适用住房实现方式面临着若干困境，使得经济适用住房既不“经济”又不“适用”。具体体现在：

◆问题一：优惠政策易被截留或成为牟利手段

在经济适用住房开发建设中，极易将政府给低收入住房困难户的优惠政策进行截留，例如，改变以经济适用住房名义取得的划拨土地的用途，变相搞商品住房开发，部分或全部变成商品住房；提高经济适用住房价格牟取利润，实际开发利润高于国家规定的 3% 的标准；在经济适用住房的规划设计建设中，以有利于销售为由，提高经济适用住房面积，造成很多低收入家庭买不起，以致不少经济适用住房被“富人”和“投资者”买走。

◆问题二：产生新的“贫困”

“补砖头”式的经济适用住房，实行的是政府“定向、定点、集中”建房的开发方式，以中低收入住房困难家庭为对象，集中审批、定向销售的分配方式。这一运作方式往往带来两方面的问题，一方面，在财政资金紧张的情况下，政府为不过多地减少土地出让收益，经济适用住房项目一般选址在交通不便、配套不完善的城市边缘地带，保障对象在住房位置、面积、价格等方面基本没有选择余地，因而出现有房不愿买、买了不愿住的问题。另一方面，实行集中定点建设，人为地将低收入群体集中到城乡结合部聚集居住，对低收入家庭今后的就业和脱贫不利，从而形成新的“贫民区”。

◆问题三：对解决中低收入家庭住房困难有较大局限性

由于政府对经济适用住房包建、包销，因而在建设、销售及售后服务中出现的质量、物业管理纠纷等一系列问题，都需要由政府解决，无论哪个环节出现纰漏，政府都要承担责任，既增大了行政成本，也没有收到好的工作效果。同时，近年来，各地在逐步扩大廉租住房、公租住房、保障覆盖范围，保障对象已由最低收入家庭扩大至低收入、中低收入家庭，以往的经济适用住房实现方式，更适应具备一定购买住房能力的中低收入家庭，而既无力购买经济适用住房又不符合廉租住房保障标准的中低收入家庭，就可能成为住房保障的“死角”。

鉴于这些问题，从2003年起，日照市开始改革经济适用住房的实现方式，从过去的“补砖头”变为“补人头”，实施货币直补，即从土地出让金中安排一定数量的资金，直接发放给补贴对象，由自己选择住房解决方式。

二、主要做法

日照市实施经济适用住房“货币直补”，简单概括即是：“用地市场化、补贴货币化、购房自主化、运作透明化”。

用地市场化：就是通过招标、拍卖、挂牌的形式，公开出让经济适用住房划拨用地。按照国家和山东省的政策规定，经济适用住房建设用地实行行政划拨供给。从2005年起，日照市政府直接从土地出让金中安排一定数量的资金，用于经济适用住房购房户的专项补贴费用。

补贴货币化：就是停止定向建设低价住房，向被扶助对象直接发放经济适用住房货币补贴。补贴对象为城镇中低收入家庭住房困难户，而且优先补贴其中的无房户、危房户和住房特困户。年度户均补贴标准随房地产市场平均价格指数调整，所需资金从土地出让金中列支。

购房自主化：就是被补贴对象，在城区房地产市场上自主选择符合面积规定（90 平方米以下）的商品住房，先购后补，不购不补，较好地解决了此前经济适用住房项目因选址偏僻、户型不合适、供求不对接等难题。

运作透明化：就是在政策的运作过程中，实行阳光操作，公开、透明。当申请户多于计划补助的总户数时，通过轮候摇号确定年度经济适用住房补贴对象，公示后发放补贴许可证。实行全过程公开。每年向社会公布中低收入家庭标准线、全市补贴户数、每户补贴标准。对补贴对象确定实行申请公示、标准公示、轮候摇号公示、许可证发放公示，每次公示都规定 7 天时间。

在退出机制上，规定用经济适用住房补贴购买的住房，5 年内上市交易的，全额退回补贴；超过 5 年、不满 6 年上市交易的，按照补助总额的 90% 退回购房补贴，每增加一年递减 10%；未按规定退回补贴的不予办理房产交易手续；退回的补助纳入经济适用住房补助基金，用于向其他低收入家庭发放住房补助，提高资金使用率。

三、实施效果

◆补助对象受了益

从 2003 年至 2010 年的 7 年中，日照市累计发放经济适用住房补助 2.4 亿元，4311 户住房困难家庭受益，符合申请经济适用住房补助条件的低收入住房困难家庭全部得到保障。

◆可使经济适用住房更准确地定位于中低收入家庭

把对最困难群众的扶助落到实处，体现了经济适用住房货币直补对中低收入住房困难群体的保障性质；低收入购房者可以根据经济承受能力、出行方便程度、居住开支和对物业管理的要求等综合考虑，自主选择购房位置、户型面积、房屋档次。

◆为经济适用住房补助对象与廉租住房补贴对象并轨创造了条件

按照国家有关政策要求，全国廉租住房补贴范围要由最低收入住房困难家庭扩大到低收入住房困难家庭。日照市的做法，将有助于实现经济适用住房供应对象和廉租住房补贴对象的并轨。购买经济适用住房有困难的家庭，可以申请享受廉租住房补贴；等候经济适用住房补贴的家庭，也可

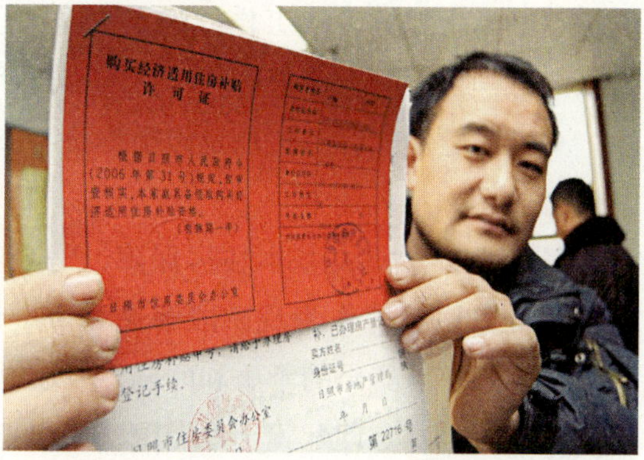

日照市居民领取经济适用住房补助许可证

以享受廉租住房补贴。通过货币补贴，自主购房，可以使保障对象具有更多的选择权利。从2008年起，日照市将廉租住房保障范围由城市最低收入家庭扩大到低收入家庭，这样，在经济适用住房“货币直补”的基础上，实现了廉租住房补贴对象与经济适用住房补贴对象的相互衔接与并轨。申请经济适用住房补贴未中号的家庭，可以领取廉租住房补贴，购房、租房自主。

◆规范了市场秩序，实现了住房的梯次消费

经济适用住房建设用地实行市场化运作，一律通过招标、拍卖、挂牌的方式出让，使所有房地产商只能向市场要资源，进行平等竞争，统一了房地产市场，规范了房地产市场秩序，促进了房地产业的发展。据统计，实行经济适用住房货币直补后，日照当地超过60%的住房困难户首选目标是二手房。那些卖掉二手房的居民，又转到房地产市场购买新的商品房，实现了住房的梯次消费。

◆补贴增长压力较大，不易完全满足补助对象需求

近年来，随着房价的较快上涨，政府“货币直补”也面临着较大压力。2009年，日照市房价每平方米上涨了1000元左右，市区房价基本上在每平方米4000元左右，对中低收入住房困难家庭来说，收入跟不上房价增长的速度，住房支付能力进一步下降；对政府来说，由于财力有限，补贴增长的速度跟不上房价上涨的速度，会在一定程度上加重享受货币直补家庭的购房负担，致使有的中号家庭被迫放弃中号资格，转而排队等候廉租住房补贴或实物配租。

四、“日照模式”的启示和思考

在住房保障制度建设中，地方政府如何改进和规范经济适用住房制度，不仅成为地方政府工作的难点，也是社会高度关注的一个热点问题。日照市的“货币直补”做法，改进了经济适用住房实现方式。

◆经济适用住房仍然是我国现阶段解决城市中低收入家庭住房问题的方式之一

坚持为公民提供基本住房保障，是政府必须承担的重要公共服务职责。经济适用住房作为现阶段解决城市中低收入家庭住房问题的方式之一，在实践中暴露出的矛盾和问题，要通过对这一制度的不断改进与创新加以解决。通过合理配置土地资源，形成稳定的财政资金渠道，保证足额的资金投入，以不同方式实施经济适用住房供给，是现阶段解决既有购房愿望又具有一定支付能力的中低收入住房困难家庭住房问题的有效途径。与“补砖头”的方式相比，日照市“补人头”的货币直接补贴方式效果更好。但由政府补贴购房仍然存在将保障基本居住权与资助居民获得房产权混同的问题，因而补贴压力大，可持续性有待实践检验。

◆实行经济适用住房货币直补，必须靠科学的运行机制加以落实

各地的具体情况不同，经济社会发展的阶段不同，决定了我们在政策制定和落实上必须从实际出发，因时因地制宜，而关键是要有一套科学的运作方式、运行机制和具体措施，否则就只能是机械照搬，或者是束之高阁、落不到实处。日照的经济适用住房货币直补模式，之所以收到较好效果，重要原因是有具体的、有效的配套措施和科学的运作方式。

思考题

1.“补人头”经济适用住房分配办法与传统的“补砖头”办法相比，有什么长处和短处？推行这个办法需要具备什么客观条件？

2. 在完善住房保障制度的过程中，廉租住房制度与经济适用住房制度应如何接轨？

案例 30　漂泊者的“港湾”

在广州市“时代公寓”附近某公司打工的王新立，和工友们住进公寓中建筑面积约 45 平方米的套房，每人每月仅需要交纳房租 100 元左右。房间里不仅有现成的家具，电话、宽带等一应俱全，还有独立的卫生间和淋浴间，24 小时中央热水供应。在工余时间里，王新立和工友们在居住区内可以享受丰富多彩的业余生活。

一、借助民间资金为外来务工人员安家

2008 年广州市外来务工人员规模达到峰值，全市登记在册的流动人员达 466.19 万，其中在市劳动保障部门登记在册的外来务工人员就达 172 万人。广州市开发区所在的萝岗区就有 2000 多家企业、16 万多外来务工人员，他们满足了经济转轨、社会转型对各类劳动力的需求，在地方经济社会发展中，发挥了不可替代的重要作用。但是外来务工人员的工资收入较低，维持基本的日常生活开支需要尚可，住房消费能力普遍不足，大部分人缺乏依靠自身收入解决居住问题的经济能力。其中农民工多数都租住在建筑密度高、通风采光条件差、居住环境恶劣、公共配套设施严重匮乏的区域内。据不完全统计，广州全市有超过 1/4 的外来务工人员人均居住面积在 5 平方米以下，1/3 的外来务工人员人均居住面积在 10 平方米以下。

为解决这个问题，开发区政府从 1993 年起开始尝试修建外来工公寓，当年投资 8000 多万元，在企业相对集中的西区修建了第一员工大厦，1998 年 10 月又投资 5000 多万元，在东区修建了第二员工大厦。在政府引导下，有 55 家企业也陆续修建了近 20 万平方米的员工楼，入住员工 7 万余人。截至 2007 年，萝岗区先后建成近 40 万平方米的外来工公寓，容纳了外来工 14 万余人，占开发区外来流动人口的 64%。

但仅依靠政府财政投入难以满足外来工日益增长的住房需求的状况。为营造“适宜创业、适宜居住”的城市发展环境，开发区政府提出了“吸引多种经济成分参与员工楼建设”的政策，并于2003年9月公开挂牌出让位于开发东区北片骏业路8号的地块，规定开发用途为建设员工楼。

广州市民营企业“佳大实业有限公司”中标并投资建设了面向外来务工人员的“时代公寓”项目，专门出租给外来务工人员。项目实行市场化的运营管理方式，管理运营方面的风险，由经营企业自行承担，企业主要依靠严格管理和悉心经营降低风险。同时，政府有关部门和相关企业的支持，也有效地降低了时代公寓的管理经营风险。具体包括：政府相关部门给予一定的经费投入，周边企业以赞助形式支持，帮助经营企业开展外来务工人员文体活动、法律培训、职工维权等活动；公安部门、街道办事处以及出租屋管理服务站等部门也在营造良好治安环境等方面给予经营企业支持和帮助。

◆略低于市场租赁价格的租金标准

“时代公寓”项目经营方根据市场需求确定租金标准，租金略低于周边现有员工楼的出租均价，为每月15—16元/平方米（含管理费）。收费标准报物价部门备案，物价部门定期进行监管。租金标准根据市场形势变化也进行适当调整，但不超出物价部门对其确定的每月16—22元/平方米的租金标准范围。“时代公寓”生活设施齐全、公共服务设施完善，各项设施均严格执行政府公布的标准，并接受有关部门监管。社区医疗保健中心、超市、网吧、餐饮、各种风味的饮食店、ATM柜员机、投币饮水机等生活配套设施；员工培训中心、员工娱乐中心、影视中心、室外康体设施、员工食堂、室内停车场等公共服务设施，一应俱全。此外，在楼层的休闲区域设有电视机，在每层楼设置自动投币洗衣机，仅花3元钱就可洗一桶衣服。为让所有入住的外来工都能享用社区的配套资源，开发管理企业在有限的空间资源内，划出近3000平方米的区域，用于建设文体活动中心、多功能培训中心及员工食堂。会所还配备了桌球、乒乓球、羽毛球、棋牌、图书、电视、投影、户外康体等各类文体设施。

◆满足多样化、差异性的外来务工人员住房需求

“时代公寓”总占地面积逾5万平方米，总建筑面积约12万平方米，绿化面积逾2万平方米，分三期建设。各期公寓分别面向不同层次的外来务工人员，满足他们多元化的居住需求。

第一期的九栋楼房已建成投入使用，总建筑面积约5万平方米，共1004套房间，可供6000余人居住。目标租客群体为邻近各大工厂或公司的普通员工，此部分外来务工人员月均收入多在2500元以下。

第二期已建成并投入使用两幢集体公寓、两幢白领职工公寓、一幢高层商务公寓，共有房间841套。目标租客群体为邻近各大工厂或公司的基层和中层管理人员以及中高级技术工人，此部分外来务工人员月均收入多在3000元左右。目前此部分租客的房租多由其公司或厂方作为福利待遇代交。白领公寓每个单间可住1—2人，配备有宽带上网和简易的厨房设施。商务公寓适合出差、探亲、访友、培训的短租需求。

第三期为员工夫妻公寓及企业管理层公寓，共有房间744套，其中一房一厅408套，二房一厅336套。

◆实行严格的管理制度和经营机制

面对高度集中居住的外来务工群体，“时代公寓”一开始就确定了“严格管理，星级服务”的管理标准。为此，做了以下几个方面的事情：

实行严格管理制度和机制。建立完善的规章管理制度，各岗位职能责任明确，各类业务操作标准细致，以项目全年客户综合满意率、治安消防达标、月度检评达

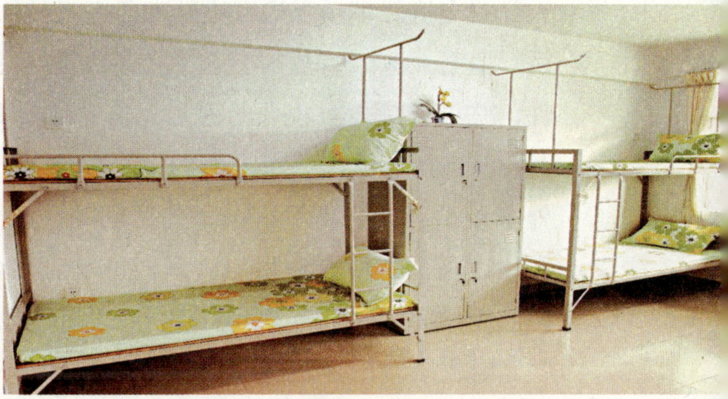

外来务工人员居住的广州佳大·时代公寓

标等九大指标为考核内容，实施奖惩严明的员工月度考核和严格的经理责任淘汰制；实行管理、服务、教育三位一体的高效的经营机制。公寓从开业以来一直保持着星级管理水平。

提升服务的文化内涵。时代公寓将提升服务的文化内涵作为一项重要的工作目标。要求其服务不仅体现微笑服务、规范服务用语等浅表形式上，更重要的是要体现在“平等、贴心”的深层关爱上，真正做到急外来工之所急、想外来工之所想，营造公寓以人为本、和谐共生的良好氛围。

完善社区安全系统。时代公寓搭建起维护社区安全的硬件平台，建立了严密的物业保安管理网络，实行封闭式IC卡智能管理制度，及时复核安防人员巡查工作落实情况，为及时发现各类治安、消防隐患创造了有利条件。借助警力，联手布防，设立了警务室和东区街出租屋管理服务站，公寓同开发企业、区街、公安联手，在居民入住前统一把好暂住证检查、流动人口资料记录关，通过网络掌握各企业进出人员情况，定期分析、及时发现治安管理的隐患。

二、特点及收效

采用广州“时代公寓”模式解决外来务工人员住房问题，其特点主要体现在：其一，机制灵活，引入市场机制，民营企业、用工企业、务工人员三方依照市场规则解决外来务工人员的住房问题，政府给予引导、扶持、监管。其二，规模化管理有利于改善更多的外来务工人员的居住条件，并可保持相对较低的租金，享受到环境较好、安全卫生的居住条件。其三，支持邻近工业园区和企业的发展，入驻邻近工业园区的企业，通过外来务工人员公寓解决员工住房问题，解除了后顾之忧，降低了用工成本，有利于加快企业发展。其四，政府以合理的价格出让一定的土地资源，给予优惠政策，吸引民营企业投资建设公寓解决外来务工人员住房问题，财政压力相对较小。

几年来，“时代公寓”通过从规划建设到经营管理的实践，逐步形成独特的开发经营模式，走出了民营资本参与构建新型出租公寓的有效途径；满足了工业园区部分外来务工人员的多样化住房需求，入住规模已达万人（户）以上；公寓提供的各种人性化的、周到细致的客户服务，得到入住人员较高的认同，实现了客服的“零投诉”；在完善的安保系统监护和规范的安全管理下，两年多来，公寓保持了零发案率，确保了“一方平安”。

三、“时代公寓”模式引发的思考

在我国工业化、城镇化进程中，大批农民工和“北漂族”、“南漂族”等外来人员进城就业和生活。如何解决外来群体的住房问题，已成为许多城市政府普遍面对的一个社会问题。“时代公寓”这种由政府主导、民营资本参与投资经营的案例，产生于外来就业人员最多的经济发达的特大城市，一般更适用于邻近产业园区、经济开发区的外来务工人员高度聚集的区域。并且，要发挥市场机制作用，吸引民营资本参与建设管理外来人员居住公寓，还需要一定的条件。

◆集中建设外来务工人员公寓，需结合实际，权衡利弊

由政府主导、民营资本参与集中建设和经营管理外来人员公寓，是一种介乎政策性、保障性住房与商品化住房出租的模式，既有其长处，同时也需要注意可能产生的一些问题。如，一次性投资较大，使民营资本进入门槛相对较高；资本回报周期长，利润回报率相对较低，对民营资本吸引力有限。目前，“时代公寓”的年利润率在5%—6%之间，需16年左右时间才能收回投资成本；后续管理对成本控制和利润回报有直接影响，对民营企业管理水平是个考验；对政府优惠政策的依赖性较强等。因此，需要结合当地及企业自身的具体条件，权衡各方面利弊得失进行投资抉择。

◆统筹解决外来务工人员住房保障，需要完善配套的政策体系

从广州市的实践看，为鼓励民间资本参与外来务工人员公寓投资和建设，还需要政府提供相应的土地、信贷、税收及配套设施等优惠政策。应

尽快完善政府政绩考核指标体系，将包含改善外来务工人员居住条件在内的城市住房保障体系建设指标量化，并纳入政府政绩考核指标体系。应加快推进解决城乡户籍政策不统一、社保政策存在城乡差异和区域差异的问题，将外来务工人员住房保障问题与社保政策相结合，统筹考虑解决。应优先考虑长期居住并有稳定工作岗位的农民工等外来务工人员，将城市廉租住房和公共租赁住房的保障范围及早覆盖他们。

思考题

1. 采用广州“时代公寓”模式解决外来务工人员住房问题的做法需要具备何种条件？优点和局限性何在？

2. 将农民工等外来务工人员纳入城镇住房保障制度内，重点应解决哪些政策问题？

后 记

本书由中央组织部组织，国家发展和改革委员会会同教育部、民政部、人力资源和社会保障部、住房和城乡建设部、卫生部编写，全国干部培训教材编审指导委员会审定。

张平任本书主编，朱之鑫、吴德刚、罗平飞、杨志明、齐骥、尹力任副主编。参与本书调研、写作和修改工作的人员有：胡祖才、苏国、李爽、常铁威、张本波、汪唯、陈锋、秦昌威、晁桂明、周天明、黄正亚、林忠玲、张志勇、关延平、王志刚、高学贵、邓建中、张力鸣、杨飞、张众、崔邦焱、杨爱民、何光彩、苏海南、刘秉泉、刘军胜、郎宏、王羽、樊静、李文婧、李大川、高新强、衣梅、孙明明、吕柯、焦振泉、钟东波、韩健、王雪涛、李波、何平、刘燕生、唐韬、阳丽文、蔡海清、张太海、胡青龙、米勇生、王治坤、郭洪泉、朱勋克、袁天长、漆治建、伍仁华、谭香华、万言、刘汉英、魏卿、葛琪、李明正、崔四平、王瑞春、张锋、赵路兴、刘伟、成得礼、张定宇、孙力、邓小如、朱希全、梁述玲、刘祖强、任野平、张东林、邵明、刘仲春、厉建伟、张守军、谢晓丹、黄信敬、何剑虹、刘亚娟、曹振中、杨佳木、潘洪杰、张国发、张绪勤、吕斌、罗峻等。参加本书审读的人员有：王顺、周长辉、杨忠、王晋中、李爽、张本波、曹毅、时玉宝、程桂兰、张程等。在编写出版过程中，人民出版社、党建读物出版社等单位给予了大力支持，中央组织部干部教育局做了大量组织协调工作。在此，谨对所有给予本书帮助支持的单位和同志表示衷心感谢。

编写案例教材是一种新的探索，涉及要素很复杂，虽经反复修改完善，不当之处也在所难免，恳请广大读者批评指正。

编　者

2011 年 6 月

全国干部培训教材编审指导委员会

《民生保障与公共服务》

主　编： 张　平

副主编： 朱之鑫　吴德刚　罗平飞　杨志明　齐　骥　尹　力